KB160381

감동철학
우리 이야기 속에 숨다

전래동화와 신화에서 길어 오는 한국의 심층철학

감동철학
우리 이야기 속에 숨다

▎윤병렬 지음

이담
Books

　　　　　전래된 동화와 신화 속에서 – 만약 경각심을
갖고 조심스레 들여다본다면 – 예사롭지 않은 철학적 내용들을 목
격하게 된다. 이런 내용들은 단순히 일회적으로 심금을 울리는 데
그치는 것이 아니라, 우리의 삶과 정신세계를 들여다보게 하는 깊
은 뜻을 안고 있고, 우리 인생의 궁극적인 문제들과 세계관 및 우
주론, 운명과 미래 등 아주 긴요한 철학적 테마들로 엮여 있다. 아
주 오랜 옛날부터 전래된 동화와 신화는 아직 문자가 없는 시대이
거나 문자로 전하기 어려운 시대에 입에서 입으로 전승된 경우가
많으며, 그땐 '동화'라거나 '신화'라는 분류도 없었기에, 어린이 전
용이라기보다는 중요하고 고귀한 정신적 메시지를 후세에 전승하
기 위해 탄생되었을 것이다.

　이 책의 기획은 바로 전래동화와 신화 속에 내재된 진주와도 같
은 고귀한 철학적인 테마들을 발굴하고, 그 심층적인 측면을 온당
하게 부각시키며, 그 다음엔 이를 다시 세계적인 철학의 지평에서
논의하고 이해할 수 있도록 보편적인 테마들을 확실하게 드러내는
데 있다. 이 보편적인 테마들이란 모든 인간들에게 공감이 되는 그

런 테마들로서 세계철학의 지평 위에서 논의되고 이해되는 그런 테마들인 것이다. 바로 이런 테마들이야말로 철학사에서 중요하게 다루는 핵심적 관건이기 때문이다. 전래 동·신화 속에 깃들어 있는 철학은 말하자면 세계철학의 지평 위로 올릴 만한 충분한 보편성과 고귀한 내용을 갖고 있다.

우리는 전래동화와 신화 속에 숨어 있는 고귀한 철학적 테마들을 망각하고서, 전래동화와 신화를 그저 "소년소녀 동화"라거나 어린이 및 청소년들을 위한 논술교과용 텍스트 정도로 파악하는 과오를 범해서는 안 된다. 아이들이 그들의 수준에서 동화를 접하고, 어린이와 청소년 교육용으로 전래동화와 신화가 읽히는 현상은 있을 만하다. 그러나 동화 속에 내포되어 있는 심층적인 의미를 발굴하는 것 또한 무엇보다도 중요한 과제인 것이다. 많은 전래동화들에는 결코 예사롭지 않은, 우리의 심금을 울리는 심오한 철학이 숨어 있다.

물론 우리의 학계에서는 전래동화를 그저 아이들의 것이라고 방치하다시피 하여 깊이 있게 연구하지 않고 있으며, 더욱이 그 철학적인 내용과 테마들을 체계 있게 밝히고 해석해 놓은 것이 빈약하다. 최근엔 아주 드물지만 논술교재용으로 쓰인 전래동화에 대한 교재가 눈에 띄기도 한다. 그러나 안타깝게도 밝은 혜안으로 전래동화의 세계를 들여다보고 그 철학적인 혼을 찾아내는 작업은 아직 미미한 상태이다.

우리의 옛말에 "보는 것만큼 안다."는 격언이 있다. 넓은 세계를 보고 체험하면 그만큼 많이 알게 되는 것이다. 남이 못 보는 것을 보는 것이 바로 천재들이 하는 일이다. 보는 것은 아는 것과 하나의 연결고리에 꿰어져 있다. 그런데 우리는 위의 격언을 거꾸로도 사용할 수 있다. 즉 "아는 것만큼 본다."는 것이다. 앎의 수준에 따라서 볼 수 있다는 것은 지당하다. 지혜를 갖고 있다는 것은 진리를 찾을 수 있는 능력을 갖고 있다는 말이다. 우리는 위의 두 격언에서 보는 것과 아는 것, 즉 체험과 지혜는 서로 같은 연결고리에 꿰어져 있고 서로 상관관계를 갖고 있음을 알게 된다. 그래서 "보는 것만큼 알고, 아는 것만큼 본다."고 규명할 수 있다.

전래동화는 그것이 오래된 것일수록(이를테면 "나무꾼과 선녀"의 경우) 오묘하고 신비스런 내용을 갖고 있는 경우가 허다하다. 그것은 글이 창조되기 전에, 묘하고 고귀한 철학을 보존하기 위해 동화라는 이야기로 옷 입혀 전승한 것이기 때문이다. 그래서 우리는 이

러한 전래동화를 단순한 역사적 전승으로만, 혹은 소년소녀의 동화
로만 치부하지 말고, 그 의미와 내용, 그 생명력과 혼, 그 가치와 비
밀을 펼쳐 내고 이를 철학과 정신문화의 지평 위로 가져와야 한다.
   평범한 삶 속에서도 교양과 지혜를 터득하려고 노력하는 분들에
게, 전승된 동화와 신화를 업신여기지 않고 눈여겨보는 분들에게,
또한 우리의 전래된 이야기에서 철학의 샘물을 길어 올리는 분들
에게 일독을 권하고 싶다. 끝으로 인문학의 위기시대에 맞서 인문
학의 부활을 위해 분투하는 한국학술정보(주)의 관계자들께, 필자의
졸고를 면밀히 검토하는 데 수고를 아끼지 않은 편집부의 담당자
들께 감사의 마음을 전하고 싶다.

2009년 7월 수리산을 바라보면서

윤병렬

이 책은 6개의 장(章)으로 구성되어 있는데, 각 장의 중요한 개요를 밝히면 다음과 같다.

제1장(기적의 인간학 – 바보 온달과 평강공주)의 경우는 바보가 영웅이 되는 온달의 실례를 통해 무한한 가능성과 잠재력을 가진 인간이 실제로 그 가능성과 잠재력이 실현되는 인간학을 밝히고 있다. 그야말로 바보 온달과 평강공주는 기적의 인간학을 펼쳐 보인다. "바보온달과 평강공주"에서 우리는 인간이 인간 이하의 형편 없는 상태에서 비범하고 영웅적인 지평으로 비상하는 모습을 목격한다. 과연 그것은 기적의 인간학이라고 할 수 있는 것이다.

제2장의 경우는 오늘날 21세기에서 인류 지성사의 흐름에 E. 레비나스의 이타주의 철학이 부각되고 있음을 언급하고, 이러한 철학이 우리의 전래 동·신화에도 이미 오래전부터 각인되어 있음을 실례를 통해 밝힌다. 이러한 이타주의 철학은 인류가 더 이상 "만인의 만인에 대한 투쟁"(홉스)이나 "적자생존의 원리"(다윈)에 의해 약자를 억누를 것이 아니라, 오히려 섬기고 봉사할 것을 우리에게 요구한다.

이타주의 윤리야말로 인류에게 아름다운 공동체 형성에 관한 참된 길을 안내하는 획기적인 제안이라고 할 수 있다. 옛날부터 전해온 우리 전래동화엔 이타주의가 바탕이 되어 있는 "타자의 철학"이 있다. "바리공주", 석탈해와 유리의 타자를 위한 싸움, 또 타자를 위해 희귀한 싸움을 펼치는 "의좋은 형제"엔 바로 이타주의 윤리학의 살아 있는 모습이 그대로 드러나 있다. 이 장(章)에선 나아가 "현대판 이타주의 싸움"을 통해 아름다운 상생의 길을 펼치는 모범을 열거하고, 이것이 투쟁으로 얼룩진 암울한 우리시대에 비전이 있는 참된 길임을 제시한다.

제3장에서는 인간의 궁극적인 문제, 인간의 모든 노력과 열망의 총합에 관계된 문제를 논의하는데, 우리에게 잘 알려진 "나무꾼과 선녀"에서 그 심층철학을 묻는다. 인생의 궁극적인 문제는 무엇일까, 그리고 철학과 종교 및 신학이 추구하는 근본적이고 궁극적인 문제는 무엇일까. "나무꾼과 선녀"는 이런 문제에 대해 응답하고 있다.

우리의 일상생활은 인생의 궁극적인 문제를 등한시하거나 백안시한다. 당장 내 눈앞에 전개되는 것, 당장 돈이 되거나 상품가치로 되는 것, 혹은 넓게는 나의 경험과 실증의 범주에 들어오는 것에만 우리는 의미를 부여하는 태도를 견지해 왔다. 그러나 이들은 우리의 궁극적인 문제가 아니다. 이들은 우리의 죽음과 함께 몽땅 사라지는 것이다. 우리의 평생에 걸쳐 쌓았던 것이 죽음과 더불어 사라져 버린다면 도대체 무슨 의미가 있단 말인가. 영원한 것과 연결고리를 갖지 않는 것은 결국 무의미의 나락으로 떨어지고 만다.

"나무꾼과 선녀"는 지상의 시공을 초월하며 인간과 초인간의 경계를 허물면서 한 가족을 형성하고 있다. 그러기에 인간은 영원과 초인간과의 관계 속에서 불멸하는 의미를 갖게 된다. "나무꾼과 선녀"는 인간이 탄생과 죽음이라는 시공을 넘어 초월자와 영원과의 만남을, 그리고 이들과 관계 및 교류를 통해 신적인 존재자와 장(場)을 함께함을 보여 준다. 엘리아데의 "종교적 인간(Homo religious)"이 보여 주듯 인간은 초월자 및 신과의 관계 속에서 진정한 존재의미를 획득한다.

제4장에서는 논리학의 문제를 다루는데, 이 논리학이 인간의 생명을 구하는 역할을 하고 있음을 전래동화 "삼년고개"를 통해 밝힌다. "삼년고개"의 논리학은 사람을 살리는 실용논리학인 것이다. 논리학이 실생활과 무관하게 논리학만을 위한다거나 이론논리학과 추상논리학의 차원에만 머물러 있지 않고 – 물론 이들도 학문 그 자체를 위해 의미가 있겠지만 – 실생활에서 살아 있는 역량을 발휘한다면, 이 또한 대단한 것이라고 하지 않을 수 없다. "삼년고개"의 논리학에는 죽어 가는 사람을 살리는 논리학이 들어 있다. 논리학이 창조해 내는 기적적인 사건이다.

제5장은 우리에게 오래전부터 전승된 효사상에 관해 논의한다. 우리는 유교에서 효사상의 근원을 찾지만, 그러나 이미 유교 이전에 우리의 전승에서 효사상이, 그것도 강요되지 않고 자율적인 효사상이 정립되어 있음을 전래 동·신화를 통해 밝힌다. 효사상이 마치 유교의 전유물이라고 우리는 의식적·무의식적으로 생각하고 있지만, 그러나 유교가 우리 사회를 지배하기 이전에도 이미 효사상이 정립되어 있음을 밝힌다.

이를테면 "효녀 지은", "북두칠성이 된 효자들", "바리공주의 경우", "단군신화에서의 효사상", "평강공주의 경우", "효녀 심청" 등

엔 우리 고유의 효사상이 들어 있다. 더욱이 이 고래(古來)의 효사
상이 오히려 유교에 의해 지배된 효사상보다 훨씬 더 인간적이고
자율적이며 그런 면에서 더욱 아름다운 것이었음을 밝힌다. 유교의
효사상은 오히려 강요되고 규범적인 요소가 많아, 경우에 따라선
인간에게 부자유와 고통이 됨을, 그리고 자율을 중시하는 현대인에
게 갈등의 요인이 됨을 언급한다.

제6장은 참으로 독특한 우리의 "강님 도령" 신화를 통해 여러
가지 의미심장한 테마들을 논의한다. 한국인은 특히 운명에 약한
인생관을 갖고 있다. "아이고 내 팔자야."라고 하면서 운명타령을
하고, "염라대왕이 데리러 왔다."고 하면 그저 어쩔 방도가 없이
끝장이라고 항복하고 만다. 그러나 "강님 도령"의 신화는 전혀 다
른 메시지를 우리에게 전해 준다. 여기서 인간은 결코 운명의 노예
가 아니다. 인간의 기개가 저승세계를 압도하며 염라대왕을 사로잡
는다. "강님 도령"의 신화는 인간의 운명과 한계상황을 깨어 부수
는 엄청난 사건을 보여 주며 인간이 운명과 한계상황의 족쇄를 풀
고 무한의 세계로 비상하며 절대적인 자유를 획득하는 사건을 펼
쳐 보인다.

강님이 염라대왕을 끌고 온다는 것은 프로메테우스가 제우스에
게 반항하는 것보다 훨씬 강도가 높다. 이런 행위 자체만으로도 인
간이 운명의 사슬을 끊고서 온갖 운명의 굴레로부터 벗어남을 시
사한다. 또 염라대왕을 불러와 재판을 하는 것은 정의의 문제가 결
코 단순한 것이 아니어서 영원의 지평에까지 연장되는 문제임을
보여 준다. 세상에 억울한 누명을 둘러쓰고서 죽어 간 사람은 얼마
나 많으며 또 반대로 흡혈귀처럼 사람을 괴롭히고 도탄에 빠뜨린

이도 얼마나 많은가. 더욱이 극악무도한 짓을 저지르고 양심을 팽 개치며 법망을 피한 이들은 어떻게 되는가. 그러나 강님 도령의 신 화는 그것으로서 문제가 결코 해결된 것이 아님을 철저하게 밝히 고 있다. 이런 문제는 플라톤의 저서 "소크라테스의 변명"에서와 같은 문제이고 테마임을 분석해 본다.

■■■ 제1장 기적의 인간학 –
바보 온달과 평강공주

1. 황당한 결혼

기괴한 결혼이 아닐 수 없다. 아리따운 공주와 거지이자 '바보'인 온달이 만나서 가정을 꾸리는 것은 기상천외한 사건이 아닌가. 신분으로 보나 뭐로 보나 이들은 비교도 할 수 없는 극대 극의 위치에 서 있었다. 그러나 그들의 만남은 '운명의 장난'도 아니고 소위 말하는 '정략적인 결혼'도 전혀 아닌, 분명한 의지와 선택의 결과로 이뤄진 것이다.

이들의 만남은 결코 코미디도 아니고 개그도 아닌, 역사적인 사실이다. 이런 기괴한 결혼은 오늘날 지극히 보기 드물다. 요즘은 다들 자기의 수준과 욕구에 맞춰, 혹은 자기의 이상형에 맞춰 상대방을 고르는데, 그럼에도 불구하고 부부싸움이니 이혼이니 하는 시대이다. 저들 바보 온달과 평강공주는 도대체 어떻게 된 셈일까.

"바보 온달과 평강공주"[1]는 사회적 신분의 차이가 결코 인간의 본질을 형성하는 것이 아님을 밝혀 준다. 그러나 예나 지금이나 이 신분의 굴레는 음으로 양으로 활동하고 있고, 이 굴레 하나 벗어던지지 못하고 평생을 이 굴레 속에서 허우적거리다가 삶을 마감하는 이들도 얼마나 많은가. 그리고 "바보 온달과 평강공주"에서 특히 온달의 변화를 통한 기적의 인간학은 우리에게 미리 굳어져 있는 '팔자'라는 것이 없다는 것을 선포하고 있다.

여기서 우리는 최소한 '팔자타령'이니 '신세타령'이니 하는 미신은 집어치워야 한다. 우리는 '바보 온달'과 평강공주의 상상하기조차 어렵고 비범한, 그러나 사실인 결혼에 대한 성찰뿐만 아니라, 이를 넘어 사회적 통념을 깨고 불가능의 벽을 허물어뜨리는 기적의 인간학에 초점을 맞춘다.

'바보 온달'(혹은 '거지 온달')과 평강공주의 결혼은 말도 안 될 정도로 황당한 결혼이지만, 동시에 역설적이게도 지극히 정상적인 결혼이었다. 상식이 통하는 일상세계엔 그들의 결혼이 황당한 것으로 드러날 것이고, 또 이와 반대로 상식이 통하지 않는 비일상적인 세계에선 정상적인 것으로 드러날 것이다.

신화와 역사에서 우리는 극대 극의 기괴한 결혼을 그리스 신화에서도 엿볼 수 있는데, 그것은 미의 여왕 아프로디테와 최고의 추남이자 절름발이인 헤파이스토스의 결혼이다. 물론 우리는 이런 괴상망측한 만남과 결혼을 언급하는 데 그치지 않고 그 결혼생활의 내용과 결과를 주시하면서 "바보 온달과 평강공주"와의 경우를 비교하고 철학적 성찰을 시도할 필요가 있다.

철학자 키르케고르의 저서 『철학적 단편』(제Ⅱ장)에는 왕과 거지소녀의 만남에 대한 비유가 등장한다. 물론 이 비유는 인간세상에서 극심한 차이와 이해 불가능성으로 말미암아 이루어질 수 없는 하나 됨(결혼)을 인간을 향한 신의 사랑으로 그 장애를 극복하고 가능함으로 바꾸는 것을 보여 주고 있다. 도대체 왕과 거지소녀 사이에서 사랑이 가능하고 결혼이 가능할까?

물론 원리적으로 불가능하지야 않겠지만, 인간세상에서 관습으로 굳어진 신분상의 차이뿐만 아니라 의사소통의 불가능성, 이해 불가능성으로 말미암아 사랑과 결혼에 이르지 못함을 적나라하게 밝혀주고 있다. 결혼에 도달할 정도로 상대방이 자기의 사람으로 되기 위해선 우선 사랑 속에서 그토록 차이가 나는 불평등이 해소되어 대등한 관계로 전환되어야 하고, 그 다음엔 대등한 관계 속에서 원만한 의사소통과 서로의 이해가 가능해야 한다. 그러기에 서로가 사랑의 힘으로 엄청난 차이와 대등하지 못한 관계를 극복하고 서로 대등한 관계를 이뤄 내는 것은 기적에 가까운 일이 아닐 수 없다.

그러나 그런 기적이 결코 쉽지는 않다. 거지소녀의 입장에선 어떤 적극성도 내보일 수 없다. 이는 마치 산속에서 토끼가 호랑이에게 민주주의를 하자고 제안한다거나 살생을 하지 말자고 제안하는 것만큼 어려울 뿐만 아니라, 아예 어떤 말도 할 수 없는 처지에 있는 것과 유사한 것이다. 정상적인 경우라면 거지소녀는 오히려 왕의 면전에서 도망치려고 할 것이고, 왕의 점잖은 제안이 있다고 하더라도 마음이 편치 않아 어디론가 사라질 것이다. 그래서 왕의 타이틀을 갖고서는 거지소녀와 만나기는 거의 불가능할 것이다. "바보 온달과 평강공주"에서 평강공주는 바로 그런 공주의 타이틀을 벗어던졌기 때문에 가능했던 것이다.

세상엔 불행한 사랑이 수없이 많음을 우리는 잘 알고 있다. 그런 불행한 사랑의 원인은 상대방을 사랑한다고 해도 결코 결혼의 대상으로 얻지 못하는 경우이다. 그러나 더욱 불행한 것은 상대방을 획득한다고 해도 서로가 워낙 많은 차이를 드러내 보여 ─ 이를테면 서로 다른 정신적 차이, 세계관, 인생관, 생활관, 처세관, 성격, 취미 등 - 도대체 서로 이해할 수 없다는 데에 있다. 이를 극복하지 못하는 상태에서는 점점 불행의 골이 깊어져 결국 곪아 터지든지 혹은 끙끙 앓으며 살아가는 것이다.

만약 왕과 거지소녀가 극단적인 예외로 사랑이 이루어졌다고 해도 - 거지소녀 쪽에서 어떠한 적극성도 내보일 수 없으나, 왕 쪽에서의 일방적인 적극성에 의해 가능할 수 있을 것이다. - 그 사랑이 무난하고 평탄하게 지속될 것으로 생각되는가? 그래서 키르케고르는 인간세상에서 이루어질 수 없는 사랑과 하나 됨을 오직 인간의 위치로 온, 스스로 낮춰 인간과 대등한 관계로 온 신의 아들 예수의 사랑에 의해서 그런 하나 됨이 가능하고, 또 그런 하나 됨 가운데서 서로 이해하며 소통할 수 있음을 비유로 드러내었다.

우리는 키르케고르의 비유가 이 세상에서 현실적으로 유효함을 잘 알고 있기에, 즉 왕과 거지소녀의 경우뿐만 아니라 신분상의 차이가 없는 경우에조차도 사랑과 하나 되는 결합이 어려운 때가 수없이 많기에, 극단적인 예외를 내세워 궁색한 변명을 할 필요는 없다. 왕과 거지소녀 사이의 소통 불가능과 이해 불가능은 고사하고 평범한 시민들 사이에도 신분이나 학력, 출신, 직업, 재산, 성격, 미모 등 별별 이유들이 대동되어 사랑과 결혼이 극히 어려운 경우를 우리는 쉽게 목격한다.

특히 주체중심주의와 개인주의가 첨예하게 발달된 현대에서, 타자에 대한 배려가 지극히 궁색한 세대에, 요구사항이 많고 까다로운 현대인들에게서, '공주병'과 '된장녀' 및 왕자병과 '신의 아들'이 성행하는 오늘날의 세대에는 이해 불가능성과 소통 불가능성이 더 깊어졌다.

그러나 우리는 "바보 온달과 평강공주"에서 전혀 다른 상황을 목격한다. 바보 온달과 평강공주의 신분상의 차이는 각각 남녀의 성(姓)만 바꾸면 위의 키르케고르의 비유에 등장한 왕과 거지소녀의 경우와 거의 유사하다. 바보 온달은 동시에 '거지 온달'이라 왕의 딸인 공주와는 상상조차 하기 어려운 신분상의 차이가 있는 것이다. 더욱이 키르케고르의 비유엔 소녀가 단지 '거지'였지 바보는 아니었다. 그러기에 온달이가 '바보'이면서 동시에 '거지'이고, 동료들과 어울리지도 못하는 왕따라면 키르케고르의 비유에 등장하는 왕과 거지소녀의 경우와는 더욱 극심한 차이라고 할 수 있다.

그런데 이런 극심한 차이에도 불구하고 "바보 온달과 평강공주"의 경우엔 위에서 줄곧 불가능의 벽으로 여겨진 이해 불가능과 소통 불가능이라는 구호가 먹혀들지 않고 아무런 위력을 발휘하지 못한다는 아이러니가 발견된다. 물론 그러한 불가능의 벽이 원천적으로 없지는 않았겠으나 평강공주의 덕망과 스스로 낮아짐에 의해 다 극복되어 버리고 만 것이다.

공주는 얼마나 낮아졌는가? 세상의 이치로는 도무지 이해가 안 되는, 말하자면 아예 공주의 신분을 폐기 처분한 것이다. 그러나 이런 극단적인 변화에도 불구하고 역설적이게도 불편하거나 극심한 파토스는 전혀 없고, 오히려 잔잔한 평화만 온달부부에게 깃들어 있다. 수수께끼 같은 기적의 인간학이 "바보 온달과 평강공주"에 내포되어 있는 것이다.

기적의 인간학이 더욱 심화된 것은 단지 바보 온달과 평강공주가 결혼하여 부부관계로 맺어진 데에만 있는 것이 아니라, 이를 넘

어 위대한 역사를 새로 탄생시킨 데 있는 것이다. 우리는 위의 키르케고르의 비유에서 왕과 거지소녀 사이에서의 이해 가능성과 소통 가능성 및 사랑과 결혼이 최고의 그리고 최후의 이슈이고 목적이었음을 목격했다.

그러나 "바보 온달과 평강공주"에선 이 단계를 넘어 새롭고 위대한 역사를 만들어 낸 곳에 기적의 인간학이 자리 잡고 있음을 보여 주고 있다. 평강공주는 궁전에서 왕족으로 영예롭고 호화롭게 사는 것보다는 지혜로운 삶을 택했고, 온달은 이 지혜로운 공주의 덕택으로 **바보**에서 **영웅**으로 **승화**되는 역사를 일궈낸 것이다. 이거야말로 기적의 인간학이라고 하지 않을 수 없다.

2. "바보 온달과 평강공주" 다시 읽기

우선 우리에게 잘 알려진 "바보 온달과 평강공주"2)의 이야기를 오늘날 우리가 쉽게 이해할 수 있는 언어로 다시 읽어 보자.

고구려 평강왕의 통치시절에 온달이라는 사람이 있었다. 보는 사람으로 하여금 웃음을 자아내도록 못났으나 마음씨는 고왔다. 그는 집이 매우 가난하여 노상 구걸하여서 늙은 홀어머니를 봉양했다. 닳고 해어진 적삼에 헐어 빠진 신발로 시정(市井) 사이를 다니니 사람들은 그를 바보 온달이라고 놀려 댔지만, 그는 그러나 씩 웃기만 했다.

한편 평강왕의 공주는 어려서부터 울보였다. 워낙 울보여서 그녀의 아비는 공주가 울 때마다. 농담조로 "너는 울보여서 나중에 바보 온달에게 시집보내고 말테야."라고 말하곤 했다. 공주의 나이 16세가 되자 대왕은 신하들에게 명하여 공주의 신랑감을 찾도록 했는데, 신하들은 걸출한 귀족 고씨(高氏)를 추천했고, 대왕도 이 고씨에게 딸을 출가시키려 했다.

그러자 공주가 반색을 하고 나섰다. "아버지께서는 저를 반드시 바보 온달에게 시집보낸다고 늘 말씀하셨는데, 이제 와서 말씀을 고치시어 다른 사람에게 시집을 가라고 하십니까. 필부도 식언(食言)을 하지 않는데 하물며 지존(至尊)이신 대왕께서 그런 말씀을 하시면 되겠습니까? 대왕의 명령은 타당치 않사오니 감히 받들지 못하겠습니다. 저는 온달에게 시집을 가겠습니다."

아버지의 농담 때문에, 혹은 공주 자신의 오기 때문에, 혹은 한 번도 못 본 온달에 대한 호기심이나 연정 때문에 그와 결혼하기로 결심한 것일까? 결코 그것이 아닐 것이다. 그녀는 자신이 갖고 있는 패물보다 더 고귀한 정신적 비밀을 이미 간직하고 있었던 것이다. 그것은 그 어떤 필부나 천민이나 바보라도 좋은 환경과 여건 및 교육이 주어지면 그런 형편없는 처지에서 벗어나 비범한 상태로 변할 수 있다는 것과, 그리하여 인간사회가 억지와 임의로 구분한 귀천이라는 것이 의미 없다는 지혜를 터득하고 있었던 것이다.

어쨌든 공주의 거부반응에 대해 왕은 노발대발하여 "네가 나의 명령을 복종하지 않으면 결코 내 딸이 될 수 없다. 더 이상 같이 살 수 없으니 대궐에서 나가 너 갈 데로 가라."고 호통을 쳤다. 그리하여 공주는 대왕으로부터 내쫓겼으나 자기가 갖고 있던 패물들을 팔목에 차고서 대궐을 나왔다. 공주는 한사코 길을 걸어가다가

한 사람에게 온달의 집이 어디에 있는지 물었는데, 그 사람은 물론 훌륭한 차림을 한 이 여자가 온달의 집을 찾는다는 사실이 이상하게 여겨졌으나 공주인 줄은 몰랐다.

공주가 온달의 집에 당도하니 앞을 못 보는 노모(老母)만 집에 있었다. 공주는 노모의 가까이에 다가가 큰절을 하고서 아들의 행방을 물었다. 온달의 어머니는 손님을 반기기는커녕 아연실색하며 엉뚱한 대답을 했다. "우리 아들이 가난하고 배운 것도 없는데다 누추하여 아이들로부터 놀림을 받는 처지라 절대로 귀인과 가까이할 자격이 없소이다. 그대로부터는 이상한 향내가 나고 그대의 손목을 잡으니 부드럽기가 솜과 같구려. 반드시 천하의 귀인일 것 같은데 누구의 꼬임으로 여기에 왔소? 우리 아들은 배고픔을 참지 못하여 산으로 느티나무 껍질을 벗기러 가서 오래도록 돌아오지 않소."

이 말을 들은 공주는 온달을 만나기 위해 산 아래에서 기다리다가 나무껍질을 지게에 지고 내려오는 온달을 만났다. 공주는 인사를 하고 진실한 마음으로 자기의 속사정을 이야기했다. "저는 이 나라의 공주인데 온달 님의 아내가 되기 위해 찾아왔습니다. 부디 저를 배필로 맞아 주세요." 온달은 그러나 좋아하기는커녕 버럭 화를 내며 대꾸했다. "감히 나를 속이려 들다니! 너는 분명 사람이 아니고 여우나 귀신일 것이니, 나를 박해하지 말고 사라지거라!" 하고 호통을 치며 뒤돌아보지도 않고 집으로 향해 갔다.

공주는 자신의 마음을 몰라주는 온달이 야속했지만 일정한 간격을 두고 터벅터벅 걸으며 온달의 뒤를 따라갔다. 공주는 홀로 온달의 집 사립문 밖에서 밤을 보내고 다음 날 아침에 다시 집으로 들어가 온달과 온달의 노모(老母)에게 자세하게 자초지종(自初至終)

을 아뢰었다. "제발 저의 말을 좀 들어 보세요. 저는 여우도 귀신도 아니고 사람이올시다. 저는 어려서부터 부왕으로부터 온달에게 시집보내겠다는 말을 자주 듣고 자랐습니다. 부왕께서 이제 와서 저를 다른 사람에게 시집보내려 하기에, 제가 아버지의 명령을 따르지 않자 저를 대궐에서 쫓아내었습니다. 그래서 저는 온달 님을 찾아왔습니다."

이 말을 듣고 온달은 도무지 어찌할 바를 몰라 쩔쩔매며 아무 말도 못 하였지만, 노모(老母)는 다시 한 번 침착하게 자신과 아들의 형편없는 처지를 설명하고서 공주의 발길을 돌려 볼 요량이었다. 사회적으로는 지극히 천민에 속하지만 공주의 발길을 돌려 보려는 이들 노모(老母)와 온달의 성품에서 우리는 오히려 정신적인 귀족의 모습을 본다. 온달의 노모(老母)는 긴장된 어조로 말을 이었다.

"우리 아들이 지극히 천하여 귀인의 배필이 될 수 없고, 우리 집은 또 너무 더럽고 구차해서 귀인이 살 만한 곳이 못 되오. 귀인께서는 부디 대궐로 돌아가세요." 이에 공주는 자신의 진심을 받아 주지 못하는 것에 대해 답답했지만 다시 마음을 가다듬고 말씀을 드렸다. "옛사람의 말에 한 말의 곡식도 방아를 찧을 수 있고, 한 자의 배도 재봉할 수 있다고 하였습니다. 어찌 부귀한 뒤라야만 같이 살 수 있겠습니까? 이 세상에 귀하고 천한 사람은 없습니다. 서로 마음만 맞으면 함께 살 수 있지요."

이런 공주의 끈질긴 설득에 온달도 온달의 노모(老母)도 어처구니가 없었지만, 그러나 더 이상 빠져나갈 궁리를 찾을 수 없었다. 그래서 평강공주는 온달의 아내가 되어 새 식구가 되었다. 그리하여 공주는 가지고 온 값진 패물을 팔아 논과 밭이며 집과 노비, 소와 말, 갖가지 가구와 기물(器物)을 사들여 살림을 두루 갖추게 되었다. 시장에 말을 사러 갈 때 공주는 온달에게 부탁하였다. "아무쪼록 장사치들의 말(馬)은 사지 말고 병들고 야위어 버림을 받은 국마(國馬: 나라에서 팔려고 내놓은 말)들을 가려서 사 오세요."

병들고 야윈 말을 사라는 것이 약간은 의아했으나, 온달은 공주의 부탁대로 그런 말을 골라 사 왔다. 공주는 그러나 이 말들을 잘 돌보고 착실하게 사육하였는데, 이 말들은 날로 살찌고 번창해 갔다. 그러는 동안 온달은 공주로부터 칼쓰기와 말타기를 배우고 또 밤에는 글공부도 익혔다. 처음엔 이 낯선 배움에 서툴렀지만, 날로 온달은 예전의 자신과는 전혀 다른 사람으로 변해 갔다. 그를 '바보 온달'이라고 알고 있는 사람들은 온달이가 글공부를 하고 또 무술을 익히는 줄은 전혀 알지 못했다.

무술을 많이 익힌 온달은 어느 봄날 규모가 큰 사냥대회에 나가게 되었다. 고구려는 매년 삼월 삼일에 낙랑의 벌에 모여 사냥대회를 열고, 그 사냥한 짐승들로 하늘과 산천의 신에게 제사하는 풍습이 있었다. 이때엔 국왕도 신하들과 5부의 병정들을 데리고 사냥에 참가하였다. 온달도 공주와 함께 기른 말을 타고 이 사냥대회에 참가했는데, 그의 말은 다른 어느 말보다 빨랐고 또 사냥한 짐승도 월등히 많아 다른 사람들이 잡은 것을 모두 합친 것보다 많았다.

왕은 이 특등을 한 사냥꾼을 불러 그의 이름을 물었다. "네 이름이 무엇이냐?" "저의 이름은 온달입니다." 평강왕은 깜짝 놀라 물끄러미 바라보며 되물었다. "네가 바보 온달이란 말이냐?" 온달은 고개를 끄덕이면서도 "이전에는 소인이 바보 온달이었지만, 지금은 바보가 아니옵니다. 모두가 제 아내의 덕분입니다." 평강왕은 이 말을 듣고 기괴하게 여겼으나, 공주에 대한 화가 다 풀리지 않았기에 더 이상 묻지 않았다.

때마침 후주(後周)의 무제(武帝)가 군사를 일으켜 요동으로 쳐들어오니, 평강왕은 군사를 거느리고 출정하여 배산(拜山)의 들에서 적들과 마주쳤다. 이때 온달이 선봉이 되어 날쌔게 적군 수십 명을 쳐부수자 모든 아군의 군사가 용감하게 달려들어 크게 승리하였다. 이 전쟁을 승리로 끝내자 국왕은 무공(武功)을 가장 많이 세운 군사를 추천하라고 했는데, 신하들이든 군사들이든 모두 온달을 추천하지 않는 이가 없었다.

이에 국왕은 크게 감탄하여 온달에게 "너는 내 사위다." 하고 사람들로 하여금 예를 갖추게 하여 그를 맞아들이게 하고 대형(大兄)이라는 벼슬을 내렸다. 여기에도 기적의 인간학이 있음을 우리는 목격한다. 그것은 온달의 변화에서뿐만 아니라 평강왕의 변화에도 드러난 것이다. 고집불통의 부화로 인해 원수가 된 사람을 돌려놓은 것이다.

그 후 평강왕은 온달과 공주를 함께 불러, 그동안 공주에게 냉정하게 대한 것을 사과하고, 훌륭한 남편을 만난 것을 치하하며, 온달을 나라의 높은 장군으로 임명하였다. 그리하여 온달의 위엄과 명성은 날로 높아져 갔다. 양강왕이 즉위한 해에 온달은 신라군이 고구려의 한북(漢北)을 점령한 것에 분개하여 군사를 이끌고 그쪽으로 출동했다.

온달장군은 신라군과 아차성(阿且城) 아래에서 싸우다 그만 적의 화살을 맞고 쓰러졌다. 그곳에서 그를 장사 지내려 했으나 관이 움직이지 않으므로, 공주가 와서 관을 어루만지며 "생사가 이미 결정 났으니 이제 편안히 돌아가세요." 하고 울면서 말하자, 드디어 관이 땅에서 떨어졌다. 온달이 전사했다는 소식을 들은 대왕도 크게 애통해하였다.

『삼국사기』의 "열전" 편에 실려 있는 위의 얘기는 결코 단순하고 "재미있는 소년소녀 동화"도 아니고 또 허구를 끌어모아 짜깁기한 소설도 아닌 '사기(史記)'이다. '사기(史記)'인 만큼 군살 같은 건 다 걸러지고 사실적인 뼈대만 실려 있으나, 내용상 긴 장편소설만큼의 이야기가 함축되어 있다. 우리는 이 사기(史記)의 내용 중에서 결코 간과할 수 없고 또 우리의 논의에 필요한 부분을 좀 더 부각시켜 보기로 한다.

온달에 관한 기사가 『삼국사기』의 "열전" 편에 평강공주보다 먼저 등장하기에, 온달의 상황을 먼저 짚어 보자. 얼마나 온달이 거지에다 바보였기에 궁전에까지 소문이 퍼졌을까. 오늘날 우리로서는 그의 난처한 지경에 연민의 정이 쏠리지만, 그땐 그렇지 못했던 모양이다. 그의 집이 매우 가난하여 – 짐작컨대 그의 집은 다 찌그러진 오두막인데다 마을에서 떨어진 외딴곳으로 여겨진다. – 노상 구걸하여 홀어머니를 봉양했다니, 닳고 닳은 옷에 헐어 빠진 신발을 신고 거리를 누볐다니, 나무껍질로 끼니를 때웠다니, 이런 어처구니없는 처지에 친구들과 어울리지도 못했다니, 그리고 사람들이 그를 '바보 온달'이라고 놀려 댔다니, 우리로 하여금 연민의 정이 솟구쳐 오르지 않을 수 없게 한다.

사람들이 그를 '바보 온달'이라고 놀리면, 그냥 씩 웃기만 했었다는 대목에서 우리는 몇 마디 해석을 할 필요가 있다. 그는 늘 기가 죽은 상태로 살았었고, 그 어떤 대꾸나 항의도 없이 자신의 신세를 감내하고 살았던 것이다. 그래서 마냥 "씩 웃기만 했었다"는 것은 오히려 현명한 대처방법으로 여겨진다. 분명한 것은 그가 아무런 악의가 없는 '바보'였지만, 이웃들로부터 왕따를 당하고 산 것이다. 물론 그 왕따가 다행스럽게도 오늘날의 경우처럼 해코지를 당한다거나 도탄에 빠뜨려지는 경우가 아니라서, 당시의 사람들이 (특히 온달 또래의 아이들이) 오늘날의 경우보다 훨씬 순수했음을 짐작할 수 있다.

우리가 단연 '바보 온달'로부터 배워야 할 점은 그가 이토록 난처한 지경에서 연명하며 살았음에도 불구하고 자신의 '팔자타령'이나 '신세타령'을 하지 않았다는 것이다. 그는 '바보'로 칭해졌지만, 자신의 운명을 원망하지 않고 받아들였다. 오늘날 온달의 부모 같은 사람이 있다면 자식의 눈총으로부터 살아남기가 어려울 것이다. 당장 "어둠의 자식"이라는 말로 부모를 원망대상으로 삼는다. 오늘날의 세대에선 부모가 자식에게 간과 허파를 다 빼 주는 경우에도 부모를 원망하고 신세타령을 하는 이가 얼마나 많은가. 많건 적건 재산을 물려주는데도 부모를 모시지 않겠다는 호래자식들과 부모를 모시는 아들에게 시집을 가지 않겠다는 호래년들이 부지기수다. 부모와 자식 간에조차도 순수한 인간애가 사라져 간 증거다.

이제 평강공주에게로 눈길을 돌려 보자. 그녀는 울보였다지만, 예사로운 소녀가 아니었다. 울면서 들은 그 '바보 온달'이란 이름을 자신의 의식 속에 간직한 채, 특이하게 승화시켜 간 것은 참으로 수수께끼 같은 얘기로 들린다. 그녀는 10대의 어린 소녀였지만, 뚜렷한 주관을 갖고 자랐으며, 사물을 판단하는 주관적 능력을 갖춘 것이다. 신랑감이라고 칭하는 고씨(高氏)를 대왕과 신하들이 추천하는데도, 이를 담대하게 '아니오(No)'라고 맞선 것은 결코 단순한 반항에 의해서가 아니라 이치를 따진 데서 온 결단이었다. 그 이치란 부왕이 수없이 공주더러 "바보 온달에게 시집보낸다."는 진술이었다.

물론 평강왕 쪽에선 울보 딸아이를 달래기 위해 농담조로 내뱉은 말이었겠으나, 수없이 반복되는 가운데서 그 진술은 울보 공주를 차츰 전혀 다른 방향으로 인식시킨 것이고, 공주의 항변은 논리적으로 타당한 것이었다. 놀라운 것은 그러나 공주가 단지 온갖 비난과 모멸을 감수하며 온달에게 시집을 가겠다는 것을 넘어, 인간이 비범하게 변화될 수 있는, 즉 인간이 바보로부터 탈출할 수 있는 가능성에 대한 확실한 혜안을 가졌다는 것이다.

무엇보다도 놀라운 것은 공주가 이치에 입각한 항변을 할 만큼 지적으로 성숙되었다는 것이다. 자라나는 동안 글공부를 비롯해 말타기, 칼쓰기 등의 문무를 겸비한 지식을 쌓았었고, 이를 온달에게 가르칠 정도였으니 어느 정도 수준급이 되었을 것이다. 그러나 그녀는 놀라운 지혜를 터득하고 있었다. 이를테면 궁전에서 늘 특급 대우를 받고 자기 앞에서 굽실거리는 사람들 사이에서 자랐지만, 이런 문화에 세뇌되지 않았다는 것이다. 대왕의 주변과 왕비의 주변, 나아가 자신의 주변에 굽실거리는 사람이 부지기수로 많았겠지만, 그래서 으레 '천한 사람'을 정당화하기 쉬웠겠으나, 오히려 반대로 "천한 사람이란 존재하지 않는다."는 지혜로운 시각을 가졌다는 것은 놀라운 일이다.

말하자면 궁전의 안팎에서 하는 귀천 – 놀이는 인간에 있어서 본질적인 것이 아님을 간파하고 있었던 것이다. 그러기에 그녀는 자신이 가진 공주라는 타이틀을 쉽게 포기할 수 있었고, 온달의 노모(老母)에게 큰절을 하며 다가갔고, 이 노모와 온달에게도 지극정성으로 대할 수 있었던 것이다. 온달과 그의 노모(老母)는 공주의 접근이 말할 수 없이 수치스럽고 오히려 무섭기까지 하였으나, 공주의 덕망은 그런 두려움과 수치심을 씻어 주었다. 그녀는 대궐에서 쫓겨났지만, 전혀 비굴하게 굴거나 바동거리지도 않았고 자신의 신념을 꽃피워 나갔던 것이다.

그녀는 이미 사람과 세상을 변화시킬 수 있다는 신념을 갖고 있었다. 그러한 신념의 바탕 위에서 기적의 인간학을 꽃피울 수 있다는 결론이 나오는 것이다. 궁전에서의 부귀영화에 연연하지 않고 뛰쳐나왔다는 것은 이미 예사로운 마음가짐으로서는 불가능한 일이고, 평범한 인간세상의 상식을 뛰어넘은 것이다. 세상에서 굳어진 귀천의 방정식을 넘어 인간을 변화시키고 세상을 변화시켜 기적의 인간학을 이룰 수 있다는 신념에는 이미 이런 변화를 가져오는 고귀한 지혜가 세상의 부귀영화보다 훨씬 가치 있다는 사실을 간파했던 것이다.

이제 평강공주와 온달의 노모(老母) 및 온달과 만나는 장면을 분석해 보기로 하자. 여기서는 기괴하게도 타자를 위한 싸움이 펼쳐져 이타주의 철학의 면모가 여실히 드러난다. 처음부터 공주가 자신의 속마음을 다 털어놓았지만, 온달도 온달의 노모도 뭔가 잘못되었다고 하여 극구 부인한다. 온달과 온달의 노모는 자신들의 형편과 처지를 고려하여 절대로 공주를 받아들일 수 없다고 항변하는데, 이는 정상적인 사람들의 반응일 것이다. 도대체 상상도 할 수 없는 과분한 제안을 정상적인 사람으로서 어떻게 받아들일 수 있단 말인가. 그러기에 그들의 거부는 오히려 순진무구하고 양심적인 사람이 할 수 있는 아름다운 모습일 것이다.

만약 이와 반대로 돈에 눈이 먼 현대인들처럼 공주의 제안을 마치 '굴러 들어온 떡'이라고, 잽싸게 받아들인다거나, 혹은 못 이긴 척하고 받아들인다면 오히려 야박한 모습을 드러내 보이는 꼴일 것이다. 그러나 온달과 온달의 노모는 자신들의 분수에 넘치는 짓은 저지르지 않겠다는 신념을 끝까지 고수한다. 공주가 온달네의 사립문 밖에서 밤을 보내고서 거듭 설득을 시도하는데도 온달의 노모는 매 순간마다 공주의 발길을 돌려 보려는 - 공주가 뭔가 크게 착각을 했거나 누군가로부터 꾐을 당했거나 혹은 얼토당토않은 짓을 저지르고 있다고 판단하고 있다. - 의도를 갖고 있다.

나무껍질을 지게에 지고 내려오는 온달에게 공주가 다가가 자신을 배필로 맞아 줄 것을 요청하자 온달은 오히려 버럭 화를 내지 않을 수 없었던 것이다. 지극히 정상적인 현대의 시민들조차도 그런 갑작스런 제안에는 의심의 눈초리를 갖지 않을 수 없다. 그래서 온달은 그런 제안을 하는 공주에게 오히려 자신을 박해하려는 여우나 귀신 정도로 여기고 서둘러 집으로 향했던 것이다.

타자를 위한 싸움은 공주 쪽에서 봐도 마찬가지다. 공주는 티끌만큼도 군림하는 자세로서가 아니라 섬기고 봉사하는 자세로 가족의 일원이 되고 싶다는 속마음을 끝까지 고수하고 또 그렇게 실천했다. 신분상의 차이를 던져 버리고, 그리고 자신의 자존심이 상할 대로 상했겠지만, 끝까지 애걸하고 설득하는 태도는 퍽이나 애처롭고 안타깝게 보인다. 퇴짜를 거듭 당하고 다 찌그러진 사립문 밖에서 밤을 보내면서까지 인내심을 놓지 않는다는 것은 보통 사람도 감당하기 어려운 일이다. 이리하여 타자를 위한 싸움은 처절하게도 겸손의 바탕 위에서 펼쳐지는데, 적극적 자세로(공주 쪽에서) 그리고 소극적 자세로(온달 쪽에서) 서로의 운명을 받아들인다는 차원에서 그들은 합일점을 찾는다.

천신만고의 해괴망측한 이타주의 싸움이 끝나고서 그들은 한 가족이 되었다. 그들의 결혼은 믿어지지 않지만 믿을 수밖에 없는, 황당하고 동시에 당황스런, 상식과 상상을 모두 초월해 버리는, 그러나 그럼에도 불구하고 지극히 정상적인 결혼이었다. 공주는 슬기롭게도 갖고 온 고가의 패물을 팔아 살림을 갖춘다. 단번에 온달네 가정은 가난의 운명에서 풀려나게 된 셈이다.

여기서 우리는 불공평한 세상의 찌그러진 모습을 한꺼번에 볼 수 있다. 가진 게 없다는 이유에서 지극히 천한 운명의 그늘막으로 떠밀린다는 것, 찌든 가난이 운명의 올가미로 되어 인생을 지극히 비참한 경지로 몰아넣는 경우를 목격한다. 사회도 이웃도 국가도 저런 죄 없는 가족을 그대로 그들 운명의 탓으로만 돌리고서 방관하고 방치한다는 것이다.

그러나 가진 자(공주)가 나눔을 실천할 때, 그 질기고 처참한 운명은 단번에 역전되는 것이다. 인간애가 바탕이 된 나눔만 있어도 저런 죄 없는 가족을 도탄으로 빠뜨리지는 않을 것이다. 국가가 존재하는 이유도 저런 죄 없는 사람이 도탄에 빠지지 않도록 배려하는 데 있다. 물론 우리는 이러한 상태를 빙자하여 좌파 사회주의니 공산주의니 하는 이데올로기를 대두시킬 필요는 전혀 없다. 강제가 들어 있는 이데올로기는 항상 누군가의 희생을 강요하기 때문이다.

그러기에 온 세상을 이데올로기로 변질시킬 필요 없이 인간애가 바탕이 된 나눔을 실천하면 된다.

못 가진 자들이 아무리 아우성을 질러도 냉엄한 국가와 사회에선 그들의 목소리는 허공에 떠도는 메아리에 불과할 것이다. 그러나 가진 자들이 그들의 부를 권력행세를 하지 않고 작은 지혜와 인간애로 나눔을 실천할 때, 세상은 공생·공존하는 터로 바뀔 것이다. 물론 일방적으로 혹은 무조건 약자나 가난한 자를 준강압으로 도와야 하는 것은 절대로 아니다. 온달과 같은 처참한 상황에 떨어지지 않게 한다면, 도움을 받은 쪽도 언젠가는 베풀 수 있기 때문이다.

팽팽한 경제논리로서가 아니라 느슨하고 인정이 깃들어 있는 예로부터의 '품앗이'를 생활화하면 될 것이다. 만약 평강공주가 나타나지 않은 상태에서 온달네가 가난의 고문으로 쓰러지게 내버려 둔다면, 그런 국가와 사회, 마을공동체와 이웃이며 개인들은 죄를 짓는 것이 아닌가.

인간애가 바탕이 된 그런 나눔을 실천하기 위해선 정치나 사회 제도 이전에 철학교육과 윤리교육이 선행되어야 한다. 그래서 국가와 사회에 그런 분위기가 감돌고 있어야 하는 것이다. 정치와 사회 제도는 저런 인간애가 바탕이 된 나눔이 제대로 실천되도록 현장에서 실천하고 실현하는 제도권이어야지, 지배와 권력을 휘두르고 군림하는 집단이 되어서는 안 된다. 그러나 안타깝게도 예나 지금이나 별반 변한 게 없는 것이 우리가 사는 인간세상의 모습이다.

이제 '바보 온달'이 영웅 온달로 변화된 과정에 개입한 평강공주의 역할을 떠올려 보자. 그들은 참으로 이질적인 문화와 집단에서

자라 퍽이나 서로 서먹서먹했을 것임에 틀림없다. 그러나 어처구니 없는 만남에도 불구하고 그들은 행복하고 좋은 가정을 이룬 것으로 짐작된다. 공주는 훌륭하게 집안을 꾸려 나가면서도 밤낮으로 온달을 변화시키는 일에 가담한다. 말타기와 칼쓰기 및 글공부 등 본격적인 교육이 시작되었으리라 여겨진다.

그러나 이 교육은 '교육'이라고 칭하기보다는 차라리 재미로 이루어지는 수업으로 생각된다. 둘은 결코 선생과 제자로서의 관계가 아니라, 서로 밀고 당기는 협력자의 관계였을 것이다. 공주는 나눔을 실천하는 자의 위치에서, 결코 주입식이 아니라 '바보' 온달 속에 들어 있는 능력과 잠재력을 일깨웠을 것이다.

지혜로운 평강공주에 의해 새로운 변화가 일어났다. 온달이 고구려의 가장 뛰어난 장수 중의 한 사람으로 거듭나게 되었고, 그는 국가가 외부로부터의 침략을 막는 데 결정적인 공헌을 하게 된다. 후주(後周)의 무제가 쳐들어왔을 때, 만약 이를 막지 못했다면, 나아가 만약 여기서 평강왕이 패전하거나 전사할 경우를 생각하면, 온달의 공헌이 얼마나 큰지 당장 짐작된다. 이리하여 **공주는 '바보 온달'을 영웅 온달로 만드는 데에 결정적인 역할을 하여, 한마디로 기적의 인간학을 완성시켰다고 할 수 있다.**

그런데 이 기적의 인간학은 온달에게만 적용되는 것이 아니고, 그녀의 아버지인 평강왕에게도 통하는 것이다. 가부장적이고 고집불통인 평강왕은 자신이 대궐에서 내쫓은 공주에 의해 '바보 온달'이 '영웅 온달'로 되고, 이 '영웅 온달'이 국가를 수호하는 첨병임을 확인했을 때, 그의 옹고집은 격침되고 만 것이다. **그를 격침시킨 근본적인 요인은 무엇일까? 그것은 감동이다.** 감동을 받은 인간이 그렇게 변하지 않을 수 없는 것은 만고의 진리이다.

그는 자신의 딸에게 냉혹하게 대했던 잘못에 대해 용서를 빌었다. 이런 상황이 결국 벌어지리라는 것을 공주는 대궐에서 쫓겨나기 전에 이미 알았을 것이다. 온달이든 자신의 아버지든 결국 기적의 인간학에 대한 산 증인이 될 것이라는 사실을 공주는 이미 꿰뚫고 있었을 것이다. 평강공주는 흔히 영웅신화에 등장하는 그런 영웅이 아니다. 그러나 평강공주는 덕과 지혜로 영웅을 만들어 낸 철학자와 같다.

우리는 평강공주와 바보 온달이 서로 극대 극의 차이로 만나 엄청난 기적의 인간학을 일군 경우를 면밀히 고찰해 보았다. 극대 극으로 다른 남녀가 만나 괴이한 역사를 만든 경우는 그리스 신화에도 등장한다. 서로 극대 극의 차이에서 만나긴 하지만, 그러나 "바보 온달과 평강공주"와는 전혀 다른 방향으로 나간 아프로디테와 헤파이스토스의 경우를 검토해 보기로 하자.

3. 아프로디테와 헤파이스토스의 경우

아프로디테(Aphrodite, 로마신화에서 Venus)는 잘 알려져 있듯 미의 여신이다. 여신들 중에서 가장 아름다운 여신이라고 하니 우리로선 짐작하기조차 쉽지 않다. "미로의 비너스"나 보티첼리의 "비너스의 탄생"에 드러난 아프로디테의 형상도 – 비록 예술가들이 최선을 다해 드러냈다고 하지만 – 아프로디테의 모습을 완벽하게 드러내진 못했을 것이다. 아프로디테를 그린 어떤 그림들은 제목만 '미의 여신'을 붙였을 뿐 오히려 추하기까지 한 그림들도 많이 있지 않는가. 그리스 신화는 미의 여왕 아프로디테가 신들과 인간들로부터 대단한 추앙을 받고 또 영예를 안고 살았다고 한다.

그러나 마치 동양의 고사성어(故事成語)인 '가인박명(佳人薄命)'과도 유사하게 아프로디테의 팔자는 사납기만 하다. 그녀의 탄생은 보티첼리의 "비너스의 탄생"에서처럼 아름다운 모습만 비쳐지는 것과는 달리 고약하기 그지없다. 즉 하늘 우라노스(Uranos)의 생식기를 그의 아들 크로노스가 낫으로 잘라 바다로 던지고, 거기 핏방울에서 일어난 거품에서 그녀는 탄생된 것이다. 아프로디테라는 말의 어원은 "거품에서 탄생한 여신"이란 뜻이다.

그녀의 험악한 생애는 다른 곳에서도 드러난다. 그녀는 트로이 전쟁이 발발하는 데에 깊이 개입되어 있다. 호메로스의 『일리아스』에는 인간 펠레우스와 바다의 여신 테티스의 결혼식이 올림포스 산장에서 거창하게 거행되는데, 초대되지 않은 싸움의 여신 에리스(Eris)가 앙심을 품고서 황금사과 하나를 던져 주고 사라지는 장면이 묘사된다. "가장 예쁜 여신에게 이 사과를"이라고 적힌 이 황금사과는 그 가장 예쁜 여신을 제우스도 판단을 내리지 못하여 결국 목동 파리스에 의해 아프로디테에게 주어진다.

그러나 이것으로 끝이 아니다. 이제 처참한 비극이 시작되는 것이다. 자신에게 이 사과를 주면 가장 아름다운 여인과 결혼시키겠다던 아프로디테는 약속을 지키기 위해 스파르타의 왕비 헬레네와 파리스가 사랑에 빠지게 하고, 이윽고 둘은 밤을 틈타 트로이로 도망을 친다. 이것이 트로이 전쟁의 발발 원인인 것이다.

그녀의 험악한 생애는 이것으로 끝이 아니다. 그녀가 신들의 거처인 올림포스에 등장하자 바로 그녀의 미(美) 때문에 소동이 벌어진다. 미녀 앞에선 신들도 사족을 못 쓰는 모양이다. 제우스조차도 - 얼마나 뛰어난 바람둥이로 소문나 있는가! - 그의 형제들과 자식들더러 아프로디테에게 홀리지 말기를 엄하게 경고했지만, 자기 스스로도 미의 여신을 힐끔거리며 애를 태웠던 것이다.

제우스와 형제지간이고 바다의 신(神)인 포세이돈은 아프로디테가 바다에서 나왔다고 자신의 연고권을 주장하여 그녀가 자신의 애인이 되어야 한다고 강변하고, 태양의 신 아폴론은 아름다운 음악으로 여신의 마음을 사로잡아 동의를 얻어 내겠다고 나서며, 또 전쟁의 신 아레스는 아무도 아프로디테를 손대지 말라고 호통치고, 여기에 질세라 제우스의 사신(使臣)이며 도둑의 수호신인 헤르메스도 저 여신을 훔쳐 내고 말겠노라고 호언장담했다.

이토록 미의 여신 주변에는 암암리에 쟁탈전이 벌어졌는데, 결국 사랑과 아름다움에는 불화와 다툼과 추함도 따르는 것임을 시사한다. 그래서 결국 '가인박명(佳人薄命)'의 현상이 일어나지 않던가! 『삼국사기』의 열전에는 "도미설화"가 실려 있는데, 백제의 개루왕이 도미의 아내를 강탈하기 위해 어떻게 했는지 잘 전하고 있다. 또 신라의 도화녀도 얼마나 비극적인 생애를 마쳤던가. 다 그렇진 않지만, 미녀들의 팔자는 사나운 모양이다. 그리고 아프로디테의 주변에 그리움의 여신 히메로스와 불화의 여신 에리스가 서성이고 있는 것도 다 일리가 있는 모양이다.

이토록 올림포스 산장이 아프로디테로 말미암아 나날이 시끌시끌하게 되자, 제우스는 혹시나 자신의 형제들과 아들들 사이에서

쟁투가 촉발하지 않을까 걱정이 이만저만이 아니었다. 그래서 제우스는 헤라와 논의 끝에 그때까지 미혼으로 남아 있던 대장장이, 곧 당대 최고의 추남이자 절름발이인 헤파이스토스와 아프로디테를 결혼시킨다. 제우스의 명령이었기에 아프로디테로서도 어찌할 방도가 없었다. 그리하여 아이러니컬하게도 신들과 인간들을 막론하고 이 세상에서 가장 아름다운 사랑의 여신 아프로디테는 신들과 인간들을 막론하고 이 세상에서 가장 추남으로 알려진 헤파이스토스의 아내가 된다.

그러나 아프로디테의 사나운 운명은 이것으로 끝이 아니다. 그녀 남편과의 사이가 멀어지기 시작한 것이다. 대장장이 헤파이스토스는 전쟁영웅을 비롯한 유명 인사들의 제작주문 때문에 대장간의 일이 쉴 새 없이 바빴고, 이 때문에 아프로디테의(성적인) 욕구를 다 들어줄 수 없었다. 반면에 아프로디테는 육욕을 채우지 않으면 하루를 넘기기 어려워하는 편이었다. 그녀는 지독히도 음탕하여 '마법의 띠(케스토스 히마스)'를 허리에 차고서 남자든 남신이든 유혹했는데, 아무도 이 '마법의 띠'에서 벗어날 수가 없었다.

언젠가 전쟁의 신 아레스가 여기에 걸려들었는데, 처음에는 몰래 숲 속으로 가 몇 번이나 밀회를 즐기다 결국 아폴론에게 발각된다. 아폴론은 이 사실을 헤파이스토스에게 일러바친다. 둘은 헤파이스토스가 집을 비운 사이에 버젓하게 이 집에서 밀회를 즐기다 헤파이스토스가 쳐 놓은 덫에 걸려들고 만다. 둘은 벌거벗은 모습으로 여러 신들(제우스, 헤르메스, 아폴론, 포세이돈 등) 앞에서 치욕을 당하고서 – 이 광경이 하도 민망스러워 포세이돈은 아레스에게서 사과와 보상약속을 받아 주겠다는 조건으로 헤파이스토스에게 용서를 간청하였다. – 덫에서 풀려나 도망을 쳤는데, 아레스는 트라키아로 또 아프로디테는 '처녀의 샘'이 있는 키프로스로 갔다.

아프로디테의 음탕한 애정행각은 그러나 계속되었다. 그녀는 헤르메스와의 불륜관계를 통해 두 자식을 얻었는데, 첫째는 양성을 동시에 가진 남녀추니 헤르마프로디토스(Hermaphroditos: 헤르메스와 아프로디테의 합성어이다.)이고, 둘째 아들은 그 유명한 사랑의 신 에로스(Eros)이다. 또 아프로디테는 인간 안키세스를 유혹하여 동침하여서는 아이네이아스를 낳았는데, 그는 나중에 로마인의 조상이 되었다.

이리하여 미와 사랑의 여신인 아프로디테는 지독히도 음탕하여 음란과 간통의 대명사로도 되었고, 또 불륜과 추함을 끌고 다녔으며, 트로이 전쟁의 발발원인이 된 만큼 끔찍한 비극을 야기하였다. 그리하여 극대 극의 만남인 미의 여왕 아프로디테와 추남 절름발이 헤파이스토스의 경우는 인류에게 모범이 될 만한 업적을 보이지 못하는데, 이는 또 다른 극대 극의 만남인 "바보 온달과 평강공주"의 경우와는 전적으로 다른 세계를 보여 준다.

4. 미리 정해진 인간의 본질은 없다

기상천외의, 극대 극의 만남인 "바보 온달과 평강공주"는 아프로디테와 헤파이스토스의 경우와는 전적으로 다른 세계를 보여 준다. 그들은 평범한 인간들이 상상하기조차 어렵게 극대 극으로 만났지만, 그러나 새롭고 변화된 삶을 통해 극대 극의 차이를 뭉개 버리고 하나 됨을 성취하며, 나아가 전적으로 다른 새롭고 위대한 역사를 이루어 낸다. 이 위대한 역사야말로 우리가 철학적 깊이로 성찰하는 핵심적인 과제이다.

우리 속담에 "개천에서 용 났다."는 말이 있다. 이 말은 특히 시골 출신의 가난한 학도가 명문대학에 입학한다거나 사법고시나 행정고시 같은 시험을 통과했을 때 자주 쓴다. '바보 온달'이가 고구려의 영웅으로 거듭 태어난 것은 그렇다면 "개천에서 용 났다."는 범위를 훨씬 뛰어넘는 경우이다. 그는 단순히 과거에 급제를 한 것이 아니라, 인생 자체가 전적으로 변화되어 전혀 다른 인생이 된 것이다. 자연 상태에서 그는 '바보 온달'에다 거지 온달로 남을 것이고, 특별한 외부로부터의 변화가 주어지지 않는 한 그런 인생으로 생을 마감할 가능성이 컸던 것이다. 그러나 그는 전적으로 다른 인생이 된 데서 기적의 인간학을 우리는 생각하지 않을 수 없다.

그의 생애 자체가 소위 말하는 본질철학을 거부하고 있다. 인생에는 미리 주어진 본질과 운명의 굴레는 없는 것이다. 인간의 본질은 동식물이나 무생물과는 전적으로 다른 것으로, 어떤 단순한 카테고리로 규명할 수 없다. 인생의 본질은 그가 자신을 어떻게 만드느냐에 따라 결정된다고 하는 실존철학자들의 주장이 오히려 옳다. 그래서 "실존은 본질에 앞선다."(사르트르)는 결론이 주어지는 것이다. 플라톤이 말한 대로 "내 운명의 땜장이는 바로 나 자신"인 것이다.

인간은 태어날 때부터 어떤 목적 점에 도달해야 할 그런 정해진 목적 점은 없다. 마치 미완성의 교향곡(이를테면 슈베르트)이나 미완성의 예술작품, 미완성의 저술처럼 이루지 못하고 중단된 경우를 우리는 잘 알고 있다. 그러나 중요한 문제는 인간 자체가 미완성의 존재로 살다가 생을 마감한다는 것이다. 그사이의 공간에서 인간은 **끊임없이 되어 가는 존재**인 것이다.

아리스토텔레스와 칸트와 같은 철학자들은 철학적 카테고리(범주)로서 인간의 본질을 규명하려고 하였다. 그러나 인간의 손에 잡히지 않는 내밀한 본질, 인간의 복잡하고 다양한 모습은 그러한 카테고리로서 인간을 다 파악할 수 있다는 것을 허락하지 않는다. 그러기에 하이데거는 이러한 카테고리나 개념으로 다 파악될 수 없는 인간의 특성을 현사실적 삶에 입각한 '실존범주(Existenzial)'로 해명하고 있다.

인간은 창조적 행위를 하여 끊임없이 새로운 것을 드러내며, 역동적이면서 개방적이고, 또한 자유를 갖고 있기에 궁극적으로 모든 규명과 범주며 속박과 얽어맴으로부터 벗어나 있는 것이다. 인간의 본질을 파악하고 이해하는 데에 있어서 그 한계가 있는 것은 그의 심연이 다 드러나지 않는 것뿐만 아니라, 그가 이 세상에서 **미완성의 존재방식**으로 존재하기 때문이기도 하다.

그는 이 세상에서 이렇게 혹은 저렇게 살아야 할 고정된 틀을 갖고 있지 않다. 그가 도달되어야 할 어떤 일정한 혹은 완성된 지점은 없는 것이다. 물론 개인적으로 설정한 임의적인 목적 점은 있을 수 있겠으나, 그것은 결코 모든 인간을 아우르는 보편적인 것일 수 없는 것이다. 그는 끊임없이 자신의 삶을 실현해 가는 이른바 "되어 가는 존재"인 것이다. 이처럼 미완성의 존재방식으로 자신의 삶을 실현해 가는 "되어 가는 존재"야말로 인간의 본질을 밝히는 한 속성이라고 할 수 있겠다. 인간의 존재방식은 완성되어 있는 것이 아니라 오히려 끊임없는 실현을 통해 되어 가야만 하는 존재인 것이다.

철학사에는 인간의 본질을 이해하고 파악하려고 여러모로 정의를 내려 보고 있지만, 그러나 그 많은 노력에도 불구하고 인간의 본질에 대해 어떤 정답이라고 할 만한 총체적인 혹은 단도직입적인 규명은 없고, 단지 한 면을 밝혔을 따름이다. 그것은 인간의 본질규명을 시도한 철학자들의 수고가 결코 헛되다는 것이 아니라, 인간의 심연이 너무나 깊기에 한마디로 혹은 어떤 단순한 명제로 인간의 본질을 규명할 수 없다는 것을 시사한다. 그것은 결코 다 풀리지 않는 수수께끼이고, 그 풀리지 않는 만큼 미스터리에 둘러싸여 있는 것이다. 그러나 그럼에도 불구하고 "인간이란 무엇인가?"는 우리가 결코 포기할 수 없는 물음이고, 또 예나 지금이나 또 앞으로도 물어져야 하는 진지한 근본물음이다.

이미 우리에게 잘 알려진, 철학사에 등장하는 친숙한 인간규명들이 있다. 이를테면 소위 인간의 학명이라고 하는 "호모 사피엔스(Homo sapiens)", 고대 그리스인들의 인간규명인 "소우주(Mikrokosmos)", "인간은 만물의 척도"라는 프로타고라스(Protagoras)의 주장, 인간이 불멸하는 영혼의 소유자이고 이데아의 담지자이며 영혼과 육체의 이왕국적 존재라는 플라톤의 규명, 인간을 "로고스를 가진 존재(zooon logon echon)"와 "폴리스적 존재(zooon politikoon: 공동체 생활을 하는 존재)"로 규명한 아리스토텔레스, 파스칼의 유명한 인간규명인 "생각하는 갈대" 등 20세기 유명한 인간학자인 겔렌(A. Gehlen)과 란트만이며 엘리아데에 이르기까지 훌륭한 인간규명들이 무수히 많다. 겔렌은 인간을 "결함을 지닌 존재(Maengelwesen)"인 동시에 "문화적 존재(Kulturwesen)"로 파악하고, 란트만(M. Landmann)은 인간을 "문화의 창조자이면서 피지배자"로, 또 엘리아데는 우리가 앞에서도 언급했듯이 인간을 "종교적 존재(Homo religiosus)"로 규명하고 있다.

그런데 우리는 "바보 온달과 평강공주"에 내포된 기적의 인간학을 위해서 좀 더 여기에 가깝고 색다른 인간의 본질규명을 언급할 필요가 있다. 그것은 우선 인간이 경이로운 존재이고 창조하는 존재이며, 초월하는 존재이고 – 앞에서 이미 언급한 – 끊임없이 되어가는 존재라는 것이다. 이러한 규명들 중 앞에서부터 세 가지의 규명들을 차례로 타진해 보기로 하자. 이러한 규명들은 "바보 온달과 평강공주"에게 엄존하는 기적의 인간학에 지반을 형성하고 있다.

소포클레스(B.C. 496~406)는 『안티고네』의 합창단을 통해 "세상엔 경이로운 것이 많긴 하지만, 인간보다 더 경이로운 것은 없다."라고 규명했는데, 이는 전적으로 온당한 것으로 여겨진다. "인간은 참으로 경이로운 존재이다. 그 무엇으로도 그의 심연과 총체성을, 그의 본질을 다 드러낼 수 없다. 인간은 신(神)이 아니지만 신적인 속성을 갖고 있고(이를테면 창조성, 자유, 불멸하는 영혼의 소유 등) 또 동물이 아니지만 동물적 속성도 갖고 있다. 더 나아가 인간은 천사가 아니지만 천사의 속성을, 악마가 아니지만 악마의 속성을 갖고 있다.

인간은 본능을 갖고 있지만 그러나 그것에 얽매어 살지 않을 수도 있고, 또 빵이 없으면 못 살지만 빵만으로는 살 수가 없다. 인간은 '신(神)의 형상(imago Dei)'을 갖고 있으며 '만물의 영장'이라

일컫고, '불멸하는 영혼의 소유자'(플라톤)로서의 고귀한 존재이지만 악마와 늑대의 짓을 자행하고 생지옥을 그려 내기도 하며, 번뇌와 생로병사의 덫에 걸려 있는 존재이기도 하다. 따라서 인간은 한없이 비참할 수도 있으며 또한 한없이 숭고할 수도 있다."3)

인간은 창조하는 속성을 갖고 있다. 그는 동물과는 달리 주어진 본능과 환경에만 얽매어 살지 않고 어떤 목적에 따라 창조하는 행위를 한다. 이런 창조하는 능력이야말로 인간을 동물과는 전혀 다른 존재로 만들어 준다. 다윈과 다윈을 추종하는 학자들은 동물로부터 인간을 연역하고 설명하려고 하지만, 이런 창조하는 유전자를 동물들은 갖고 있지 않다.

동물과는 달리 인간이 생산·변혁하고 변화시킬 수 있다는 것을 우리는 '의지의 실현', '자유의 실현' 및 '선택'과 같은 말로 표현할 수 있는데, 이것은 곧 인간이 창조할 수 있는 가능성을 갖고 있음을 나타내고 있는 것이다. 인간은 자연적으로 주어진 조건이나 외부적 형상(Form)을 넘어 이 자연적인 조건이나 형상에 대한 형성력(das Vermoegen der Formbildung)을 갖고 있으며 현상을 초월해 현상구성 능력을 갖고 있는 것이다.

물론 우리 인간도 현상계와 자연법칙에 속해 있어 이런 세계에서 전적으로 자유로울 수는 없다. 우리도 생성·변화·소멸이라는 자연법칙에 따르고 있다. 그러나 그럼에도 불구하고 우리는 현상계를 초월해서 현상을 변화시키고 건축하고 정립하는 능력을 갖고 있는 것이다. 인간이 어떤 목적에 따라 생성·변화시킬 수 있는 능력을 갖고 있다는 것과 그런 능력을 발휘한다는 의미에서 인간을 창조적 주체라고 부를 수 있는 것이다.

인간은 초월하는 속성을 갖고 있다. 그는 직접적으로 주어진 상태에서만 안주하며 살아가지 않는다. 그의 자유와 지성이며 의지는 그를 주어진 직접성에 묶이는 것을 용납하지 않고 끊임없이 이 주어진 직접성의 밖으로 초월하도록 촉구한다. 우리가 위에서 밝힌 바대로 창조적 주체로서의 인간에겐 초월을 실현하는 능력도 주어져 있다. 그는 이미 초월적 본래성을 갖고 있는 것이다. 초월을 논의할 때 사람들은 보통 신적인 것과 절대적인 것, 영원한 것과 불멸하는 것에로의 초월을 지적한다.

그런데 사유를 통해 어떤 주어진 한계를 넘어(허물고) 무엇 무엇에로 나아가는(비상하는) 행위 자체가 이미 초월적인 것이다. 이 초월하는 능력은 창조적인 능력과도 같이 인간이 초인간적인(신적인) 속성을 갖고 있음을 드러내는 증거인 셈이다. 엄밀히 말하면 '철학함' 자체에도 이미 초월이 내재되어 있다. 그것은 철학함 속에 이미 통념과 안목에 펼쳐지는 일상의 세계를 벗어나 철학적 사유의 세계에로 비상하게 하는 초월이 전제되어 있기 때문이다. 플라톤은 이러한 초월에로의 충동과 원동력을 에로스(eroos)라고 했다. 초월을 통하여 인간에게 변화가 일어나는 것이다.

5. 아리스토텔레스와 엠페도클레스 및 아낙사고라스의 사고모델

'바보 온달'이 영웅으로 되는 과정을 우리는 아리스토텔레스와 아낙사고라스의 사고모델과 관련지어 생각해 볼 수 있다. '바보 온달'이 영웅으로 되는 것은 인간이 무한의 잠재능력을 갖고 있다는 것이고, 외부로부터의 적합한 기회나 충격이 주어진다면 그 잠재능력이 가공할 만한 실제의 능력으로 현실화됨을 천명(闡明)하는 것이다.

아리스토텔레스의 가능태 개념(dynamis)에 의하면 질료(hyle)는 무엇 무엇이 될 가능성을 가지고 있는데, 인간 또한 예외가 아니다. 인간은 신적인 속성도 갖고 있고 또 이와 반대로 악마의 속성도 갖고 있다. 그런데 인간의 신적인 속성이 더 발휘된다면, 인간은 비범하고 초인간적인 방향으로 나아가는 것이다.

"끊임없이 되어 가는 존재"로서의 인간에게 무한한 잠재능력이 있음은 주지의 사실이다. 또 인간은 신적인 속성인 창조하는 능력도 갖고 있다. 그러기에 특별한 외부적 환경이나 자극이 주어진다면, 혹은 특별한 내부적 통찰이나 깨달음이 일어난다면, 저 인간의 잠재능력은 깨어나 새로운 세계를 창조할 수 있는 것이다.

이 장(章)에서 우리는 아리스토텔레스의 가능태 개념(dynamis)과 더불어 인간의 잠재능력에 관해, 그리고 엠페도클레스의 사랑의 힘(philia)과 더불어 어떤 좋은 외부적 동력이 작용하면 훌륭하고 아름다운 세계를 펼쳐 보일 수 있음에 관해서 논의하고, 나아가 이를 '바보 온달'의 경우와 관련지어 고찰해 본다.

아리스토텔레스의 "목적론적 세계관"에 의하면 "이 세상 모든 만물은 순수질료에서 순수형상(신)으로 향하는 상향운동을 한다."는 것이다. 물론 이러한 아리스토텔레스의 주장은 "이 세상 만물이 '선의 이데아'를 그리워하고 그쪽(본향)으로 향해 간다."는 플라톤의 사상을 자기의 방식으로 개편한 것이다.

아리스토텔레스에 의하면 질료(Hyle)는 항상 무엇 무엇이 될 가능성(Dynamis)을 자신 속에 품고 있다는 것인데, 인간도 예외일 수는 없다. 인간도 끊임없이 상향운동을 일으켜 순수형상의 세계로 나아가는 것이다. 여기에도 기적의 인간학이 잠재되어 있는 것이다. **'바보 온달'이 영웅 온달로 변한 데에는 이 기적의 인간학이 모범적으로 잘 드러나 있다.**

아리스토텔레스의 형이상학에는 자연계의 최하층에 있는 순수질료와 그 위에 무생물, 생물, 인간, 그리고 궁극적인 목적인 순수형상, 즉 신(神)에 이르는 목적론적 세계관이 잘 드러나 있다. 이 목적론적 세계관의 중요한 의미는 감각적으로 제약되어 있는 개별적인 실체로부터 제일 처음에 운동을 일으키는 자로서의 무제약적인 실체에로 이끌려 오르는 것이다. 아리스토텔레스에 의하면 자연 속에는 놀랄 만한 합목적성이 발견된다는 것이다.

말하자면 일체의 사물은 합목적적인 질서를 갖고 있고, 생성하고 소멸하는 현상 역시 우연의 산물이 아니어서, 결국 모든 사물의 궁극적 목적이 되는 원인이 있다는 것이다. 우리의 발길에 차이는 돌멩이나 냇가의 수많은 모래, 산속에서 살짝 피었다가 지는 야생화도 이유 없이 존재하는 것은 없다는 것이고 다 우주적 중량을 갖게 되는 것이다. 그렇다면 **이런 목적론적 세계관에 입각한 코스모스는 의미로 가득 차 있다.** 인간이 의미 있게 살아야 하는 것은 당연하고 일종의 권리이며, 또 자연이(혹은 창조주가) 준 명령이면서 과제인 것이다. 인간은 결코 무의미한 삶을 살아서는 안 된다.

우리는 바보 온달에게 일어난 기적의 인간학을 해명하기 위해 엠페도클레스와 아낙사고라스의 사고모형을 참고할 필요가 있다. '바보 온달'이 기상천외의 변화를 일으킨 것은 평강공주를 만난 덕에 전적으로 의존하므로, 그런 외부로부터의 역량은 다원론자라고 일컫는 엠페도클레스와 아낙사고라스의 사고모델이 잘 적용된다.

결론적으로 말하면 엠페도클레스가 말하는 필리아(사랑, philia)와 아낙사고라스가 말하는 가이스트(정신, nous)가 참다운 실재로서의 존재자에 적용됨으로써 엄청난 변화를 일으키고 새 지평을 여는 것이다. **평강공주의 강력한 필리아와 가이스트가 – 물론 온달도 나름대로의 필리아와 가이스트를 갖고 있는 것이다. – 선한 방향으로 유감없이 발휘되면서 '바보 온달'이 전혀 다른 인간으로 거듭나게 된 것이다.**

다원론자들은 이 세계를 구성하는 최고의 원리(arche)가 하나가 아니라 다수라고 했기에 '다원론자'라고 불렸다. 그런데 이 다수의 원리와 원인들에 외부로부터의 운동이 주어져 코스모스가 구성되었다는 것이다. 말하자면 파르메니데스의 '존재'와 헤라클레이토스의 '생성' 내지는 '운동'을 조화시킨 것이 다원론자들의 특징이다. 즉 참다운 실재로서의 존재가 불생불멸(不生不滅)한다는 것(파르메니데스)을 한편으로 인정하고, 다른 한편으로 이 존재가 유일부동(唯一不動)이 아니라(헤라클레이토스) 외부적 힘과 함께 큰 운동과 변화를 일으킨다는 것이다.

잘 알려져 있듯 엠페도클레스(Empedokles)는 4원소설(물, 공기, 불, 흙)을 주장하였는데, 이 4원소들은 자체적으로 (원초적) 운동을 일으키지 못하기 때문에 외부에서 그 운동의 원인을 찾았다. 그 동적 원인은 곧 필리아(사랑, philia)와 네이코스(미움, neikos)이다. 만약 필리아가 저 4원소에 작용하면 결합과 창조, 조화, 생산, 선(善)을 이루게 되고, 또 반대로 네이코스가 작용하면 분리와 파괴, 죄, 악 등이 세상을 장악하게 된다. 엠페도클레스는 이 필리아와 네이코스의 강·약에 따라 만물의 운동과정을 설명한다.

엠페도클레스와 유사하게 아낙사고라스(Anaxagoras)는 생성의 밑바탕에 세계를 구성하고 있는 질적으로 다른 씨앗들(spermata)이 존재한다고 주장한다. 이 씨앗들은 영원하며 파괴되지 않고 변화되지 않는다. 그런데 여기에 외부적 힘이 작용되어 새로운 혼합(생성)과 분리(소멸)가 이루어진다는 것이다. 아낙사고라스는 이런 씨앗들을 종합하고 형성하는 외부적인 힘을 가이스트(정신, nous)라고 했다. 이 가이스트는 세계를 건축하는 목수와 같은 역할을 하고, 자주적이며 무한한 것이고, 그 자체로 존재하며 전지하고 전능하여 만물을 지배한다고 한다.

만약 외부로부터의 어떠한 힘이 작용되지 않았더라면 '바보 온달'은 그냥 '바보 온달'로 남을 것이고, 극단적인 경우는 그 '바보 온달'로 생을 마감할 수도 있었을 것이다. 그러나 전적으로 다른 사건이 일어나 전적으로 다른 역사로 바뀌는 상황이 일어난 것이다. 분명히 '바보 온달'에게 외부로부터 필리아와 가이스트와 같은 강력한 힘이 작용되어 전적으로 다른 온달, 즉 영웅 온달로 변한 것이다. 우리는 아이들처럼 "바보 온달과 평강공주"의 재미있는 얘기에만 머물러 있어서는 안 되고, **인생을 변화시키고 뒤집으며 새로운 세상을 열어젖히는 – 그래서 기적의 인간학이다. – 저 강력한 힘으로서의 필리아와 가이스트를 주목해야 한다.**

■■■ 제2장 전래동화에서 이타주의 철학을 읽다

1. 인류의 비참한 역사 - 지배와 약탈의 극단적 이기주의

우리 인류의 역사는 참으로 비참하다. 역사책에는 피와 전쟁의 역사, 침략과 약탈의 역사로 점철되어 있다. 문명권을 형성한 고대의 국가들에는 그야말로 피와 전쟁의 역사라고 해도 과언이 아니다(메소포타미아문명, 그리스, 로마, 이집트, 중국 등). 그러나 이런 전쟁은 고대에나 중세에만 그친 것이 아니라 20세기까지도 성행한 것(냉전 이데올로기, 나치와 파시스트, 소비에트 공화국의 학살, 일본의 대동아 전쟁, 인간 백정 폴 포트 등)이고, 앞으로도 어떤 약탈과 전쟁이 터질지 예측을 불허하는 것이 인류의 운명이다.

어처구니없는 전쟁과 살육 및 정복의 광기는 인류문명의 한 발생지만 떠올려 봐도 쉽게 알 수 있다. 극단적인 이기주의와 절대적인 자기중심주의에 의한 침략과 살육의 결과는 폐허와 니힐리즘이다. 이러한 범례를 우리는 메소포타미아의 역사를 통해 검토해 보기로 하자. 구약성서에 나오는 아브라함의 옛 고국은 절대적인 전체주의와 전제주의로 횡행했었다. 한마디로 메소포타미아 지역은 고대세계의 용광로였다.[4)]

이 지역의 동서남북에서 강한 나라들이 몰려와 서로 비옥한 지역을 뺏으려고 수많은 전쟁을 되풀이했던 것이다. 이들 사이에서 먹고 먹히는 각축전이 끊이지 않았던 바, 수메르인들은 약 기원전 40세기에 메소포타미아를 차지했지만 얼마 안 있어 아카드족에게 정복당한다. 아카드인들은 또 다른 사막의 종족인 아모리인들에게 정복당한다. 이들의 왕인 함무라비왕은 바빌로니아의 왕국을 건설하고 법전을 제정하지만, 이 왕국 역시 구약성서에 자주 등장하는 히타이트족(헷족)에 의해 멸망당한다. 헷족은 그들이 약탈해 갈 수 없는 것이면 모두 다 잔인하게 파괴해 버렸다.

그러나 그들도 결국 사막의 신 이슈르를 섬기는 아시리아인들에게 멸망당한다. 그들은 강력한 니네베를 건립하지만, 곧 갈데아인들이 이를 탈취하고 바빌론을 세워 지배세력으로 등장한다. 그러나 얼마 안 있어 페르시아인들이 침범하여서는 저 갈데아인들의 제국을 멸망시킨다. 페르시아의 전쟁을 승리로 이끈 알렉산더로스에서부터 투르크 전사들이 이 지역을 차지할 때까지 수없이 먹고 먹히는 전쟁과 정복의 연결고리는 결국 인류문명의 한 발생지인 이 지역을 폐허로, 황량한 언덕으로 만들고 만 것이다.

우리 인류의 역사엔 대규모의 전쟁도 예사였고 세계대전을 비롯해 5대양 6대주에 살육과 전쟁의 역사가 없는 곳이 없다. 식민지 개척전쟁, 약탈전쟁, 노예획득전쟁, 이데올로기전쟁 등 대규모의 살육전에서부터 몇몇 국가 사이에 벌어진 전쟁에 이르기까지 헤아릴 수 없이 많은 것이 전쟁의 역사이고 인류의 역사이다.

19세기 식민지 침탈 전쟁은 서구 일부의 강대국에 의해 온 세계가 약탈과 식민지의 처지로 내몰리게 된 것이다. 아프리카 대륙 전체와 아메리카 대륙 전체, 아시아의 수많은 나라들이 강압적인 식민지 전쟁에 의해 수탈되고 폐망되어 갔다. 이런 가혹한 역사를 만들어 낸 유럽인들은 심각하게 생각하지도 않고 반성도 별로 하지 않는다. 세계사는 새로 기록되어야 하고, 약탈의 역사를 가진 나라들은 뼈저린 반성을 해야 한다.

그런데 이런 모든 전쟁과 약탈의 내부에는 극단적인 이기주의와 자기중심주의 및 패권주의 등이 도사리고 있다. 이런 극단적 이기주의와 자기중심주의는 거대한 국가적이고 집단적인 규모에서부터 일개 개인들에 이르기까지 수많은 단계를 형성하고 있다. 어쩌면 이러한 이기주의와 자기중심주의는 인류 최대의 운명이고 동시에 해결해야 할 과제인 것이다.

심지어 천당과 지옥마저도 이기주의와 이타주의로, 자기중심주의와 타자우선주의로 특징지어지고 구분된다는 해학 한 토막이 있다. 이 해학은 아주 간단한 일화를 통해 천국과 지옥의 모습을 보여 주고 있는데, 이러한 해학은 그러나 결코 한 토막의 코미디에 그치지 않고, 이기주의와 이타주의의 운명을 밝혀 주는 섬뜩한 비유로 여겨진다.

"어떤 사람이 지옥과 천당을 다 다녀 보았다고 합니다. 때마침 식사시간인데, 차려 놓은 음식은 지옥이나 천당이나 꼭 같은 산해진미였다고 합니다. 그런데, 그곳의 식탁은 넓고 젓가락은 필요 이상으로 길어서, 지옥의 인사들은 그 산해진미를 그 기다란 젓가락 때문에 하나도 자기 입에다 넣지를 못하고, 애는 무척 쓰나 결국 사방에 흘리고 떨어뜨리기만 하더랍니다. 그래서 하나도 먹지 못하고 굶주려 뼈와 가죽이 들어붙은 한심스런 꼬락서니를 하고 있었습니다. 그렇지만 천당에서는 모든 조건은 지옥과 다를 바가 없는데, 여기 사람들은 서로 자기 입에다 넣으려고 기를 쓰지 않고 그 길고 긴 젓가락으로 먹을 것을 집어서는 식탁 건너편에 앉은 형제의 입에 넣어 주어, 피차 이렇게 함으로써 각자가 배불리 먹어 심신이 건강한 모습을 보았답니다."5)

위의 일화에서 천당이란 다름 아닌 이타주의로 무장된 사람들로 구성되어 있다. 자신보다는 먼저 타자를 생각하고 배려하며 타자를 위해, 타자를 지키기 위해 – 그것은 결과적으로 자기 자신을 지키고 위하는 삶이다. – 산다. 타자의 기쁨이 자신의 기쁨이 되고 타자의 아픔과 슬픔이 또한 자신의 것으로 된다. 동물세계로 내려갈수록 이기주의와 자기중심주의가 팽배하고, 신(神)과 천사 쪽으로 기울수록 이타주의의 증세가 두드러진다.

실제로 기독교란 원래 이타주의 사랑의 종교이다. 이것이 예수가 우리에게 가르치신 핵심적인 사항이고, 그 또한 이타주의 사랑을 몸소 실천해 보였다. 한국의 기독교는 저런 이타주의 사랑을 실현하는 데는 극히 인색하거나 무관심으로 일관하고, 그 대신 기복신앙에 입각하여 복 받고, 구원 받고, 성공신화를 만드는 데만 급급한 편이다. 그래서 사회로부터 "집단이기주의"라는 비난을 받으며, 때론 인터넷상에서 '개독교'라는 욕설을 듣기도 한다.

그런데 이와 반면에 지옥이란 어떠한 곳인가? 지옥이란 별다른 곳이 아니라 이기주의로 병든 몽매한 사람들이 모인 곳이라고 위의 이야기는 대변해 주고 있다. 제 생각만 하고 제 욕심만 채우며 자기만을 위하는 자기중심주의와 이기적인 사람들이 모인 곳에는 어디나 동물적 투쟁이 있기 마련이고, 그런 투쟁으로 지옥을 만들어 낸다. 이들은 자기 눈앞에만 급급한 단세포적 세계관을 갖고 있기에, 자기중심에서 벗어나 타자를 환대하는 그런 계산을 못 하는 어처구니없는 삶을 영위하는 것이다.

서거정[6]의 『태평한화골계전』에는 키다리와 난쟁이가 서로 섬뜩할 정도로 타자의 결점을 물어뜯는, 그야말로 타자혐오증을 드러내는 에피소드가 있다. 먼저 키다리가 난쟁이에게 독설을 쏜다. "갓을 쓰지 마라. 발굽에 뒤덮이고, 가죽신을 신게 되면 머리가 묻히누나. 소 발자국에 괸 물을 길에서 만난다면 이를 건너려고 짚으로 배를 삼네."[7] 그러자 난쟁이가 키다리를 벌겋게 달아올라 되받아친다. "이불을 덮으면 다리가 드러나며, 문(門)을 들려 하면 머리를 먼저 받네. 허리를 잘라야만 널에 넣게 되고, 발을 기울여서 배를 저을러라."[8]

이 일화는 참으로 타자에 대한 가증스런 험담을 서로 늘어놓고 있다. 이기주의로 점철된 삶의 방식이 그렇듯 서로 타자의 장점을 말하기보다는 단점과 약점을 첨예화시키는 것이다. 만약 이타주의 유전자가 박혀 있다면 오히려 서로의 장점을 이야기할 수도 있을 것이다. 이를테면 "키다리는 나무에 달린 과일을 따는 데 유리하겠다."거나 또 거꾸로 "작은 방도 잘 어울리겠다." 등.

그런데 불행하게도 이타주의가 결여되고 교양과 인격으로 거듭나지 못한 대개의 인간들은 이기적이고 동물적인 속성을 많이 갖고 있기에 자기중심주의적일 따름이다. 문제는 위의 일화에 드러난 난쟁이와 키다리 사이의 상대방 헐뜯기만이 아니라, 멀쩡하고 평범한 사람들 사이에도 이기주의와 자기중심주의가 기본으로 깔려 있는 것이 인간의 비참한 모습인 것이다. 홉스(Thomas Hobbes)의 인간규명, 즉 "인간은 자연 상태에서 서로 늑대"라는 것은 이를 잘 대변해 주고 있다.

인류의 비참한 모습엔 이기적이고 동물적인 유전자가 득세하여 지배와 약탈, 침략과 착취를 일삼는 데 있다. 침략전쟁의 발발 원인에는 대부분 동물적 욕심과 극단적 이기주의, 타자를 굴복시키겠다는 자기중심주의가 그 동력의 핵심으로 작용하고 있으며, 이런 이기주의와 자기중심주의를 채우기 위해 아무런 양심의 가책도 없이 타자를 희생수단으로 삼고 있는 것이다.

역사 이래로 지배권력이란 얼마나 인류에게 슬픈 운명을 디자인 했는가. 지배하고 억압하는 도구로서의 (절대)권력은 인류의 역사가 계속되는 한 사라지지 않는 것인가. 남의 위에 군림하면서 지배하는 구조는 그 자체로 동물적이고 악마적인 구조를 갖고 있다. 그야말로 동물의 세계엔 약육강식이 성행하고 "강자의 이익"9)이 체계로 되어 있다.

그런데 인간세상도 이러한 동물의 양육강식 체계가 노골적으로 드러나든지 혹은 드러나지 않는 경우엔 은폐된 채 도사리고 있는 경우가 허다하다. 절대적인 권력으로 유지되는 사회는 동물에 가까울 정도로 약육강식과 승자독식의 권력체계를 갖고 있다. 깡패사회나 마피아, 나아가 군대의 조직(저들 조직과는 달리 국방을 위하는 경우는 용서될 수 있겠지만)은 살벌한 권력체계로 구성되어 있다. 권력의 횡포 때문에, 권력의 횡포와 남용에 의해 고통과 신음 가운데 죽어 간 사람은 또 얼마나 많은가! 지배와 복종이 없는, 권력의 횡포가 없는 그런 사회는 도대체 불가능한가. 이것이 인류의 가혹한 운명이다.

또 권력을 위한 투쟁, 말하자면 왕이나 대통령과 같은 지배자의 자리에 오르기 위한 투쟁은 얼마나 피비린내 나는 싸움(이었던가) 인가. 이 또한 유사 이래로 이어져 온 인류의 슬픈 운명이고, 인류의 종말 때까지 이어져 갈 것으로 여겨진다. 어느 민족, 어느 시대, 어느 역사가 이 지배권력의 굴레에서 벗어난 적이 있는가. 고대 메소포타미아, 고대 중국, 고대 이집트, 고대 로마로부터 현대의 고도로 발달된 산업사회에 이르기까지 도대체 그 예외가 있단 말인가. 식민지 지배를 하기 위해 전쟁을 벌이고, 그 전쟁으로 침탈한 그 나라를 착취하고 억압한 경우는 너무나 허다하다.

고대 메소포타미아나 고대 중국, 나아가 고대 로마엔 전쟁이 일상이었고, 그때마다 약탈 또한 당연지사로 이어졌다. 호메로스의 『일리아스』에서 트로이 전쟁이 끝나는 장면은 어떠한가. 트로이 성은 함락되고 그 성의 남자들은 다 죽임을 당하며, 여자들은 성 노예의 전리품으로 끌려가고, 아이들은 울음바다를 이루지 않았던가. 고대 로마는 얼마나 악명을 떨쳤던가. 세상에 로마의 노예보다 더 처참한 곳이 있다던가.

19세기엔 인류의 역사에서 식민지 수탈전쟁이 극도에 달한 시기라고 봐도 될 것이다. 온 아메리카 대륙이 그리고 온 아프리카 대륙이 식민지 노예국가로 전락했으며, 인도를 비롯한 많은 아시아의 국가들도 서구의 강대국들에 의해 약탈로 신음하는 식민지 국가로 떨어졌다. 자기들은 신사(gentle man)라고 칭하는 영국이 식민지 약탈전쟁의 선두이고,[10] 아프리카 대륙을 초토화한 프랑스가 그 뒤를 잇고, 남미의 문명국가들을 말살시킨 스페인과 포르투갈, 세계 양차대전을 이끈 독일, 대동아 전쟁을 유발하고 약탈한 일본 등 이런 가혹한 침탈역사는 새롭게 세계사가 기록되어야 하는 것이다.

자기 백성은 다른 나라와는 달리 '선민'이라느니, '신사'라느니 등등 특출한 족속이라는 것은 얼마나 우스꽝스러운 말인가. 이런 구호는 한갓 허구이고, 그들의 나라에도 약탈의 역사와 야만적인 권력쟁취 및 동물적 수준의 권력지배체계가 늘 존재했음은 주지의 사실이다. 야만은 인간의 숙명처럼 되었다. 고대에서부터 소위 문명의 꽃을 피웠다거나 "팍스 로마나(Pax Romana)"와 같은 명칭이 붙은 곳은 약탈을 하여 일궜다는 것이다.

우리가 위에서 대체로 범세계적이고 국제적인 그런 극단적 이기주의와 자기중심주의를 논의했는데, 이제 그 규모를 축소하여 인간 대 인간, 개인 대 개인, 특정한 집단 대 집단 등의 경우를 검토할 필요가 있다. 남을 약탈하고 침몰시키며, 권력을 쟁취하기 위해 짐승 같고 악마적인 짓을 저지르는 경우는 한 국가나 집단 내에서도 또 개인적인 경우에도 마찬가지다. 권력을 위한 투쟁에 가담하지 않은 나라가 없을 정도인 만큼 소집단이나 개인들 간의 사이에도 마찬가지이다. 이토록 남을 지배하는 권력은 인류의 슬픈 운명이고 인류의 한계이다. 남을 지배하고 남의 위에 군림하겠다는 권력은 본질상 동물적 속성을 지니고 있는 것이다.

고대 로마나 고대 이집트, 고대 메소포타미아나 고대 중국에서 각기 이들 나라들의 국내적인 상황에서도 권력을 장악하기 위한 파렴치한 행각들은 잘 알려져 있다. 음모, 독살, 혁명, 내전 등 갖가지 방법으로 권력을 탈취하고 정적들을 구금하고 처단하며 심지어 살해까지 한 것은 흔하게 등장한다. 권력을 잡기 위해 갖은 권모술수와 아첨, 상대방 헐뜯기, 약점 물고 늘어지기, 독살하기, 테러 일으키기, 허위사실 유포하기 등등 별별 야만의 방법이 동원된다. 그것은 극단적 이기주의로서 자기가 권력과 대세(大勢)를 휘어잡겠다는 욕망에서 발로한다.

위에서 예로 든 나라들뿐만 아니라 오래된 왕조의 역사를 가진 나라들은 거의 예외가 없을 정도이다. 고대 로마나 고대 중국의 나라들만 보아도 야만적인 방법으로 권력을 탈취한 경우를 쉽게 목격할 수 있다. 고대 중국의 경우 중화사상에 입각해 중원을 지배하기 위해, 천자가 되기 위해, 조공을 받기 위해, 변방을 복속시키기 위해 등등 얼마나 살육전이 벌어졌던가. "로마의 영광"이나 "로마의 평화(Pax Romana)"와 같은 구호의 내막에는 야만과 폭압, 침략과 같은 악마적 요소가 얼룩져 있다. 그러기에 이러한 구호들은 오히려 전쟁 미치광이, 국수주의 광신도들이나 지껄이는 말이다.

고대 로마의 경우 살인을 스포츠화한 나라인 만큼 궁정 내부에서도 살인극, 음모극, 독살극 등이 난무하여 많은 황제들이 그렇게 처참하게 죽어 갔다. 시이저나 칼리굴라가 살해당하고, 망나니 아들 네로를 황제로 옹립하겠다는 야심에 불타오른 아내 아그리피나에게 독살당한 클라우디우스, 부모와 아내마저도 죄의식 없이 죽여 버리는 광기환자 네로, 권력을 탈취하기 위해 선량한 부왕(父王)을 죽인 코모두스를 비롯해 독살과 반란으로 얼룩진 고대 로마였다.

그런가 하면 극단적 이기주의와 절대적인 자기중심주의의 형태로서의 전제독재의 경우는 어떤가? 인류는 오늘날의 민주주의를 이룩하기 전에 수없이 전제독재의 권력 앞에 노예의 형태로 살아왔었다. 인간의 보편적 가치도 불문이었고, 인간 개개인의 자유도 추구되기 어려웠다. 고대 이집트라든가 메소포타미아며 고대 중국의 경우만 예로 들어도 야만의 모습이 잘 드러난다.

'야만'이란 문명의 발전에 의존하지 않고 자연 가운데서 자연스럽게 사는 사람들을 야만이라고 해서는 안 된다. 오히려 극단적 이기주의를 드러내고 그것을 충족시키는 짓이 야만인 것이다. 고대 이집트엔 수많은 인력(노예)들이 그들만이 "신의 아들"이라는 파라오를 위해 전쟁터에 끌려가기도 하고 10년에서 20년에 걸쳐 가며 피라미드를 건립했었다.11)

세계의 도처에서 고대 국가들의 전체주의와 전제주의가 횡행했던 것이다. 고대 이집트와 메소포타미아의 일반 백성들은－역사가 잘 증언하듯－신권정치를 하는 절대 권력자의 종이었다고 할 수 있다. 고대 메소포타미아와 이집트에서의 일반백성들의 신분적인 위상이 어떠했는지는 역사학자 헨드릭 빌렘 반 룬도 잘 지적하고 있다. "이집트와 메소포타미아 사람들은 대중 앞에 한 번도 드러낸 적이 없고, 저 머나먼 어둠 속에 사는 신비로운 절대지배자의 '종'이었다. [……] 우르에 사는 한 농부가 자기는 바빌로니아 사람이라고 말했을 때, 그 말은 자기가 서아시아의 지배자가 된 왕에게 공물을 바치는 수백만 명 중의 하나라는 것을 의미했다."12)

그러나 현명한 군주는 소유개념이 위와 정반대이다. 백성에 대한 자비와 연민의 정으로 가득 찬 아우렐리우스 황제를 평하면서 월터 페이터는 그가 철인 플라톤이 제창한 군주의 덕을 가졌다고 밝힌다. "왕이 자기 성에 갖고 있는 것 중에서 어느 하나도 제 것이라고 하지 않는 왕이야말로 플라톤이 말한 진정한 군주가 아니겠는가?"13)

아우렐리우스 황제는 국민의 세금부담에 괴로워한 나머지 황실의 재산, 이를테면 궁전을 꾸미는 호화스러운 장식이며 가구, 하드

리안 황제에 의해 수집된 엄청난 금은보화는 물론 이름난 화가와 조각가들의 그림과 조각들, 심지어 아무런 불평 없이 처분만을 바라는 파우스티나 왕비의 값진 의상들까지 모아 전부 공매에 붙이기도 했다. 안타까운 것은 아우렐리우스와 같이 지혜로 무장된 성군이 극히 드물다는 것이다.

대부분의 경우 권력을 탈취하기 위한 투쟁과 이기적 계급갈등 등은 고대 로마뿐만 아니라 지배하고 군림하려는 정치문화가 있는 곳이면 어디든 존재하였다. 죄 없는 형을 모함하여 죽이고 아비마저 죽여 권력을 탈취한 수나라 양제, 섹스피어의 『햄릿』에서 왕인 햄릿의 아비를 독살하고 왕비마저 뺏은 클로디어스, 형이며 장자인 암논을 죽이고 부왕(父王) 다윗의 왕위마저 찬탈하려던 압살롬, 골육상잔을 펼치며 권력을 탈취한 조선시대의 수양대군 등 이루 말할 수 없이 많은 역사적 사실이 있음은 상식이 있는 사람이면 훤히 알고 있다.

문제는 앞으로도 언제든지 이기적인 권력투쟁과 계급갈등은 일어날 수 있는 가능성으로 남아 있으며, 인류가 생존하는 한 슬픈 운명으로 남아 있을 것이다. 이런 야만의 행위는 오늘날 – 약간은 약화된 형태이지만 – 소위 민주국가에도 흔하게 일어난다. 자기가 권력을 쟁취하기 위해 별별 흑색선전과 헐뜯기를 언론을 통해 펼치며, 사람들에겐 신명을 다하겠노라고 사기 치고, 경쟁관계에 있는 상대방을 중상모략하며 그 상대방의 얼굴에 똥칠하기 위해 혈안이 되고 수단, 방법을 가리지 않고 사기극을 꾸며 대는 것이 일상화되었다.

심지어 정적을 없애기 위해 독살을 일삼는 것이 오늘날도 여전히 이어지고 있다. 2004년 우크라이나 대통령 선거에서 당시 야당 후보로 나섰던 빅토르 유셴코 대통령은 다이옥신에 중독되었는데, 중독 전의 얼굴과 중독 후의 얼굴이 심하게 달라진 모습을 언론매체들은 보여 주고 있다.[14] 또 영국에 망명한 전 러시아의 연방보안부의 요원이었던 알렉산드르 리트비넨코는 방사성 동위원소 중 하나인 폴로늄210[15]에 중독되어 사망한 것으로 판명되었다고 한다. 이와 반면에 전 러시아의 총리 예고르 가이다르는 2006년 11월 24일 아일랜드의 더블린에서 방문기간에 중독되어 사경을 헤매다 가까스로 살아났다.[16] 이런 독살현상은 정적을 죽이기 위해 극악무도한 방법을 동원한 것이다.

권력욕은 절대적이고 극단적인 이기주의이고, 이는 정치권력뿐만 아니라 거의 모든 영역에서 남을 지배하려는 인류의 잔혹한 숙명이다. (극단의) 이기주의적인 권력욕은 인류의 원죄와도 직결되고 또 끊임없이 원죄를 만들어 가는 인류의 숙명이다. 그러나 그 어떤 형태의 이상국가나 복지국가도, 나아가 작은 규모의 "동화의 마을"도 저런 이기적인 권력욕이 존재하는 한 불가능하다.

2. 이타주의에로 향한 걸음

그러나 위와는 달리, 이기주의 유전자를 갖추고서 동물과 악마의 세계로 달음박질하는 것과는 달리, 그 반대방향으로 향하는 이타주의 유전자도 본래 인간은 가지고 있다. 단지 이러한 유전자가 혼탁한 세상과 저질의 문화, 동물에게서와 같은 이기주의 속에서 덮이고 고갈되어 갔기 때문이다. 그러나 인간은 신(神)과 천사와도 장(場)을 함께할 수 있는 이타주의 유전자를 본래 갖고 있다. 이타주의 유전자는 신적인 요소라고 할 수 있다.

생물학이나 진화론에서는 인간을 동물과 비교하고 동물과 장(場)을 함께하는 것을 연구하고 추적한다. 물론 동물들과 인간의 공유되는 부분이 있음엔 틀림없다. 그러나 인간이 동물과 절대적으로 분리되는 것은, 즉 동물로서는 인간을 따를 수 없는 절대적인 영역은 인간이 동물과는 달리 이타주의 유전자를 가졌다는 것이다. 이러한 이타주의 유전자를 통해 인간의 본래적인 근원과 고향이 신적인 것임을 추론할 수 있다.

이타주의 유전자에서 드러나는 현상인 타자를 위한 싸움은 특이한 싸움이다. 보통의 싸움들은 항상 자기중심적이고 이기적인 발로에서 시작된다. 이것이 인류의 역사이고 또 인류의 숙명이다. 그러나 여기 이 장(章)에서 우리는 이와 정반대되는 싸움이 펼쳐지는 것을 목격한다. 도대체 이런 싸움은 어떤 싸움일까. 그런 현상은 그러나 그냥 예외적인 싸움이라고만 하면 더 이상 할 얘기가 없을까? 아니다! 거긴 이루 말할 수 없는 비밀과 수수께끼가 들어 있다.

이 특이한 이타주의 싸움은 그러나 모든 피조물 중에서 인간만이 할 수 있는 싸움이다. 물론 대부분의 자연 상태 아래에서의 인간들은 이런 현상을 낯설어 할 뿐만 아니라 이해하지도 못하는 경우도 허다하다. 그러나 타자를 위한 싸움은 어쩌면 지상의 모든 피조물의 한계를 뛰어넘는, "상생의 법칙"보다도 더 고차원적인 원리라고 할 수 있다. 그러나 지상을 천상으로 만들 수 있는 이러한 이타주의를 외면하고 그 반대인 이기주의에로 귀의함으로써 인류는 차츰 동물적 존재로 전락하는 것이다.

동물에게서 이타주의를 목격하기는 거의 불가능하다. 먹고 먹히는 약육강식의 원리가 동물의 세계에 엄격하게 존재한다. 아차(!) 하는 순간에 삼키고 삼켜지는 사건이 숲 속에서는 순식간에 일어난다. 또 먹이를 놓고 서로 으르렁거리며 다투는 것도 동물의 세계에선 일상이다. 먹이를 구하는 것이, 그리고 먹어서 생을 유지하는 것이 동물에게선 거의 전부라고 해도 과언이 아니다. 동물적 본능은 극단적인 이기로 가득 차 있는 것이다. 모든 이기주의적 소행은 동물에 가까운 짓이라고 우리는 감히 정의를 내릴 수 있다. 그렇다면 이러한 이기주의와 극단적인 반대현상인 이타주의 싸움은 결국 인간성을 승화시켜 인간의 본질을 신(神) 쪽으로 다가가게 한다.

오늘날 세계정신사의 흐름에도 이타주의가 잘 소개되어 참신한 반향을 일으키고 있다. 바로 레비나스의 이타주의 철학이다. 또 이와 함께 "다원주의"라는 것도 오늘날 지구촌 사람들의 주요 담론거리이다. 그러나 타자의 타자성을 받아들이고, 타자도 진리를 말할 수 있으며, 타자도 나보다 나을 수 있다는 이타주의적 전제가 없이는 진정한 다원주의는 어려울 것이다.

물론 이러한 이타주의나 다원주의와 같은 슬로건들은 결코 그 실현이 쉽지 않다. 그것은 오늘날 극단적 이기주의가 성행하고 자신의 이익만 극대화하는 상업자본주의, 남이야 살든 죽든 나만 잘 살면 그만이라는 자기중심주의, 돈만 벌면 최고라는 천민자본주의와 도덕불감증 및 향락주의가 활개를 치는 곳에서는 발을 붙이기 어렵기 때문이다.

오늘날 21세기에 새바람을 불러일으키는 레비나스의 이타주의 철학을 먼저 소개하고 그 다음으로 이런 이타주의 철학을 간직한 ─그것도 아늑한 옛적부터 전래된 동화 속에서!─ 전래동화 세 편을 소개한다. 나아가 오늘날의 상업자본주의에도 살아 있는 현대판 이타주의 철학의 예를 소개한다. 물론 이러한 예들을 통해 이타주의 철학을 원리로 승화시키고 또 살아 생동하게 하는 것이 인류와 세계가 평화와 행복으로, 그리고 진정한 유토피아로 나아가는 길임을 천명하고자 하는 것이 필자의 의도이다.

언제 탄생되었는지도 불확실한 전래동화 속에는 이타주의 철학의 비밀이 들어 있다. "의좋은 형제"나 "바리공주"의 경우는 그 쓰인 시기가 불확실하고, 이에 비해 "석탈해와 유리왕의 이사금"의 경우는 그래도 그 시기를 짐작하게 한다. 우리는 이때껏 별로 의식도 못 하고 "소년소녀 동화"의 차원에서 그런 동화를 접했지만, 이들 동화를 조금만 더 깊이 들여다보면 심층적인 이타주의 철학을 만나게 된다.

이들 전래동화 속엔 이타주의에 관한 이론과 주장이 아니라 그 실천적인 양식이 적나라하게 드러나 있다. 이들 전래동화 속엔 독특하게도 자기중심적인 아규멘트가 아니라, 타자를 위한 싸움이 펼쳐지는 것이다. 그것도 결코 인사치레로서가 아니라 진실로 타자를 위한 일리가 있는 아규멘트를 갖고서이다. 오늘날 이기주의가 극도로 첨예화된 시대에 저들의 이타주의 논쟁은 현대인에게 아주 외람되게 와 닿을 것이다. 그러면 현대사상에서 동서양에 잘 소개되어 있고 세계화가 그런대로 잘된 레비나스의 이타주의 철학으로 방향을 돌려 보자.

3. 레비나스의 이타주의 철학

① 타자에 대한 사랑으로 철학하기

철학자 레비나스(Emmanuel Levinas, 1906 – 1995)는 철학사에서 독특하게도 타자가 중심이 되는 "타자의 철학"을 펼쳤다. 그는 주체성과 자아에 찌든 서구의 철학, 특히 근세 이래 당연시되어 온 주체중심의 철학에 작별을 고하고 '타자'에서 철학의 출발점을 찾는다. 서구의 사유에서 주체중심주의를 벗어나려는 시도는 하나의 대단한 획기적인 모험인 동시에 전통에 대한 도전이기도 하다. 그러나 그의 시도는 오늘날 현대철학에서 새로운 기원을 이루고 또 동서양을 막론하고 신선한 충격으로 받아들여지고 있다. 존재론과 인식론을 비롯한 갖가지의 철학이론에 찌든 서구의 철학에 대항해 레비나스는 윤리문제에 귀를 기울이고 또 이를 "제일 철학(philosophia prima)"의 위치로 복권시키려고 시도했다.

물론 서구의 철학에서 윤리학이 결코 도외시되거나 업신여겨지지는 않았다. 고대 그리스의 헤라클레이토스나 파르메니데스 등 기원전 6세기에 이미 윤리적인 단편들이 드러나 있고, 그 뒤를 이어 소크라테스와 플라톤 및 아리스토텔레스에게서 집대성되었기에, 철학의 시작과 함께 윤리학도 출발한 것이다. 동양에서도 마치 역사의 시작과 함께 윤리가 등장했다고 볼 수 있을 정도로 윤리적인 문제는 인류의 중요한 관건이었다. 윤리적 관심은 인간에게 본질적인 것임을 시사한다.

레비나스의 전통윤리학에 대한 지나친 비판과는 달리 필자는 저들의 윤리학뿐만 아니라 철학사에 등장한 윤리학이 나름대로 다 의미가 있다고 생각하며, 이들이 인류의 윤리적 정신을 고취하는 데 기여했다고 확신한다. 물론 레비나스가 윤리학을 "제일철학"의 단계로 끌어올린 것이라든가 그의 철학이 "이타주의 윤리학"이라는 것은 전통윤리학과 차원을 달리하는 면이 있음에 틀림없다.

　　특히 그는 『전체성과 무한』, 『타자의 흔적』, 『시간과 타자』, 『윤리와 무한』과 같은 저서에서 지금까지의 서구 윤리학이 우리를 "도덕의 희생물"로 만들 만큼 위험한 요소를 내포하고 있다고 비판한다. 말하자면 지금까지 서구의 문화와 철학 및 윤리학은 대체로 윤리를 말해 오면서도 실제로는 끊임없이 타자를 타자로 두지 않는, 타자의 타자성을 인정하지 않으며 타자를 침탈하고 말살하는, 지배와 전쟁의 문화요 전쟁의 철학이며, 전체성과 전체주의를 통해 개인의 인격성과 자유를 제거해 왔다고 레비나스는 고발한다.

　　이러한 서구적 전통에 마치 "사랑의 원자탄"과도 같은 극약처방을, 혹은 노쇠하고 병들어 침몰되어 가는 신체에 새로운 생명과 새로운 혈액과도 같은 것을 레비나스는 공급했다. "나는 타자의 인질이다."는 레비나스 철학의 핵심적 모토이고, 이는 동시에 주체중심의 유럽철학사에 던지는 하나의 경고장과도 같다.

　　레비나스는 "이타주의 철학"을 통하여 주체중심주의와 이기주의 및 유아론으로 얼룩진 유럽의 나르키시즘에 수정을 요구하고 있는 것이다. 더욱이 현대사회에 도덕불감증과 도덕경시풍조가 이미 만연되어 있고, 소유욕의 극단에서 발원된 이기주의와 또한 자유주의에서 무절제하게 발전된 주체중심주의가 범세계적 추세이지만, 레비나스의 이타주의 철학은 이와 상반된 반 - 이기주의와 탈 - 주체중심주의를, 나아가 타자와 이웃을 섬기는 타자중심주의를 내세운다.

그러나 레비나스에게서 윤리학이란 서구의 전통과는 달리 철저하게 "타자의 철학"이고 타자를 중심으로 두는 철학이다. 타자를 중심으로 두는 윤리학이란 "타자 앞에서 나의 자발적 행동과 생각을 의문시"한다. 말하자면 이런 윤리학이란 내 자신만의 세계로 구축된 삶과 생활과는 차원을 전혀 달리하는 것이다. 타자와의 관계 속에서, 타자와의 상생(相生) 속에서, 혹은 레비나스가 그토록 강조하듯이 내 자신의 자발적이고 자율적인 존재보다는 타자를 상전으로 받아들일 때, 나아가 내 자신이 아닌 다른 존재자와의 관련 속에서 나 자신을 파악할 때 - 바로 이런 측면에서 레비나스는 주체중심주의적인 근세철학과 결별한다. - 비로소 윤리학이 시작되는 것이다.

레비나스에게서 윤리학은 서구철학의 전통적인 인식론이나 존재론보다 앞선다. 그는 윤리의 문제를 서구철학에서의 "제일철학(philosophia prima)"의 위치로 올려놓는 시도를 감행했다. 그런데 그의 이러한 시도는 20세기 이후 서구의 전통적인 합리주의 사상과 주체중심주의 사상이 기술·기계문명과 물질문명을 첨예화시켜 결국 인류정신문화의 총체적 위기를 가져온 것에 대한 강력한 불신이 있어 온 후의 대안적인 성격을 갖고 있어, 오늘날 그의 "이타주의 윤리학"은 세계적인 주목을 받고 있다. 오늘날 세계 도처에서 번창하는 상업자본주의와 물신주의에서 인간의 이기주의는 더. 깊어져 가고 있다. 이러한 맹목적 이기주의 이데올로기와 함께 상실되어 가는 인간의 존엄성과 가치에 대해 깊이 반성할 것을 레비나스의 철학은 권고하고 있다.

앞에서 언급했듯 인간(개인)의 인격성과 자유를 제거하거나 타자의 타자성을 인정하지 않는 곳엔 도덕이 근간이 된 공동체의 형성이란 불가능하다. 이웃과 더불어 살아가는 아름다운 공동체의 삶을 일구어 내기 위해서는 결코 전체주의나 획일주의 및 이기주의나 주체중심주의로는 불가능한 것이다. 또 원만한 공동체의 형성은 단순한 캠페인이나 슬로건을 통한 운동으로도 결코 실현되지 않을 것이다. 그것은 전적인 발상의 전환과 패러다임(paradigm)의 변화가 전제되기 때문이고, 철저하게 탈이기주의적인 기초 위에서 건립될 수 있기 때문이다. 그것은 주체중심적인 입장에서 갖는 타자에 대한 통속적이고 일상적인 시각을 버리고 원리적으로 다르게 접근해야 한다.

우리는 이웃과 타자로 구성된 사람들과의 사회생활을 전제로 하지 않고는 살 수 없다. 그러나 우리의 사회는 이기주의와 물질주의로 인해 사랑이 없는 황폐된 "유령의 도시"로 변해 가고 있다. 레비나스의 이타주의 철학은 이러한 현대의 어두운 실상을 지적하고 사랑과 종교와 철학이 조화된 세계로 안내한다. 특히 레비나스는 타자와의 관계를 통해, 타자에 대한 무한한 사랑과 실천을 통해 인간의 본래적 존재의미를 획득하게 하는 독창적인 철학세계를 펼쳐 보인다.

주지하다시피 서구의 철학, 특히 근세 이래의 철학에서 '나'라는 주체가 철학적 사유의 중심문제였고, 현대의 실존주의와 후설의 현상학에도 주체는 첨예하게 중심축을 이루고 있다. 근세 이래의 철학에서 타자는 주체에 의해 대상화되고 파악되며, 이 대상화된 타자를 다루는 주체만이 테마의 중심이었다. 그러기에 서구의 철학에서 '나' 아닌 타자가 중요한 테마로 자리 잡거나 진지한 논의의 중심이 된 것은 아니었다.

유럽의 역사, 특히 근세의 철학과 문화는 주체중심주의에 골몰했었다. 이러한 이데올로기가 인간의 소유욕과 결탁하여 온 세계를 식민지 쟁탈로 몰고 간 것도 유럽 근세의 역사이다. 아메리카 대륙, 아시아와 아프리카 등 온 세계가 유럽인들의 식민지 탈취전쟁에 휘말렸고, 그 굴레에서 벗어나기 위해 식민지의 국가들은 발버둥을 치면서 국력을 소진해 갔다. 이러한 비극적 세계사엔 극단적인 이기주의와 자기중심주의 및 패권주의가 도사리고 있다. 주체중심주의, 자기중심주의 및 이기주의의 특징은 자신을 중심축으로 삼고 세계를 돌리려는 무모한 태도로서 자기 국가, 자기 민족, 자기 문화, 자기 인종, 자기 종교 등의 형태로 집단이기주의를 구축하고 있다.

서구의 철학에서, 특히 근세의 이성과 주체중심주의에서 레비나스는 폭력적인 것을 목격했다. 그것은 무엇보다도 타자의 타자성을 그대로 놓아두지 못하고 동일화 및 획일화의 틀 속에 가두어 넣으려는 폭력이다. 타자와 '다른 것'을 주체에 대한 객체로, 대상으로 몰아세우고서 분석·검토·관찰·해부·종합하여 다 까발려 내어서는 저 타자와 '다른 것'이 곧 타자와 '다른 것'으로 남아 있지 못하게 하는 것이다. 그러나 인간은 저 타자와 '다른 것'을 원리적으로 다 밝힐 수 없다. 특히 타자란 레비나스에 의하면 내가 알 수 있는 대상이 아니라, 응답할 수 있는 상대일 따름이다.[17]

② '타자'란 누구인가

그러면 레비나스의 '타자'는 누구일까. 사람들은 레비나스의 "타자의 철학"에서 끊임없이 중심테마가 되는 '타자'란 과연 누구인지 혹은 무엇인지 궁금해하지 않을 수 없을 것이다. 물론 '타자'를 하나의 개념으로 정의하는 노력 자체가 레비나스의 철학과는 어울리지 않는다. 타자는 누구인가 혹은 무엇인가에 대한 물음을 존재론적으로 혹은 인식론적으로 접근하는 것 자체가 레비나스에게는 별로 의미 없기 때문이다. 그러나 레비나스가 인식론이나 존재론보다는 윤리학에 1차적인 관심을 두고 또 이를 "제일철학"이라고 했기에, 우리는 이 윤리학에서 타자의 의미를 찾아야 한다.

레비나스는 서구의 역사에서 오랫동안 지배해 온 합리주의와 전체주의 속에서, 나아가 주체의 자기중심주의와 이기적 자기주장 속에서 억눌린 약자의 얼굴로서의 타자를 찾아낸다. 타자는 나에게 "고아와 과부"로 칭해지는 약자이거나 가난한 자이며, 정처 없는 낯선 자이고 또 동시에 무한자와 절대자이다. 타자는 이토록 우리가 얼굴을 마주 대하는 이웃 사람들이고 "고아와 과부"[18]라는 대명사로 규명되는 힘없는 약자이다. 그런데 타자의 타자성은 나의 인식능력에 의해 결코 다 파악되지 않는 무한자이며 절대자이고, 나아가 궁극적인 타자는 인간의 개념에 의해 파악되지 않는 무한한 신(神)이며, 신의 속성 자체인 선(善)이다.

레비나스의 철학은 이 '무한한 자'를 향해 나아가는 강력한 열망이 드러나 있다. 우리는 이 타자를 평소 예사로, 매우 자명한 존재로 치부해 버리지만, 타자는 그러나 결코 자명한 존재가 아니며 나에게 결코 중립적인 인간으로 다가오지 않는다. 우리는 이 타자의 정체를 결코 다 밝힐 수 없으며 사랑(에로스)을 갖고 이러한 타자들에게로 가까이 접근해야만 실마리가 풀리는 것이다. 타자는 그러나 우리가 어떤 방식으로든 또 어떤 노력으로든 다 파악하거나 인식할 수 없는 무한성의 이념을 간직한 채 출현한다.

이런 타자는 그가 어디서 왔든지, 젊든지 늙었든지, 남자든지 여자든지, 아이든지 어른이든지, 가난하든지 부자든지, 동족이든지 이방인이든지를 불문하고 또 그의 사회적, 경제적, 문화적, 종교적, 국가적, 민족적 특수성을 초월하여 "벌거벗은 가운데 나타나는 얼굴"의 형태로 출현한다. 이토록 타자가 벌거벗은 얼굴의 형태로 출현한다는 사실은 그가 누구든 상관없이 나의 도움과 책임을 필요로 하고, 내가 그를 외면하지 말아야 하며 그에게 관용을 베풀어야 하고 그의 생명을 존중해야 한다는 것이다.

타자의 타자 됨은 무한하다. 나는 결코 타자의 타자 됨을 다 밝힐 수 없고, 타자를 나와 혹은 그 무엇과 동일시할 수 없다. 타자의 타자 됨을, 참된 타자성의 신비를 나는 결코 무시해서는 안 된다. 타자의 타자 됨은 내가 결코 좌지우지할 수 없는 절대적인 형태를 띠고 있다. 타자는 결코 나처럼 만들 수 있는 대상이 아니다. 타자를 나처럼 생각하는 것은 소유구조다.

레비나스의 타자는 그러나 결코 내 손에 잡히지 않은 채 나를 부르는 것이다. 나는 그 무엇보다 이 부름에 응답해야 하는데, 이 응답이야말로 타자성의 구조에서 나오는 것이다. 무한의 세계는 타자 앞에서의 응답에서도 열린다. 즉 나는 타자에 대해 무한한 책임이 있는 것이다. 타자의 얼굴이 그것을 명령하고 요구한다.

레비나스에게서 타자는 '나'의 밖에서, 즉 나의 생각과 내 생각의 범주 밖에서 나에게 명령하고 호소하는 상전으로 받아들여진다. 따라서 타자는 나의 생각과 지향적인 의식에 내재하는 존재론적 대상이 될 수 없고, 나의 지배영역에 들어 있지 않는 절대적인 존재자이다. 주체중심주의의 철학과는 달리 레비나스의 타자는 결코 주체인 나에 의해 존재의미를 부여받게 되는 그런 존재자가 아니다. 레비나스의 타자는 그러기에 – 인간을 결코 수단으로 삼지 말라는 칸트의 도덕적 명령을 훨씬 뛰어넘어 – 나보다 훨씬 상위에 위치해 있고 나의 무제한적인 자유에 제약을 가하며 나로 하여금 그의 앞에서 책임감을 갖도록 한다. 나와 타자의 관계는 따라서 평등관계도 아니고 일대일의 동등관계도 아니며, 오히려 그가 상위에 위치하는 불균등한 관계이다.

나와 타자 사이에는 건널 수 없는 깊은 골과 심연이 놓여 있다. 이 골과 심연은 끝까지 지울 수 없고 만날 수도 없으며, 따라서 나와 타자는 결코 화해할 수 없는 관계이다. 그러기에 골과 심연으로 표현된 자아와 타자는 그 무엇으로도 환원될 수 없는 고유한 영역의 단층을 형성하고 있으며, 결코 하나로 수렴되지 않는다. 이 하나로 동화되거나 수렴되지 않으며 만날 수 없는 비대칭적 관계의 완성이 곧 레비나스의 "타자의 철학"이다. 심연의 강 건너편에서 나를 주시하는 타자의 타자성은 오히려 '신비'이고 신비의 위치에서 내게로 다가오는 것이다. 그렇기에 레비나스에게서 나와 "타자와의 관계는 신비와의 관계이다."

이토록 타자가 근간이 되는 레비나스의 "타자의 철학"은 여태까지 자아와 주체성을 중심원리로 삼아 온 서양근세 철학의 전통에 대항하여 인간주체의 출발점이 오히려 자기 자신이 아닌 타자에 있음을 선언하는 사상이다. 타자야말로 나의 자율성과 자유행동 능력을 제한하고 심문하여 나의 주의를 타자에로 향하게 하는데, 이러한 타자성을 의식하는 것 가운데 이타주의 윤리학이 존립하게 된다.

③ 이타주의적 주체

물론 레비나스의 철학이 "타자의 철학"이지만, 그에게도 주체는 있다. 그런데 이 주체는 내 속에서가 아니라 타자 속에서 찾아지는 그런 다소 역설적인 주체이다. 좀 더 구체적으로 말하면 "고아와 과부"로 칭해지는 약자가, "고통받는 타자의 얼굴"이 나에게 건네는 상처를 외면하지 말고 묵묵히 받아들이는 가운데서 나는 진정한 주체(이타주의적인 주체)로 거듭나는 것이다.

그런데 이 주체는 레비나스에 의하면 다름 아닌 타자를 위해서 '타자의 인질'이 된 자이다. 이러한 인질의 의미가 잘 드러나도록 레비나스는 '주체'의 개념을 독특하게 해석한다. 말하자면 '주체(Subjekt)'를 "타자의 종"으로 된 사람[19]으로 혹은 "타자 아래에 엎드리는 자(Sub–jekt, dem Anderen gegenueber unterworfen, untertan)"로 규명하는 것이다.[20] 주체의 개념은 레비나스에 의하면 타자에 대한 책임을 떠안으면서 비로소 형성되기에, 주체는 인질의 처지를 감수한다. "주체란 처음부터 인질이다."[21]고 레비나스는 강조한다.

이토록 타자의 인질이 된 주체란 다름 아닌 타자의 생명과 고유성이라는 '성전'을 지키기 위해 볼모로 된 자이다. 타자가 결코 유린되거나 상처를 입지 않도록 수호해야 하는 것이다. 이 수호함이야말로 우리의 책임이고 '정언명법'인 것이다. 아니, 이 수호함을 위하여 그대는 '택함'을 입은 자이다. 레비나스는 후설의 '지향성'의 개념을 확장시켜 구체적 삶의 차원에 적용한다. 사랑을 갖고 타자에게로 방향을 돌리며 그들에게로 찾아가는 것은 지각의 지향성을 넘어 '이행적 지향성'의 차원에 이른다.

레비나스는 타자 앞에서의 책임에서 드디어 주체성이 이루어진다고 밝힌다. 즉 책임성 안에서만 주체성이 부여되며 주체의 실마리가 풀린다는 것이다. 따라서 타자 앞에서의 책임성은 주체의 바탕을 이루는 제일 구조인 것이다. 책임은 레비나스에게서 주체의 본질적이고 근본적이며 우선적인 구조이다. '책임'이란 말할 것도 없이 "타자에 대한 책임"이다. 내 앞에 있는 다른 사람뿐만 아니라, 심지어 나를 보지 않는 타자에 대해서도 책임이 있는 것이다.

우리는 보통 '책임'이라고 할 때, 우리가 한 일에 대해서 – 경우에 따라선 잘못한 일에 대해서 – 책임을 진다는 것이다. 그런데 레비나스가 말하는 책임이란 곧 "타자에 대한" 책임이다. 물론 이러한 레비나스의 일방적인 '무한 책임'은 합리주의로는 해명되지 않는 윤리와 종교성 및 영성의 차원에서 우러나온 것이다. 레비나스는 이 책임을 수행하는 자를 "부름을 받은 자"라고 칭한다.

그러나 내가 타자의 인질이 되는 가운데서 나는 '제일인자'[22]로 탄생한다. 마치 폐위된 왕처럼 내가 왕좌에서 물러나는 데서 '제일인자'로 되는 길이 열리는 것이다. 즉 타자를 향한 책임성으로 말미암아 나를 내 자리에서 끌어내리는 것 속에 참다운 주체로서의 내가 서는 것이다. 그래서 나는 열린 문 앞에서 타자에게 "먼저 들어가시지요."23)라고 건넬 수 있는 것이다.

그러나 타자 앞에서의 무한한 책임을 떠맡는 가운데서 주체는 무한자인 타자를 만날 수 있는 것이다. 타자의 명령과 요청에 대한 나의 책임은, 내가 이것을 진지하게 받아들이면 들일수록 점점 더 커지게 된다. 그러기에 이 책임은 결코 마무리되거나 끝나 버리지 않으며 완성되지도 않는다. 말하자면 이 책임은 나를 하나의 "무한의 과정" 속으로 끌어들인다.

그러나 나는 타자의 이러한 명령과 요청에 응하는 가운데서, 그 책임을 떠맡는 과정 속에서 나는 순간적이긴 하지만 '무한한 것', '무한정적인 것', '무조건적인 것'을 획득하고 만나게 된다. 그것은 바로 이 '무한한 것'과 '무한정적인 것' 및 '무조건적인 것'이 순간적으로 자신을 나에게 열어 밝히기 때문이다. 그러기에 결과적으로 타자는 이 세상에서 유한하고 조건 지어져 있으며 한정되어 있는 '나'에게 '무한한 것', '무조건적인 것', '무한정적인 것'을 순간적으로나마 만날 수 있게 해 준다.

타자와 무한이 주체 안에 드러나는 방식을 레비나스는 "영감의 본래적인 현상(das eigentliche Phänomen der 'Inspiration')"24)으로 규명한다. 여기서 레비나스가 '영감'이라는 종교적 용어를 쓴 것은 얼굴의 현현이 내 자신의 의미부여행위나 노력을 통해서 드러나는 것이 아니라 자기 스스로 드러내는, 즉 나에겐 절대적 경험으로 주어지기 때문인 것이다. 그러기에 얼굴의 현현, 즉 얼굴의 자기 계시는 나의 의미부여 영역 내지는 동일성이나 전체성의 영역이 아닌 "이 세계에 속하지 않는" 영역에서 다가오는 것이며, 나의 입장이나 이해와 상관없이 자기를 드러내는 것이다.

타자의 얼굴과 언어

그런데 타자는 나에게 어떠한 모습으로 다가오는가? 레비나스에 의하면 타자는 말과 얼굴로 다가온다. 살아서 생동하는 말은 주체의 삶과 타자를 연결해 준다. 주체에게 타자가 현현(顯現)하는 가장 중심적이고 포괄적인 방식을 레비나스는 언어로 본다. 즉 생동하는 말은 주체에게 전적으로 초월적인 타자의 내면성이 드러나는 표현양식인 것이다.

그렇기에 주체는 자기 자신에게 말을 걸어오고 주장해 오는 타자에 의해 자신의 이기적이고 향락적인 삶에 의문을 제기하고, 자신의 삶의 방향을 새롭게 설정한다. 나를 바라보는 타자의 얼굴과 나에게 말하는 타자의 언어는 평소 향락을 즐기며 살아가는 이기적인 주체에게 제약을 가하고 나를 부끄럽게 하여 저 이기적 향락주의의 길을 청산하도록 명령한다.

이미 주체중심의 삶을 일구어 온 우리는 향유문화에 중독되고 찌들어 있는 형편이다. 더욱이 오늘날 현대 산업문명과 물질문명은 우리로 하여금 향유하는 것을 마치 인생의 목적인 양 신봉하게 한다. 이런 향유문화는 육체중심주의와 정신문화의 황폐화를 가속화하고 있지만, 앞으로도 계속 추구될 전망이다. 세상은 갈수록 험악해지고, 도덕불감증은 심해지며 인간을 인간답게 하는 교양이나 도덕 및 인문학 등에는 관심을 보이지 않고, 오직 물질과 향락에만 추종하며 이기주의를 확대시켜 나가는 것이 현대인의 삶이다.

그러나 레비나스에 의하면 향유하는 주체의 행위는 다른 모든 것을 자기와 동일화하려는 자기 충족적 행위인 것이다. 이러한 향유의 존재양식을 레비나스는 삶의 '이기주의'라고 부른다. 그러나 타자는 근본적으로 향유의 대상과는 다르다. 타자는 인간 주체가 궁극적으로 소유하거나 지배할 수 없는 절대적인 존재자일 뿐만 아니라 섬김의 대상이다. 즉 타인은 나의 주체로부터 무한히 벗어나 있는 "전적인 타자"이다.

그러기에 나는 타자를 향유할 수 없고 나에게 귀속시키거나 동화(同化)시킬 수 없다. 타자는 결코 나와 동등한 위치에 서 있지 않을 뿐만 아니라 나와 동일시할 수 없는 상전이다. 그러기에 타자는 내가 어떠한 수단으로도 동일시하거나 지배할 수 없는 절대적 "외재성(Exteriorität)"으로 존재한다. 이토록 타자는 이미 '나'의 밖에 있는 영역으로서 주체인 내가 '범주', '본질', '이성', '지향성' 등의 사유방식으로 파악할 수 있는 성질의 것이 아니다.

그러나 이런 타자의 얼굴은 동시에 "고아와 과부"의 얼굴로서 나에게 호소하는 얼굴이고, 나를 향락의 주체에서 윤리적 주체로 거듭나도록 명령하는 얼굴인 것이다. 즉 타자의 얼굴과 말은 인간 주체의 근원적 존재양식인 삶의 이기주의를 뒤흔들고 또 이 이기주의로 쌓아 올린 자기 전체성을 파괴하는 것이다. 나를 변화시키는 이러한 힘은 – 이를 이론적으로 추적하기는 불가능하고 – 마치 "무로부터의 창조(creatio ex nihilo)"와도 유사하게 나를 면전에서 바라보는 가운데 솟아나는 것이다.

레비나스에 의하면 타자와의 가장 직접적인 경험은, 즉 다른 경험으로 대체되거나 환원될 수 없는 경험은 언어 이전의 언어인 타자와의 '대면'으로서 얼굴과 얼굴의 만남이다. 주체의 타자와의 관계는 대화로 이루어지지만, 이때 대화를 하고 있는 상대인 타자가 대화의 내용보다도 더 중요하다. 언어를 이용하는 대화는 대화의 상대, 즉 타자를 전제로 하지 않을 수 없다. 타자와의 얼굴과 얼굴의 대면은 사물을 인식하는 차원과는 전혀 다르다. 사물을 인식하는 것은 인식주체와 인식객체와의 상호작용에 의해 이루어진다. 그러나 이때의 상호작용은— 칸트의 "코페르니쿠스적 전이"가 밝히듯 — 인식주체에 의해 파악되어 일어나는 것이다.

그런데 이에 비해 얼굴을 마주 보는 상호작용은 "관계체험",[25] 참된 관계성, 즉 사귐이 일어나는 현상이다. 여기서 "관계체험"은 (어떤 사물을 인식하기 위해 종합하는 것과 같은 행위가 아니라) "사람끼리 서로 마주하는" 가운데 있으며, "사귐" 가운데 있다.[26] 레비나스에 의하면 얼굴을 마주 보는 상호작용엔 알기(인식하기) 전에 응답하는(해야 하는) 과정이 있다.[27] 말하자면 응답하는 것이 아는 것에 앞서는 것이다. 앎이란 일종의 인식주체에 의한 동화(同化)작용으로서 인식주체가 이해나 파악, 평정 등을 통해 사물의 현상을 나의 척도와 기준에 따라 나의 "손에 넣은"[28] 것이다. 이러한 동화작용으로서의 인식행위엔 레비나스에 의하면 진정한 의미의 타자성이 들어설 수 없다.[29]

그러나 타자의 '얼굴'은 주체인 내가 그를 대면하는 경험에서 완전히 해명할 수 없는 신비롭고 생생한 의미를 내포하고 있다. 타자의 얼굴과의 대면은 "내가 아닌 사람", "나의 영역을 벗어나 있는 사람"과의 대면으로서 나에게 하나의 원초적 경험으로 다가온다. 내 앞에서 나를 빤히 쳐다보고 있는 타자의 얼굴은 나의 모든 예상과 계산을 뒤엎어 놓으며, 내가 그를 결코 하나의 사물이나 대상으로 취급하지 말 것을 애원한다.

타자의 얼굴은 우선 아주 극단적인 역설로 보이는 두 가지의 서로 다른 모습을 갖고 있다. 그것은 가장 낮고 비천한 모습과 가장 높고 영광스러운 모습이다. 한편으론 곤궁과 궁핍, "고아와 과부", 가난한 자와 나그네의 모습이 들어 있고, 또 다른 한편으론 이와 반대로 초월자와 무한자, 신의 형상을 지닌 자, 내가 나의 자유를 정의롭게 사용할 것을 명령하는 주인의 모습이 동시에 들어 있는 것이다. 그런데 타자의 얼굴엔 이 두 가지의 모습이 결합되어 있다. 가장 낮은 모습은 가장 높은 모습과 결합되어 있고, 또 가장 높은 모습은 가장 낮은 모습과 결합되어 있다.

　레비나스에게서 타자의 얼굴은 마치 야훼 하나님이 모세에게 나타난 시나이 산과도 같이 신의 형상이 출몰하는 그러한 초월적인 공간이면서 동시에 세속의 시간에 드러나 있고 또 세속의 시간들에 의해 주름이 잡히는 그러한 세속적인 공간이기도 하다. 시나이 산은 세속적인 땅이고 동시에 신(神)의 음성이 계시하며 하늘과 맞닿은 성스러운 곳이다. 말하자면 타자의 얼굴은 시나이 산과도 같이 성(聖)과 속(俗)이 혼재하고 교차하는 공간인 것이다. 성전과도 같고 상전과도 같으며 초월적이고 무한적인 모습을 모두 갖춘 것이 바로 타자의 얼굴인 것이다.

　레비나스의 이타주의 윤리학은 타자의 고유한 얼굴이 곧 신의 모상이며 신의 흔적이 스치는 곳이고 신의 형상이 출몰하는 곳임을 드러내어, 이기적 자발성을 지닌 자아가 자신의 태도를 바꾸어 타자를 섬기고 존중하는 그런 윤리적 관계를 맺을 것을 제안한다. 이러한 타자의 얼굴은 '나'라는 주체에게 두 가지의 긴장을 형성한다. 첫째로 타자의 얼굴은 나의 의지로는 결코 외면하거나 피할 수 없는 낯선 침입이다.

둘째로 '나'라는 주체는 타자의 얼굴에 대한 책임감이 있는 수용과 섬김을 요청받는다. 이토록 책임감 있는 수용과 섬김을 감행할 때 타자의 얼굴은 비로소 나의 존재를 위협하는 침입자가 아니라, 오히려 나를 나의 내면성에 닫힌 세계로부터 밖으로의 초월을 가능케 해 주는 시발점이 되는 것이다. 타자의 얼굴은 초월이고 지극히 높은 신의 목소리가 들리는 곳이며, 이 얼굴을 통하여 신의 빛이 홀연히 다가온다.

타자의 얼굴과의 대면은 사물과 구별되는 하나의 독특한 인격의 현현이기에, 일상적인 사물과의 대응(객체화, 대상화)과는 전적으로 다르다. 얼굴의 현상은 사물의 존재방식과는 전혀 다르다. 사물들은 다른 사물들과의 차이에서, 혹은 사물들 전체 혹은 특정 부류의 한 부분으로서, 또는 이 사물이 가진 특정한 기능으로 자신의 고유한 의미를 갖게 된다.

얼굴의 현상은 그러나 이런 사물과는 전혀 다르다. 얼굴은 그의 생김새나 모양, 코와 입이며 눈과 눈썹, 머리털 등의 집합으로 규명될 수 없다. 사물은 우리를 바라보지도 않으며, 말을 걸지도, 호소하지도 또 스스로 표현하지도 않지만, 타자의 얼굴은 대면을 통해 우리가 일상적으로 접하는 사물과는 전혀 다른 차원을 열어 준다.

타자의 얼굴이 우리의 밖에서, 우리의 의미부여와 무관하게 자기 스스로 드러내 보이는 방식을 레비나스는 '계시'라고 부른다. 나아가 타자와 무한이 주체 안에 드러나는 방식을 레비나스는 "계시의 현상"30)으로 규명한다. 여기서 레비나스가 '계시'라는 종교적 용어를 쓴 것은 얼굴의 현현이 내 자신의 의미부여 행위나 노력을 통해서 드러나는 것이 아니라 자기 스스로 드러내는, 즉 나에겐 절대적 경험으로 주어지기 때문인 것이다. 그러기에 얼굴의 현현, 즉 얼굴의 자기 계시는 나의 의미부여 영역 내지는 동일성이나 전체성의 영역이 아닌, 나아가 "이 세계에 속하지 않는" 영역에서 다가오는 것이며, 나의 입장이나 이해와 상관없이 자기를 드러내는 것이다.

얼굴을 통해 나에게 접근해 오고 말을 걸어오는 타자는 우선 나(주체)의 의미부여나 규명으로부터 벗어나 있기 때문에 나로서는 다 밝혀낼 수 없는 그 자체의 고유한 의미를 갖게 된다. 따라서 얼굴을 통한 타자의 현현은 결코 내가 타자의 얼굴에 어떤 특정한 의미를 부여한 데서 이루어진 것이 아니다. 이러한 타자 얼굴의 출현에서 레비나스는 무한성의 이념을 읽어 낸다.

타자의 얼굴은 그 어떤 개별적이고 사회적인 특수성(이를테면 출신, 성별, 젊고 늙음, 빈부, 종족 등등), 문화적, 경제적, 정치적, 민족적 조건과 전제들을 모두 뛰어넘어 적나라함 가운데 나타나는 현상으로서, 이러한 타자의 출현은 보편적인 인간성을 열어 주는 윤리적인 사건인 것이다. 이 타자의 출현은 곧 윤리적인 사건이 시작되는 계기의 마련인바, 적나라함 가운데 나타나는 타자가 누구이든 상관없이 나는 그를 환대하고 그에게 관용을 베풀며 그의 생명을 존중하는 가운데 나의 주체성이 드러나는 것이다.

그러나 저 타자의 얼굴로부터 현현된 의미는 가치중립적이지 않고 적극적으로 윤리적인 의미를 주체에 부여하여, 주체의 변화를 일으키는 능동적인 성격을 갖는다. 타자의 얼굴은 곧 타자의 현현으로 거기에 있으면서 나에게 긴장을 형성하는 것이다. 이 타자의 얼굴은 나의 의지로서 결코 외면하거나 피할 수 없는 낯선 침입인 것이다.

우리는 이러한 타자얼굴의 현현으로 말미암아 이 타자의 얼굴에 대한 책임감 있는 수용을 요청받는다. 저 타자 얼굴의 낯선 침입은 그러나 나의 존재를 위협하는 침입이 아니라, 오히려 주체인 나에게 나의 내면성에 닫힌 세계로부터 밖으로의 초월을 가능케 해 주는 동기가 되는 것이다. 이때 나는(레비나스에 의하면) 타자의 얼굴로 인해 진정한, 혹은 "책임 있는 주체"로 되는 것이다.

그렇다면 타자는 결과적으로 내 안에서 윤리적인 요구를 발생하게 하는 장본인이라는 것이다. 타자의 얼굴에서 나타나는 무력함 자체가 다름 아닌 도움을 촉구하고, 그를 외면하지 말라는 명령인 것이다. 약자로서의 타자는 – 앞에서도 지적했듯이 – 우리의 이기적인 자기주장에 대한 "과부와 고아"로 상징되는 연약하고 힘없는 얼굴이다. 약자와의 대면에서 타자의 얼굴은 우리에게 윤리적 응답에 나서게 하고, 또한 모든 경험 이전의 인간의 근원적 자아가 이미 타자에 대해 책임을 가져야 한다는 사실을 밝혀 준다.

그리하여 약자의 얼굴은 내가 그를 섬기도록 명령한다. 약자의 얼굴엔 그를 섬기도록 하는 '명령의 뜻'이 들어 있다.[31] 타자의 얼굴에 드러난 연약함과 곤궁, 상처받을 가능성과 무저항성은 바로 도덕적 호소력으로 전환되기 때문이다. 이 호소력은 그러나 결코 단순한 동정을 유발하는 것이 아니라(나의 단순한 자선행위를 요구하는 것이 아니다.), 내가 정의로워야 한다는 명령이다. 타자의 얼굴에 들어 있는 명령은 다름 아닌, 나로 하여금 그를 홀로 두지 말고 외면하지 말며 그에게 정이 끌리지 않더라도 '주고' '섬기라'는 것이다.[32]

타자의 힘없고 무방비적인 얼굴은 나의 도움이 없어서는 안 될 결핍된 약자이고, 내가 모든 것을 다 해 줄 수 있는 가난한 자이며 또 내가 모든 것을 다 해 주어야 할 궁핍한 자이다. 그리고 나는 - 레비나스에 의하면 - 내가 어떤 사람이든 간에 타자의 명령과 부름에 응답하기에 충분한 힘이 내 안에 내재되어 있는 자이다. 타자의 무방비적인 얼굴은 나에게 하나의 호소로 다가온다. 이 호소에 나는 결코 무관심할 수도 없고 거부해서도 안 된다.

나에게 현현한, 일그러지고 무방비한 타자의 얼굴은 나의 죄책을 의식케 하여 내가 나의 자유를 정의롭게 행사하도록 명령한다. 결국 그 앞에서 나의 태도는 책임 있는 관심과 헌신으로 응답할 것을 요청받는다. 그리하여 타자의 명령과 호소는 나로 하여금 이기심과 자아중심주의에서 벗어나게 한다.

이 레비나스의 철학에 관한 장(章)을 맺으면서 우리는 앞으로 우리의 세상에서 실현되어야 할 과제를 떠올려 본다. 향락과 물욕에 가득 찬 이기주의와 자기중심주의로 무장된 오늘날에 있어서 레비나스의 철학은 우리에게 주어진 과제이고 또한 도전이기도 하다. 그것은 자기중심주의와 이기주의의 철옹성은 결코 쉽게 무너지지 않기 때문이다.

그렇기에 특별히 타자의 존재가 최소한 참으로 나의 존재와 같은 중량으로 혹은 그 이상으로 여겨지지 않는다면, 또한 마치 "주는 것이 받는 것보다 복되다."(신약성서)는 것을 마음속에서 수긍하고 진리로 받아들이는 차원으로 이끌리지 않는다면, 우리에겐 전혀 허황된 구호로만 남게 될 것이다. 그러기에 타자와의 대면에서 무방비적인 약자의 얼굴을 읽어 내기 위해서도 - 자연적으로 그 얼굴의 의미와 신비로움을 읽어 낼 수 없는 경우를 고려하면 – 레비나스의 주장과는 달리 이타주의에 열려 있는 성숙된 주체가 전제된다. 이런 바탕이 안 된 상태라면 레비나스의 주장은 우이독경(牛耳讀經)에 머물기 때문이다.

4. "의좋은 형제" 속 이타주의 윤리

레비나스보다 훨씬 이전에, 언제 발원했는지, 그리고 언제 기록되었는지도 정확히 알 수 없지만, 오래전부터 전승된 전래동화엔 이타주의 윤리가 드러나 있다. "의좋은 형제"와 "바리공주" 및 "석탈해와 유리왕의 이사금"의 경우인데, 여기서 마지막에 언급된 "석탈해와 유리왕의 이사금"은 『삼국유사』와 『삼국사기』의 역사서에도 등장하는 역사적 기록에 의한 사실이다.[33] 놀라운 것은 이 전래동화와 역사서에 등장하는 이야기가 결코 레비나스에게서처럼 이타주의에 관한 이론이나 논의가 아니라, 이타주의의 구체적 실현이 생동감 있게 펼쳐지고 있다는 것이다. 이들은 타자를 위한 싸움을 통해 심층적이고 심미적인 이타주의를 드러내고 있는 것이다.

"의좋은 형제"[34]는 단순히 형제간의 우애만을 얘기하고 있는 것은 아니다. 그것은 단순한 이론적인 이타주의라든가 철학적 테마로서의 이타주의에 관한 논의가 아니라, 살아 생동하는 이타주의의 모습을 실천적으로 보여 주고 있기 때문이다. 그래서 이런 실천적인 모습은 이타주의 철학의 모델로 적합한 것이다. 그런데 형제관계는 '타자'의 차원에 들어갈까? 물론이다. 억지로 좀 더 자세하게 표현한다면 "좀 더 가까이 있는 타자"라고 할 수 있다.

더욱이 오늘날과 같이 자기중심주의와 이기주의 및 상업자본주의가 번창하고 형제 사이의 관계보다는 부부제일주의로 나아가는 시대엔 서로 멀어져 가는 타자관계이다. 더욱이 이기적 소산으로 부모를 봉양하는 걸 꺼리며 부모의 유산을 두고 서로 투쟁을 펼치는 경우는 형제 사이의 우애보다는 극단적인 이기주의가 깔린 타자관계를 드러내곤 한다.

만약 "의좋은 형제"가 약한 의미의 타자에 머물고 "전적으로 다른(totaliter aliter)" 타자와는 거리를 둔다고 해도 그건 큰 문제가 안 된다. 오히려 그것은 "전적으로 다른" 타자 사이에 과제로 주어지는 이타주의 철학에 좋은 모델로 주어질 수 있기 때문이다. 이타주의 철학이야말로 인류의 과제이고 인류의 미래이며, 이러한 이타주의에서 드디어 유토피아든 인류의 구원이든 가능하기 때문이다. 그러기에 "의좋은 형제"는 시사하는 바가 크고 인류의 미래에 희망의 메시지를 전하는 심오한 철학이 들어 있다.

우리 속담에 서너 집 정도 건너면 서로 아는 사이란 말이 있다. 서로 모르고 지내지만, 인간관계망을 파헤쳐 보면 서로 낯선 이가 아니라는 것이다. 사회에서 맺어지는 인간관계 중에 형이나 아우, 언니나 오빠와 같은 말처럼 친근한 것은 드물다. 이런 칭호 대신 사회적인 신분이나 계급, 지위, 유명도, 부귀 등에 따라 호칭된다면, 그것은 퍽 인위적이고 부자연스러운 것이다.

이런 칭호 대신 전자의 칭호를 부르면 이미 친근한 사이가 되었다는 것이고 또 이미 '우리'라는 카테고리에 편승되었다는 뜻이다.

만약 '형'이라고 칭해지거나 '아우'라고 칭해지면 행동을 함부로 하지 않는다. 그런데 이런 자연스럽고도 친근한 칭호를 부를 수 있는 세상으로 발전된다면 그 또한 아름다운 공동체를 구현하는 좋은 방편이다. 인류는 근본적으로 근원으로 거슬러 올라가면 - 기독교적으로 해석하든 고고학적 진화론으로 해석하든 - 다 형제자매이기 때문이다.

레비나스는 부부 사이의 관계도 합일과 하나 됨의 관계라고 하기보다는 타자의 타자성을 경험할 수 있는 관계라고 한다. 그는 "여성적인 것"과 함께 겪는 성적 경험은 타자성의 의미를 잘 보여 주는 보기 중의 하나로 본다. 성관계는 그에 따르면 합일과 혼합의 관계가 아니라 전적으로 타자와 만나는 것이고, 나로 환원되거나 동일성으로 수렴되지 않는 타자의 타자성을 발견하는 경험이다. 그러기에 레비나스는 성적 교류의 감동은 합일에 있지 않고, 두 사람이 함께 있고 또 함께 타자성을 경험한다는 사실에 있다고 역설한다.

물론 부부 사이나 형제 사이에서의 타자 개념이라고 해서 타자성이 약화될 수는 없다. 레비나스의 타자 개념은 단순한 '너'라거나 "다른 자아(alter ego)"의 차원에 머무는 것이 아니라, 좀 더 근원적이다. 타자는 나의 단순한 인식대상도 아닐 뿐만 아니라 나의 공감과 연민, 감정이입의 대상도 아니다. 또 내가 너에게 타자가되고, 네가 나에게 타자가 되는 그와 같은 상호적 관계로 타자성이 규명되는 것도 아니다. 타자는 나의 주체성을 일깨우고 나의 도덕성을 촉발시키는 윤리적 사건을 일으키며 예측할 수 없는 미래를 나에게 열어 준다. 출현한 타자를 내가 영접하고 환대할 때 진정한 의미의 주체성이 성립된다고 레비나스는 말한다.

전래동화 "의좋은 형제"는 한때 초등학교 저학년의 교과서에도 실린 만큼 우리에게 잘 알려진 동화이다. 그 요지를 대략 정리하면 다음과 같다. 옛날 아주 옛날에 조그만 어느 시골마을에 의좋은 두 형제가 살았는데, 이들은 일찍 부모님을 여의고 부모님이 물려주신 얼마 안 되는 논과 밭을 사이좋게 반씩 나눠 열심히 경작하였다.

그런데 어느 해엔 흉년이 들어 가을걷이가 얼마 되지 않았다. 추수를 하다 쓰러진 벼들을 보며 형이 동생에게 이런 말을 건넨다. "아우야, 흉년이 들어 수확할 곡식이 얼마 되지 않겠구나. 하지만 아우는 장가든 지 얼마 안 되었으니 살림살이 장만을 해야겠구나. 그러니 아우가 곡식을 더 많이 가져가거라."

착한 형에 착한 아우였기에 펄쩍 뛰며 아우답게 응수한다. "아닙니다, 형님! 저희 식구야 색시와 저뿐이지요. 형님의 집엔 식구도 많고 제사상도 마련하셔야 하니 형님께서 더 많이 가지셔야 합니다." 이리하여 형과 동생은 서로 상대방이 더 많이 가져야 한다고 옥신각신하다가 결론을 내리지 못하고 각자 집으로 돌아갔다.

그러자 그날 밤에 형은 아우를 위해 볏단을 지게에 짊어지고 아우의 논에 가져다 놓았다. 그 다음 날 동생은 자신의 논에 볏단이 생각보다 많이 늘어난 것으로 여겨져, 이를 형님께 드려야겠다고 생각했다. 그러나 형님께 알리면 결코 받지 않으실 터라 깊은 밤에 살금살금 볏단을 지게에 지고 가 형님의 논에다 내려놓았다.

그런데 다음 날 형은 ─ 아우의 논에다 볏단을 내려놓았는데도 불구하고 ─ 늘어난 볏단을 보고 이상하게 생각했다. "뭔가 이상하다. 오늘 밤에 다시 가져다 놓아야겠다." 이리하여 그날 밤 다시 볏단을 지게에 지고 아우의 논으로 향했다. 그런데 이런 일이 반복되던 며칠 후 공교롭게도 두 형제는 논두렁길을 가다가 마주치게 되었다. 어슴푸레한 달밤에 영문도 모른 채 볏단을 지고서 마주친 두 형제는 그동안의 사연을 소상히 얘기하며 이상야릇한 기분에 웃고 행복해했다. 그날따라 이들의 우애만큼이나 크고 밝은 달이 두 형제를 비추고 있었다.

"아름답다!"는 감탄사가 영혼 깊은 곳에서 울려 나온다. 이런 아름다움은 사물에서 발견되는 그런 것이 아니다. 그것은 영혼 깊숙이 감추어져 있는 아름다움이다. 그러나 이런 오묘한 아름다움이 너무나 위력적이어서 세상을 아름다운 색깔로 칠해 버린다. 아름다운 색깔을 뒤집어쓴 세상은 그러기에 행복에 도취되지 않을 수 없다. 그 행복도 물론 요란스러울 수는 없다. 위에서 지적한 것처럼 "이상야릇한" 것이고, 평범한 인간사의 방정식으로는 풀 수 없는 오묘하고 깊은 행복이다. 그러나 그 "이상야릇한" 것은 인간을 초지상적이고 신적인 것에로 승화시켜 주는 신비스런 묘약일 것이다.

타자를 위한 선한 이타주의 윤리에서 지극히 순박하고 아름다운 엑스타지스가, 그리고 그로 인한 행복이 흘러나왔다. 레비나스는 끊임없이 이타주의에 관해 논의하고 또 강요했지 – 그리고 그것이 정의이고 정언명법이라고 하여 우리로 하여금 타자의 인질이 될 것을 요구했지만 – 이런 실천적 이타주의 속에 심미적 엑스타지스를 크게 부각시키지는 못했다. 그러나 우리의 전래동화는 결코 우리가 인질의 처지를 감내하라고 명령만 내리지 않고 심미적 엑스타지스가 경험되는 그런 이타주의 윤리를 드러내고 있다.

철학사에서 유토피아를 기획한 이들은 많다.[35] 세상에 그려진 그 어떠한 유토피아도 또 동화의 마을도 그런 이타주의가 없다면 감히 이루어질 수 없다고 우리는 규명할 수 있다. 경제력이나 군사력 및 정치적 수완이나 문학적 상상으로 유토피아와 동화의 마을을 만들어 내겠다는 발상은 얼마나 우둔하고 우스꽝스러운가! 경제적이고 문명적인 수준이 고도로 발달한 현대의 도시들이 유토피아는 커녕 "유령의 도시"나 우범도시로 변한 것은 근본적으로 윤리가 - 특히 이타주의 윤리가 - 결여되었기 때문이다. 이타주의 윤리의 근원적인 아름다움이 결핍되고서야 유토피아는 한갓 허구에 불과한 것이다.

우리는 그러나 인류의 정신문화와 인간의 위상을 떨어뜨리는 갖가지 이기주의를 넘어 레비나스의 철학과 우리 전래동화 속에서의 "바리공주"와 "의좋은 형제" 및 "석탈해와 유리왕의 이사금"을 통해 이타주의 윤리의 희망적인 모델을 목격했다. 인류가 추구하는 삶의 방식이 어떤 유형이든 이타주의가 결여되어서는 바람직한 사회가 도래할 수 없을 것으로 여겨진다.

5. 석탈해와 유리의 타자를 위한 싸움[36]

전제주의적이고 봉건적인 뉘앙스가 잔뜩 들어 있는 '임금'이란 개념이 원래 유리왕[37]과 석탈해 사이에 있었던 '잇금' 내지는 '이사금'에서 유래했다는 사실을 알면 기절초풍할 일이다. 우리는 유리와 석탈해의 싸움에서 권력이기주의와는 전혀 다른 소식을 접하게 된다. 이들은 서로 권력을 취하겠다는 것이 아니라, 오히려 거꾸로 타자가 권좌에 오르도록 싸움을 벌인 것이다. 그것도 형식적으로 펼친 양보전쟁이 아니었고 체면상 그렇게 싸움을 벌인 것도 아니었으며, 진실로 상대방을 위한 싸움이었다.

석탈해는 신라 2대 남해왕의 아들이 아니었지만, 총명하여 남해왕의 딸과 결혼했다. 남해왕이 서기 24년 세상을 떠나고, 그 후계자로 유리태자가 대를 이어 왕위에 오르게 되어 있었다. 그러나 유리는 석탈해가 더 총명하고 덕이 많은지라 왕위의 권좌를 석탈해에게 넘겨주려고 마음먹었다. 그래서 서로는 상대방이 임금이 되어야 한다고 다투게 되었다.

유리는 탈해에게 말했다. "나보다는 덕이 많고 총명한 탈해가 왕이 되어 부왕(父王)의 어진 다스림을 이어 가야 하네!" 끝날 것 같지 않은 "타자를 위한 싸움" 때문에 탈해는 궁여지책으로 응수한다. "제가 알기로는 덕이 많고 성스러운 어른은 이빨 수가 많다고 합니다. 그러니 잇금을 살펴보시고 왕위를 이을 후계자를 결정함이 옳을 듯합니다."[38]

그러자 유리는 찰떡을 가져오게 하고 그 찰떡을 한 입씩 물어 보게 했다. 그랬더니 나이가 위인 유리의 '잇금'이 더 많았다. 재빨리 석탈해는 말했다. "그것 보세요. 하늘이 내린 순리입니다. 이 순리를 따르셔야 합니다." 이렇게 하여 유리가 임금이 되었고, 33년간 나라를 잘 다스리다가 세상을 떠났으며, 그 뒤를 이어 탈해가 임금이 되었다. 덕이 있는 자들이 다스린 나라는 융성하게 번창해 갔다. 새롭게 탄생된 '잇금'이란 개념은, 그리고 이 '잇금'의 철학에 바탕을 둔 임금은 그러기에 봉건적이고 전제적인 임금의 뜻이 아니라, (미)덕과 지혜의 의미가 더 근본적임을 천명하고 있다.

유리의 경우 자신이 태자이지만, 그리고 그도 역시 지혜롭고 덕스러운 자임에도(적어도 자신은 진실로 그렇게 생각하지 않았는지는 알 수 없으나) 불구하고 타자에게 왕위를 양보할 만한 덕을 가졌기에, 그도 덕스럽고 총명했던 것으로 여겨진다. 그는 일연의 기록에 의하면 영토를 확장하고 "도솔가"[39]를 지었으며, 쟁기와 따비며 얼음을 넣어 두는 빙고와 수레를 만들어 냈다고 한다.

유리와 탈해 이사금의 "타자를 위한 싸움"은 우리에게 이타주의 철학의 모범을 잘 보여 주고 있다. 우리가 똑똑하게 목격할 수 있는 것은 '순리'와 덕과 총명이 삼위일체가 되어 위력을 발휘할 때 아름다움이 발현되고 작거나 큰 유토피아가 도래한다는 것이다. 안타깝게도 고구려나 백제, 또 그 이전의 국가나 그 이후의 국가에서 이런 덕스러운 이타주의가 등장하지 못했다는 것이다.

오히려 이와 반대로 엄청 덕이 없는 사람과 총명하지 못한 사람, 순리도 모르고 순리를 따르지 않는 사람들이 권력을 쥐게 되어 불행과 도탄을 만들어 낸 것이다. 권력을 쟁취하기 위한 동물적이고 악마적인 모습이 구석구석 밝혀져 있는 것을 역사가 증언해 준다. 이성계의 권력쟁취, 그의 아들들의 권력다툼과 골육상쟁은 그런 극단적인 보기이다.

6. 버림받은 두 사람 – 바리공주와 오이디푸스

① 자신을 버린 어비대왕에게 사랑으로 응수하다

우리에게 잘 알려진 전래동화 "어비대왕과 바리공주"40)의 내용을 요약하면 대략 다음과 같다. 아득한 옛날 불나국의 어비대왕은 나라를 잘 다스렸으나 아직 17세의 어린 소년이었다. 옛날엔 일찍 장가드는 일이 오히려 정상이었으니 신하들은 임금님이 어서 장가들도록 졸라 댔다. 그리하여 당시 길대부인의 딸이 예쁘고 성품이 곱다 하여 왕비로 맞아들이기로 하였다.

대왕은 혼례를 앞두고 시녀인 상궁에게 일러 점술을 보게 했다. 점술가인 길이박사는 "대왕께서 올해 혼인하시면 일곱 공주를 보실 것이요, 내년에 장가드시면 장차 나라를 잘 다스릴 세자 대군을 보실 것입니다."고 하였다. 상궁은 이 점술내용을 그대로 아뢰었다. 그러자 어비대왕은 크게 웃으면서 "점쟁이가 용하다고 한들 어찌 앞날의 일을 자세히 다 알랴."고 일축하면서 하루가 바쁘다는 식으로 가까운 칠월칠석날(음력으로 7월 7일은 견우와 직녀가 만나는 날이라 뜻깊은 날로 알려졌다.)에 혼인잔치를 열기로 하였다.

왕비는 혼인 후 몇 달이 지나 아기를 갖게 되었다. 호기심에 가득 찬 대왕은 왕비에게 태몽을 물었다. "예, 품 안에 달이 돋아 오르고, 오른손에는 푸른 복숭아꽃 한 송이를 꺾어 들고 있었습니다." 왕비는 곧 상궁을 시켜 길이박사에게 들러 아들인지 딸인지 점괘를 보게 했다. "중전 마마님은 이번에 공주님을 보시겠습니다."

이 점괘소식을 듣고서 어비대왕은 지난번처럼 껄껄 웃으시며 말했다. "점쟁이가 아무리 용하다고 한들 배 속에 든 아이까지 어찌 알랴." 그러나 열 달이 차서 아기를 낳자 역시 공주였다. 그로부터 왕비는 어느새 여섯 공주를 계속 낳았다. 왕비가 일곱 번째 아기를 갖자 이번엔 꼭 아들이기를 바라면서 대왕은 왕비의 태몽을 물었다. "대명전 대들보에 청룡과 황룡이 서로 엉켜서 오른쪽에 보라매, 왼쪽엔 백마를 거느리고 놀고 있었습니다."

이런 놀라운 태몽에 어비대왕은 이번엔 틀림없이 왕세자를 얻으리라고 믿고서 몹시 기뻐했다. 그러나 열 달이 차서 아기를 낳자 예외 없이 일곱 번째 공주였다. 대왕은 딸만 갖게 된 자신의 처지를 한탄하며 울분을 토해 냈다. "도대체 종묘사직은 누구에게 전할 것이며 조정백관은 누구에게 의뢰할 것인가. 내 무슨 죄가 이리도 많기에 딸만 일곱이나 두게 됐는가. 차라리 요 일곱째를 서해 용왕께 진상이나 해야겠다. 여봐라! 옥장이를 불러서 옥항을 짜게 하고 뚜껑에 '국왕공주'라 쓰게 하라."

이 불같은 호령을 듣게 되자 왕비는 눈물을 흘리며 통사정을 했다. "대왕 마마, 어찌 그리도 지독하시오? 칠 공주를 낳은 것은 제 탓이라 하겠습니다만, 어찌 혈육을 버리려 하십니까? 그럴 바에야 차라리 자식 없는 신하에게 주심이 어떻겠습니까?"

그러나 어비대왕은 왕비의 말을 받아들이지 않았다. 비록 옛날엔 남아선호 사상이 흔한 일이었다고 하지만, 그것이 극도의 분노로 이어져 급기야 어비대왕은 자식을 버리는 천륜을 저버리고 만다. 버리는 자식이라 하여 "바리공주"라고 이름을 지었다. 용왕에게 바치는 아이라 부모의 생년월일과 아기의 생년월일, 아기의 생시(生

時)와 "국왕공주"까지 적어 넣고서 강에 갖다 버렸다.

바리공주가 들어 있는 함이 강물 위에서 떠돌고 있는데, 이를 본 비리공덕 노부부가 괴이하게 여겨 건져 보았다. 함을 열어 보니 옥함 뚜껑에 "국왕공주"라 써져 있다. 이 뚜껑을 열어 보니 놀랍게도 왕거미와 불개미들이 아기를 보호하듯 있었고, 한가운데는 곱게 생긴 여자아이가 옥으로 만든 젖병을 물고 있었다. 비리공덕 할머니는 놀라움을 금치 못하고 아기를 안아다 깨끗한 물로 목욕시키며 할아버지에게 말했다. "영감, 우리가 이 아기를 데리고 살라는 것인가 봐요. 평생 아기 하나 없어 적적했는데, 하느님께서 우리에게 선물로 내리신가 보구려." 이에 할아버지는 "공주님이라 잘 보살펴야 될 것 같구려."

이렇게 하여 노부부는 아기를 집으로 데려가 이름을 바리데기(버려진 아이라는 뜻)라 짓고 정성껏 키웠다. 혈통 때문인지 아기는 채 열 살도 되기 전에 천문지리(하늘의 뜻과 땅의 이치)를 익혔다. 그런데 어느 날부터 이 예쁜 소녀는 자기를 낳아 준 부모를 찾기 시작했다. "제 아바마마와 어마마마는 어디 계십니까?" 당황한 비리공덕 할머니는 "아바마마는 하늘이고, 어마마마는 땅이란다."고 응했다.

그러나 똑똑한 소녀는 "거짓말 마세요. 하늘과 땅이 어찌 사람을 낳는단 말이에요."라고 항변하지 않는가. 비리공덕 할머니는 큰 한숨을 내쉬며 제법 설득력 있게 응수하여 소녀의 말문을 막았다. "이 세상에 부모가 자식을 강가에 버리고 떠났으니, 내 어찌 그 부모를 알 수 있을까. 우린 버린 자식을 데려와 키웠을 따름이지."

바리공주가 열다섯 살이 되었을 땐 이미 철들고 성숙한 처녀였고, 사리에도 밝아 비리공덕 할머니와 할아버지를 친부모처럼 모시면서 궂은 집안일도 척척 해내었다.

한편 어비대왕과 왕비는 원인 모를 무거운 병에 걸려 함께 자리에 눕게 되었다. 훌륭한 의원을 부르고 신통하다는 약을 모두 써보았지만 허사였다. 마침내 대신들은 왜 대왕마마와 왕비께서 중병에 걸렸는지 점술가에게 물어보기로 했다. 그런데 점술가의 말이 자식을 버린 옛날의 가혹한 사건을 일깨우며 왕과 왕비의 뇌리를 때리고 말았다. "대왕과 왕비께서 병에 걸리신 것은 막내딸을 버린 탓이옵니다. 이 병은 약으로 고칠 수 없사옵고 서천서역국의 약수를 드셔야 낫습니다."

어비대왕은 딸들을 불러서 누가 서천서역국의 약수를 떠 오겠느냐고 물었다. 그러나 곱게 자란 딸들은 아무도 그런 멀고도 먼 죽음의 땅으로 가려고 하지 않았다. "세상에 부모가 죽어 가는 마당에 약수 한 사발 떠 오겠다는 자식이 없다니……." 어비대왕은 실망하며 긴 한숨을 쉬었다. 곱게만 자라면 – 온실에서 자란 식물처럼 – 세상 어려운 것도 모르고, 또 어려운 일이 닥칠 땐 쉽게 좌절하여 헤쳐 나가지도 못하는 나약한 인간이 되는 것은 오늘날에도 자명하게 받아들여진다. 그런 사람들은 나중에 부모도 모시지 않는 불효자식으로 변하기도 한다. 하는 수 없이 왕과 왕비는 죽음을 각오했다.

어비대왕과 길대부인은 버린 막내딸을 생각하고 참회의 눈물을 한없이 흘렸지만, 이미 지나간 일이고 돌이킬 수도 없는 노릇이었다. 그러나 혹시라도 우연히 바리공주가 살아 있을까 봐 왕비는 대왕에게 공주를 찾아보자고 간청했다. 어비대왕은 죽었을 것이라고 확신하면서도 마지막으로 불쌍한 막내딸의 얼굴이라도 볼 수 있을까 싶어 신하들을 시켜 버린 공주를 찾아보게 했다. "내 막내딸을 찾는 이에겐 상으로 만호후를 내리겠노라." 그리하여 나라 안은 바리공주를 찾느라고 야단법석이 되었고, 온 나라 방방곡곡에 이 소문이 퍼져 나갔다.

신하 중에 한 사람은 일찍이 바리공주가 기거하는 타향산의 소식을 들은 적이 있어 부하 몇몇을 데리고 그곳으로 향했다. 험한 산골짜기를 한참 거슬러 올라가니 초라한 초가집이 보였다. 울타리로 쳐져 있었는데, 때마침 빨래한 옷들과 몇몇 음식물들이 주렁주렁 걸려 있었다. 대문을 두드리자 눈썹까지 하얗게 센 할아버지가 나오면서 신하들을 맞이했다.

한편 비리공덕 노부부는 바리공주를 찾느라 온 나라가 야단법석일 때 자신들이 키워 온 바리데기가 곧 왕이 애타게 찾는 일곱째 공주임을 알았다. 고심한 노부부는 이 사실을 바리데기에게 털어놓았다. 놀라운 사실에 놀란 바리공주는 노부부에게 그동안 키워 준 데 대해 극진하게 고마움을 표했다. 때마침 밖에서 바리공주를 찾는 손님이 있는지라 할머니는 공주의 손을 잡고 나왔다.

"공주님, 소인들이 어비대왕의 분부를 받아 공주님을 모시러 왔습니다." 그러자 슬기로운 바리공주는 그들에게 되물었다. "손님들이 아바마마가 보낸 사람인 걸 무엇으로 믿을 수 있습니까?" 신하들이 아무 말을 못 하고 머뭇거리자 바리공주는 "돌아가셔서 아바마마의 피를 가져오시면 내가 따라나서겠어요." 하고[41] 다그쳤다. 이 말을 들은 신하들과 노부부도 크게 놀랐는데, 누군가 "아바마마의 피를 어떻게……" 하며 나직하게 말했다.

"어렵지 않아요. 금쟁반에 정화수 담고, 아바마마의 장지 손가락

끝을 바늘로 조금 찌르면 피 한 방울을 쉽게 받을 수 있지요." 신하들은 발길을 돌릴 수밖에 없었다. 신하들이 어비대왕께 "대왕마마, 공주님을 찾았습니다."고 하자, 대왕은 펄쩍 뛰며 "뭐라고? 그런데, 공주는?" 하고 물었다. 신하들은 그동안에 일어났던 정황을 소상히 아뢰고 바리공주가 시킨 대로 대왕마마의 피를 받아 타향산으로 향했다.

핏방울이 든 금쟁반을 받은 공주는 자신의 가운데 손가락 끝에서 피 한 방울을 내어 금쟁반에 떨어뜨렸다. 그러자 금쟁반의 정화수 속에서 어비대왕의 피와 바리공주의 피가 서로 끌어당기듯 한 덩어리로 뭉쳤다. "아, 틀림없는 아바마마시군요." 바리공주는 비리공덕 노부부와 함께 신하들을 따라나섰다.

어비대왕은 신하의 안내로 궁궐에 들어선 막내딸을 보자마자 눈물부터 흘렸다. 이 광경을 본 궁궐의 사람들도 차마 말도 못 하고 눈물을 훔쳤다. 바리데기가 울먹이며 인사를 했다. "아버님, 어머님, 소녀가 왔습니다." 그러자 대왕은 눈물을 흘리다가 멈추고서 "너를 버리고 얼마나 마음이 아팠는지 모르겠구나. 그래도 이토록 어엿한 처녀로 자랐으니 기특하구나." 하였다. 왕과 왕비는 버린 바리데기의 손을 잡고 잘못을 빌었다. "이젠 죽어도 여한이 없구나. 너를 다시 찾았으니, 또 이 못난 부모를 용서해 준다니 고맙기 그지없구나."

한때 버려지긴 했지만 이 모든 것을 다 잊어버리고 바리데기는 부모를 만난 기쁨과 감격에 젖었다. 그러나 안타깝게도 바리데기의 기쁨은 잠깐, 곧 그녀의 부모가 치명적인 중병에 걸린 사실을 알게 되었다. 이토록 기쁨과 걱정이 교차하는 가운데 바리데기는 부모의 중병이 서천서역국의 약수를 먹어야 나을 수 있다는 정보를 알게 되고, 급기야는 자신이 이 약수를 구해 오겠다고 나선다. 어비대왕과 길대부인은 이미 죽음을 각오한 터라 막내딸의 결심을 극구 말렸지만, 바리데기는 기어코 약수를 구하러 떠나게 된다.

길을 모르는 터라 바리데기는 무조건 서쪽으로 걸어갔다. 서천서역국으로 가는 길을 알기 위해 만나는 사람마다 물었고, 때론 그 길을 알아내기 위해 검은 빨래를 희게 빨아 주고, 다리를 놓는 사람을 대신해 중노동을 했으며, 탑을 쌓는 노인을 대신하여 탑을 쌓는 등 온갖 어렵고 고된 일을 감내하였다. 그러나 이런 시련은 영웅신화에 등장하는 정상적인 문법이 아니던가! 헤라클레스와 테세우스, 페르세우스와 오디세우스며 "콩쥐팥쥐"에서의 콩쥐가 겪는 시련과도 유사한 것이다.

마침내 바리데기는 바둑을 두고 있는 신선처럼 보이는 두 사람을 만났다. 이 두 분은 사실 석가와 아미타불이었다. 물론 여기서 시련이 끝나는 계기가 주어진다면 좋았으련만, 두 분 중에서 한 분이 대뜸 바리데기에게 묻는다.

"너는 어떻게 여기까지 왔느냐?"

"예, 소녀는 어비대왕의 막내딸이옵니다. 부모님의 병이 깊어 약수를 구하기 위해 서천서역국으로 가는 길이옵니다. 바라옵건대 소녀를 불쌍히 여기시어 길을 알려 주십시오."

"어허, 가련하구나! 지금까지 걸어온 길이 삼천 리이고 앞으로 가야 할 험한 길이 다시 삼천 리나 남아 있는데 어찌 가려고 하느냐?"

그러자 바리데기는 비장한 태도로 대답했다.

"소녀는 죽기를 각오하고 있습니다. 제 부모님의 병을 고칠 약수를 구할 수만 있다면 삼천 리가 아니라 삼만 리라도 가겠습니다. 비록 도중에서 죽는다고 해도 갈 것입니다. 제발 길을 알려 주십시오.”

바리데기의 결연한 태도는 현대어로 진정한 ‘올인’이라고 할 수 있을 것이다. “지성이면 감천이라.”는 속담에서 그 ‘지성’이 갖춰져 있는지를 우리의 신화는 두 신선을 등장시켜 확인시키고 있다. 바리데기의 애틋한 말과 결연한 마음가짐에 두 신선은 크게 감동했다. 그들은 길을 가리켜 주었을 뿐만 아니라 위험한 경지에 이르면 쓰라고 세 송이의 꽃과 금으로 만든 지팡이 하나를 주었다.

바리데기는 새 힘을 얻고 다시 삼천 리나 남았다는 서천서역국으로 떠났다. 그러나 여기서부터는 사람 사는 곳이 아니었다. 이곳은 마치 헤라클레스의 하데스 여행에서와 같은 죽음의 세계인 것이다. 오직 선택받은 비범한 영웅만이 해낼 수 있는 과제인 것이다. 바리데기가 가는 길엔 온갖 소름 끼치는 시련들이 기다리고 있었다. 바리데기는 날카로운 칼이 삐죽삐죽 솟아 있는 칼산 지옥, 불길이 활활 타오르고 있는 화염 지옥, 얼음이 꽁꽁 얼어붙어 있는 빙산(氷山) 지옥, 구렁이가 우글거리는 구렁이 지옥, 여타의 뱀들이 들끓는 뱀 지옥, 홍수로 범람하는 물 지옥, 한 치 앞도 볼 수 없는 암흑 지옥 등을 지났다.

그런데 이런 끔찍한 곳들은 이승에서 죄를 많이 지은 영혼들이 죗값을 치르면서 고통을 받고 있는 곳이었다. 때론 눈알이 없는 사람, 팔다리가 없는 사람, 목이 없는 사람 등 보기만 해도 등골이 오싹할 정도의 별별 영혼들이 바리데기의 옷자락을 붙들고 늘어지면서 살려 달라고 외치며 통곡했다. 바리데기는 아미타불에게서 얻은 꽃송이를 던지며 그들의 영혼을 위해 기도하면서 지옥을 빠져

나왔다.

그런데 이 지옥을 지나자마자 이번에는 끝도 보이지 않는 넓은 강이 앞을 가로막았다. 이 죽음의 세계에 뻗어 있는 강은 새의 깃털마저도 가라앉는 강이어서 배를 타고 건널 수 없었다. 그때 바리데기는 부처가 준 황금 지팡이가 생각났다. 이 지팡이를 강에다 던지자 신비롭고 기적 같은 일이 일어났다. 바로 강 위로 휘황찬란한 무지개다리가 만들어진 것이다.

이제 서천서역국의 생명수가 흐르는 약수터가 나타나리라 기대했지만, 그러나 바리데기 앞엔 키가 산처럼 크고 무섭게 생긴 남자가 길을 막았다. 이 무시시한 남자는 자기의 이름이 무장승이라고 밝히며 무엇 때문에 이 서천서역국에 왔는지 물었다. 바리데기는 약수를 구하기 위해 왔다고 대답했다. 그러자 무장승은 바리데기에게 약수 값을 요구했다. 하지만 바리데기는 오래전부터 빈털터리였다. 무장승은 이제 다른 것을 요구했다. "삼 년 동안 나무를 하고, 삼 년 동안 불을 때고, 삼 년 동안 물을 길어 주면 약수를 주마."

약속한 대로 바리데기는 약수를 얻기 위해 나무도 하고 불도 때고 물을 길어 오는 등 오랜 세월을 버티며 궂은일을 했다. 드디어 9년의 세월이 흘렀다. 그러나 무장승은 야속하게도 약수를 주지 않았다. 다시 아들 일곱을 낳아 주어야 한다는 끔찍한 요구를 했다. 바리데기는 부모님의 병을 고치는 약수를 얻는 일에 올인했기에, 무장승과 결혼하여 일곱 명의 아들을 낳았다. 참으로 길고 고달픈 시련의 세월이었다.

이렇게 아들 일곱을 낳아 기르던 중 어느 날 무장승이 바리데기에게 말했다. "부인, 뒷동산에 꽃구경이나 하러 갑시다." 그러나 바리데기는-우리가 이때껏 보아 왔듯-한가로이 꽃구경을 하러 갈 마음이 없었다. 어서 약수를 구하여 병으로 신음하고 계실 부모님 곁으로 달려가고 싶을 뿐이었다. 바리데기의 속내를 읽은 무장승은 크게 웃음을 터뜨리며 말했다. "부인, 우리가 늘 길어 먹는 그 물이 바로 약수지요. 또 뒷동산에 피어 있는 꽃이 바로 숨살이, 뼈살이, 살살이라는 꽃이랍니다. 이것들을 모두 가지고 가면 부모님을 살릴 수가 있을 거요."

그리하여 무장승은 약수뿐만 아니라 부모님을 살릴 수 있는 세 송이의 꽃을 주었다. 이들을 받은 바리데기는 바삐 불나국으로 달려갔다. 그러나 그녀가 불나국에 도착했을 땐 큰 통곡소리가 들려왔다. "불쌍한 어비대왕, 버렸던 바리공주가 서천서역국으로 약수를 구하러 떠났는데, 약수도 못 마시고 세상을 떠났네." 이미 며칠 전 바리데기의 부모님은 세상을 떠나 장례행렬이 마을을 지나가는 중이었다.

바리데기는 곧장 장례행렬을 멈추게 하고, 먼저 살살이 꽃과 뼈살이 꽃을 대서 살과 뼈를 되살렸다. 그런 다음 숨살이 꽃을 대자 어비대왕과 길대부인이 긴 한숨을 쉬며 자리에서 일어났다. 그리고선 바리데기가 구해 온 약수를 마셨다. 이리하여 바리데기의 부모님은 저승으로 가는 황천길에서 되돌아왔다.

죽은 운명에서 살아 생환한 어비대왕은 크게 감격하여 막내딸에게 소원을 물었다. 물론 바리데기가 무슨 눈앞의 대가를 획득하기 위해서 서천서역국으로 간 것은 아니었지만 감격한 왕은 막내딸에게 소원이라도 들어주고 싶었다. 막내 공주가 원한다면 나라도 재산도 다 주겠다고 말했다. 하기야 죽음에서 돌아왔으니 그런 소유물들이 어찌 생명과 비교될 수 있으랴. 그러나 바리공주는 아무것도 원하지 않았다. 무슨 대가를 위해서 약수를 구하러 간 것이 아니기 때문이다.

"소녀는 나라도 재산도 다 싫습니다. 약수를 구하기 위해 서천서역국으로 가면서 고통받는 불쌍한 영혼들을 만났습니다. 어찌나 슬프던지 발걸음을 옮길 수가 없을 지경이었어요. 소녀는 그 영혼들을 위하는 사람이 되고 싶습니다."

그리하여 바리공주는 죽은 사람이 고통을 받지 않고 죽은 자의 세계로 갈 수 있도록 인도하는 인도자가 되었다. 오직 이타주의의 삶을 살겠다는 바리데기의 모습이 확연하게 드러난다.

② 죽음으로 내몬 자에게 사랑을 베풀다

바리데기는 죽을 운명을 갖고 태어났지만, 동시에 비범한 운명도 갖고 있다. 바리데기는 단순히 버림을 받았다는 것에 그치는 것이 아니라 도무지 자력으로는 살아 돌아올 수 없도록 물에 던져진 것이다. 누가 이토록 가혹한 죽음의 경지로 내몬 자에게 용서의 단계를 넘어 생명을 선사하는 사랑을 베풀 수 있을까. 그것도 자신의 죽음을 각오하면서까지! 평범한 사람이라면 저주와 원망을 퍼붓는다거나 버림받은 자신의 운명에 대해 한없는 눈물과 한탄을 쏟아낸다거나 혹은 원한을 품는 등 자신의 슬픔을 토로할 것이다. 그러나 바리데기는 일절 그렇게 하지 않았다.

바리데기는 마치 이타주의 유전자를 갖고 태어난 사람처럼 사랑으로 점철되어, 불의한 행동을 저지른, 아니 천륜을 범한 자를 이미 용서하고, 질병으로 말미암아 궁지에 몰린 그에게 사랑으로 다가간다. 그녀의 부모는 이미 중병에 걸린 상태여서 부모와의 상봉도 또 상봉의 기쁨도 잠시일 뿐이었다. 그녀의 부모는 이제 죽을 운명에 놓인 상태이고, 서천서역국의 약수가 아니라면 그 어떤 처방도 불가능하다는 사실을 바리데기는 알게 된다. 물론 그녀의 부모는 이미 죽음을 각오한 상태이다.

바리데기는 그러나 주저하지 않고 서천서역국의 약수를 가져오기 위해 죽음의 땅이나 다름없는 그곳으로 길을 나섰다. 그 길에는 - 우리가 앞에서 보았듯이 - 상상할 수도 없을 정도로 힘들고 고통스러운 난관들이 기다리고 있었지만, 우리의 영웅은 이를 모두 극복해 내었다. 영웅신화엔 으레 이런 장애와 시련이 있는 법이다.

헤라클레스의 하데스 여행, 오디세우스의 유랑, 테세우스나 페르세우스의 시련극복 등과도 같은 모험과 고난이 바리데기 앞에 놓인 것이다. 물론 이들의 시련극복엔 혼자의 힘뿐 아니라, 타자의 도움이 들어 있다. 그런 과제는 필경 평범한 인간들이 할 수 없는, 말하자면 선택받은 영웅들만이 할 수 있는 일이기 때문이다. 그러나 그럼에도 분명한 것은 이들 영웅들은 한결같이 죽음을 각오하고 '올인'을 했다는 사실이다.

자기를 죽음의 바다에 내던진, 천륜을 범한 자를 용서했을 뿐만 아니라 죽음의 처지에 놓인 그를 자신의 목숨을 걸고 구해 냄으로써 바리공주는 이타주의의 모범을 보여 주고 있다. 이타주의는 - 비록 레비나스는 그것이 정의이고 정언명법이라고 우리에게 지킬 것을 강요하고 있지만 - 아마도 아무나 할 수 있는 일이 아닌지도 모른다. 그러나 세상을 구제하고 이웃과 타자 및 공동체를 아름다운 이상사회로 만드는 데는 이것 없이는 불가능하다는 것 또한 분명한 진리로 여겨진다.

③ 죽을 팔자의 굴레에서 벗어나 운명을 새로 디자인하다

바리공주는 자기 운명의 굴레에서 벗어나 죽을 운명에 놓인 자들을 구해 내는 일을 한다. 그녀가 죽음의 세계와도 다름없는 서천 서역국으로 떠났을 때는 부모의 질병 때문이었지만, 그러나 그 도정에서 고통을 받는 사람들을 알게 되면서부터 자기 인생의 여로와 목적을 새로 설정한다. 그들의 아픔과 슬픔을 덜어 주기 위해 자신의 인생을 새로 설계하는 것이다. 그때부터 바리데기는 자기의 운명을 자신이 디자인한다. 자신이 버림을 받는 단계에서부터 얼마나 가혹한 운명의 사슬에 신음하고 끌려다녔던가!

그러나 그녀는 이제 이 운명의 사슬을 끊고 새로운 세계로 나아간다. 타자들을 위한 삶, 슬픔과 고통에서 허우적거리는 사람들을 위한 새로운 소명에 자신을 올인하기로 한다. 이제 자기의 여로를 자기가 개척하기로 했기에, 바리데기는 그녀의 부왕이 하사하려고 한 권력과 재물마저도 다 팽개쳐 버린 것이다. 신화의 세계에서 운명의 사슬을 끊고 새로운 운명을 스스로 개척한다는 것은 엄청난 스캔들이고 센세이션이다. 그리스의 신화에서는 거의 찾아보기 어렵다.

오이디푸스 신화에서 오이디푸스는 태어날 때부터 가혹한 운명을 갖고 태어났으며, 이 가혹한 운명에서 벗어나기 위해 그의 아버지 라이오스왕은 자식을 버리기까지 한다. 운명에서 도망치려고 자식을 버리는 인륜의 범죄를 짓는 것이다. 그러나 벗어나려고 했던 운명은 그런 발버둥에도 불구하고 운명의 굴레 속으로 들어가게 되는 시발점이 되고 만다.

라이오스왕이 아들 오이디푸스의 운명을 신탁에게 묻자, 신탁은 이 아들이 아비를 전쟁터에서 죽이고 어머니를 강간하게 된다는 소름 끼치는 소식을 전한다. 그래서 라이오스왕은 당장 아이를 산기슭의 밭 어귀에 갖다 버렸다. 농사일을 하러 온 이집트의 농부는 나무에 걸려 삐삐 울고 있는 어린아이를 발견한다. '오이디푸스'라는 말은 "발이 부르텄다"는 의미를 갖고 있다. 농부는 집으로 달려가 주인과 상의하고 주인의 집으로 데려가 키웠다.

오이디푸스는 마치 신의 아들처럼 영리하기도 하고 우람한 체격의 영웅기질까지 갖고서 잘 자란다. 그는 18세의 젊은 나이에 사람들을 괴롭히는 스핑크스를 없애고 테베를 구하는 등 당대의 영웅으로 떠올랐으나 결국 테베와 이집트를 오가는 도중에서 자기도 모르게 아버지를 죽이게 된다(어릴 때 버림을 받았으니 아버지가 누구인 줄 알 리가 만무하다.). 테베의 왕 라이오스는 그렇게 오이디푸스에게 죽임을 당했으며, 나라의 왕권과 자신과의 결혼을 선물로 내건 왕비 이오카스테는 결국 오이디푸스와 결혼까지 하게 되어 아이를 넷이나 갖게 된다.

이 사실을 오이디푸스로서는 전혀 알 수 없었던 것이다. 얼마 후, 이웃나라에서 유행하는 페스트가 나라 안으로 들어오지 못하게 하기 위해 신탁을 들으러 갔던 오이티푸스는 국내에 있는 친부(親父)를 살해한 자를 추방해야 한다는 말을 듣게 된다. 그 살인자를 알아내기 위해 오이디푸스는 예언자 테이레시아스에게 질문하지만, 예언자는 오이디푸스의 파멸을 막기 위해 알리지 않는다.

자신의 운명을 모르는 오이디푸스는 자꾸만 그 사실을 알려고 예언자를 추궁한다. 맹인 예언자 테이레시아스는 자신이 맹인이라는 걸 조소한 오이디푸스에게 "자신은 맹인이지만 보고, 오이디푸스는 눈을 가졌지만 못 본다."고 하면서 충격적인 진실을 밝히고 만다. 진실에 대한 충격으로 어머니이자 아내가 되어 버린 이오카스테는 목을 매어 자살을 하고, 오이디푸스는 왕비의 옷에 있는 장식바늘을 빼서 자신의 두 눈을 마구 찔러 버린다. 눈에서 나온 피가 수염을 적셨고, 그는 맹인이 되어 떠돌이로 방랑하다 죽게 된다.

이토록 오이디푸스는 운명이 만들어 놓은 덫에 걸려 참혹하게 죽고 만다. 그리스의 비극은 이처럼 인간으로서는 도저히 풀 수 없는 운명의 굴레를 씌우고, 어떤 식으로든 그런 운명의 굴레에서 벗어 나오지 못함을 들려준다.

오이디푸스의 경우와 유사한 운명론은 다른 곳에서도 흔하게 찾을 수 있다. 이를테면 트로이의 왕자 파리스는 트로이를 멸망시킬 운명을 타고났다고 쫓겨났다. 그는 궁전에서 쫓겨나 목동으로 살아갔다. 그러나 운명의 여신은 그가 트로이의 궁전에서 벗어났다고 해서 가혹한 운명의 굴레에서 벗어나게 하지는 않았다. 소위 "파리스의 황금사과"는 트로이 전쟁의 발발 원인이 되었고, 이 전쟁으로 트로이는 몰락하고 만다.

또 싸움의 여신 에리스(Eris)의 경우는 어떠한가. 그녀는 제우스가 주최하는 올림포스 산장에서의 경사스런 잔치에 초대받지 못했다. 바다의 여신 테티스와 인간의 왕 펠레우스와의 결혼식인데, 제우스가 원래 테티스에 연정을 가졌었기에, 더더욱 성대하게 잔치를 마련한 것이다. 이런 경사스런 잔치에 싸움의 여신이 참가하여 잔치를 망치게 해서는 안 된다는 것은 지혜를 사랑한 그리스인들의 상식에 들어맞는 것이었다. 그러나 그렇다고 싸움이 일어나지 않았는가? 초대받지 못한 에리스는 싸움의 여신답게 어쨌든 작당을 꾸며 싸움을 일으킨 것이다.

가혹한 운명을 피하려는 그리스인들의 지혜도 어쩔 수 없이 운명의 굴레에서 허우적거릴 수밖에 없었다. 오이디푸스가 그의 운명의 굴레에서 벗어나지 못한 것처럼 트로이 전쟁은 피할 길이 없었던 것이다. 에리스가 초대받지 못했든 혹은 초대받았다고 하든 그 운명의 족쇄는 풀리지 않는 것이다. 운명을 관장하는 클로토 여신은 그녀의 물레에서 인간의 운명을 잣고, 이 베틀이 고장 나지 않은 것처럼 인간의 운명은 한 치의 예외도 없이 짜여 있는 것이다.

그러나 바리공주의 경우는 위와는 다르다. 그녀는 운명의 파도를 탔지만, 그리고 이 파도에 휘청거리고 휩쓸려 갈 위험도 수차례나 있었지만, 이 파도에 결과적으로 휩쓸리거나 떠내려가지 않았다. 물론 운명의 파도에 떠내려가지 않은 것은 외부적 요인도 있다. 이 운명의 파도에서 벗어나면서 그녀는 이제 능동적으로 새로운 운명을 디자인하고 선택한 것이다. 여기에도 인간의 위대한 모습이 깃들어 있다. 이처럼 바리공주의 경우를 통해 본 우리의 신화는 "운명의 장난"에 농락당하지 않고, 운명의 족쇄에 구금당하지 않는, 인간의 위대하고 초월적인 모습을 들여다보게 한다.

7. 현대판 이타주의 싸움

모든 피조물 중에서 인간만이 이타주의 유전자를 가질 수 있기에, 예나 지금이나 이런 이타주의는 인간을 위대하게 하고 인간성을 승화시키며 인간을 신의 세계로 나아가게 하는 큰 동기가 된다. 신은 - 모든 존재자가 존재하는 것이 이유 없는 것이 아니라면 그는 이 모든 존재하는 것을 존재하게 한 분이라고 할 수 있기에 - 필연적으로 선하다고 해야 할 것이다. 그래서 오래전부터 신학에선 그를 "최고로 선한 존재(sumum esse, bonum esse)"라고 한다. 이타주의적인 행위는 신의 속성인 선함을 닮은 행위이기에, 신에게로 향하고 또 신을 닮아 가는 행위라고 할 수 있다.

이를테면 삭막한 현대의 산업사회에서도 이타주의 싸움의 모범이 존재한다는 것은 놀라운 일이고, 이는 기업과 사회, 개인과 국가 등 모두에게 선한 토대를 형성해 가는 좋은 본보기가 된다. 거듭 밝히거니와 이러한 이타주의가 존재하지 않고서는 이상국가나 이상사회, 건강하고 행복한 개인들을 탄생시키지 못할 것이다.

근본적으로 인간은 선한 본성(맹자와 루소)과 악한 본성(순자와 T. 홉스)도 갖고 있기에, 인간들이 이타주의적인 발상전환을 가져온다면 저러한 이상적인 사회와 국가 및 개인들이 결코 하늘에만 걸려 있는 이념이 아닐 뿐만 아니라 실현 불가능한 것도 아닐 것이다. 실제로 작은 기업의 단체에서 이타주의를 실현하는 모습을 우리는 예로 들 수 있다.

'자본주의'라는 제도가 외국으로부터 들어왔기에, 이 나라에서 새로 정립되는 과정엔 여러 가지 부작용이 일어나지 않을 수 없을 것이다. 이 나라뿐만 아니라 세계의 거의 모든 나라들에서도 그럴 것이다. 초기 종교개혁가들(M. 루터, J. 칼빈)에게서 시작되는 자본주의에는 종교적이고 도덕적인 의미도 많이 가미되어 있었다. 그러나 오늘날의 자본주의 국가들엔 이런 의미들이 많이 쇠퇴해 버리고, 오직 경제적인 원리만이 있는 게 사실이고, 그중엔 "저질 자본주의"나 "천민자본주의"도 판을 치고 있는 실정이다.

마치 조선시대의 오랜 기간 동안 사대부나 양반, 정승 등 권력을 가진 자의 횡포가 심했던 것처럼 자본주의 시대에선 재벌이나 기업가, 부자들이 권력행세를 하는 시대이다. 그들은 사회에서 숭배를 받는 격이고 "돈으로 안 되는 게 없다."는 구호에 비춰 볼 때 돈이 곧 권력으로 대체되고, 돈을 가진 자는 권력을 가진 자와 비슷한 위치에 자리 잡게 된 것이다. 재벌들이 불법이나 편법 내지는 탈법에 연루되어 법정에 서게 될 때도 경제성장에 이바지했다는 구실을 내세워 집행유예를 선고한다거나 기타 건강을 빌미로 특혜를 받게 한다.

더욱이 재벌들은 이미 정치가들과의 커넥션을 평소 잘 구축한 처지라서 정치가들로부터의 특혜압력이 경찰서나 법정으로 들어오기도 한다. "법 앞에 만인이 평등하다"는 선언은 허울뿐이고 "유전무죄, 무전유죄"라는 말이 오래전부터 사회적 구호로 된 데는 다 그런 이유가 있는 것이다. 재벌과 부호의 권세가 이러한데, 일반사회에서의 자랑과 권세행위야 오죽할 것인가. 물론 예외가 없을 수는 없지만, 돈을 가졌다고 군림하고 까불며 고압적인 자세를 갖는 것을 사회에서 흔히 목격한다.

이러한 배경에서 기업가나 재벌, 회사를 운영하는 측은 오랜 기간 동안 직원(종업원)을 하인으로 취급하는 경우가 허다했(하)고, 고압적인 자세로 종업원을 쩔쩔매게 했(하고 있)다. "잘 보여야 한다.", "눈 밖에 나면 끝장이다."는 구호들은 종업원의 가슴 깊이 파묻혀 있는 강박관념이다. 반면에 기업가나 회사 측은 경영실적을 비밀에 부치거나 자기들만의 고유한 권한으로 여기며, 막대한 수익이 생기면 정치가들에게 로비를 하는 경향이 허다하여, 이런 사실이 정치가들의 스캔들이 탄로 날 때 동시에 폭로되는 경우도 종종 있(었)다.

2009년 한국사회를 뒤흔들고 노무현 전 대통령의 자살과도 관련이 있는 태광실업(박연차 회장)의 경우만 떠올려 봐도 우리는 소름끼치는 일을 목격하게 된다. 우선 엄청나게 많은 정치가들이 저 박회장과의 금전스캔들(그것도 엄청난 고액으로)에 휘말려 있다는 것이다. 우리나라에서 정치가들이 제일 깨끗하지 못하고 부패지수 1위를 달리고 있음을 재확인시켜 주는 사건이었던 것이다. 선거할 땐 온갖 감언이설로 자신이 신명을 바쳐 국가와 국민을 섬기겠다고, 애국자라고 사기를 늘어놓고, 어두컴컴한 곳에서 문어발을 끄집어내어 음흉한 짓을 일삼는 것이 많은 정치가들의 작태라니 개탄스럽기만 하다.

또 한 가지의 놀라운 사실은 저렇게 거액의 돈을 정치가들에게 물 쓰듯 혹은 껌 값 주듯 하지만, 돈을 더 벌기 위해 많은 비정규직을 양산하며 이들에겐 놀부 뺨치듯 깍쟁이 짓을 한다는 것이다. 국가도 기업도 지식인들도 수수방관하는 것이 오늘날의 대량 비정규직인 것이다. 심지어 대학에조차 비정규직(시간강사)이 수두룩하고 전체 교원의 50% 안팎으로 채운다는 것은 지성도 양심도 죽은 지식사회인 것이다. 더욱이 실력보다는 학맥이나 인맥, 소위 "스카이 대학 출신" 등 별별 말 없는 카르텔을 형성해 가며 실력 있는 비정규직의 학자를 따돌리는 현상은 한국의 대학사회가 더럽고 추한 질병에 걸렸음을 말해 주고 있다.

2008년도에 한국사회를 시끄럽게 한 "이랜드 사태"도 마찬가지다. 많은 수익을 챙기지만, 유독 비정규직엔 냉담하여 터진 사태였다. 이 기업의 리더는 막대한 수익의 일부를 교회의 헌금으로 내놓지만(이 때문에 한국의 기독교 전체가 인터넷상에서 엄청 비난을 받았었다.), 그래서 일개 교회가 부자교회로 되고 거기 목회자도 유복하게 되었겠지만, 저 기업의 일꾼들인 많은 비정규직들은 뭐란 말인가. 기업도 국가도 대학도 사회도 모두 비정규직에는 살얼음보다 더 냉담한 태도를 보이고 있다.

한편 기업에도 노조(노동조합)가 구축되면서 끔찍한 데모문화를 만들어 내었다. 소위 한국의 "강성노조"는 국제적으로도 잘 알려져 있고, 이러한 노조 때문에 철수한 외국기업도 많다. 격렬한 데모엔 붉은 머리띠는 기본이고 화염병, 쇠파이프, 각목 등이 등장하여 시시때때로 회사와 공장의 가동을 멈추게 하였다. 노사 간의 사태를 수습할 아무런 기준이 없다거나, 있어도 유명무실한 경우에는 자본주의 문화에 적잖은 오점이 있다는 것이며, 나아가 아직 원만한 민주주의가 정착되지 못했다는 것을 시사한다.

더더욱 이때 국가를 경영하는 정부가 아무런 중재역할도 못 한다는 것은 있을 수 없는 일로서, 이는 용서받기 어려운 처사이다. 무능한 정부는 그때마다 "강력 대처한다"느니 "법대로 한다"느니

하며 엄포만 놓고 적법한 사태수습을 못 하는 경우가 허다하(였)다. 노조와 회사 및 정부 모두 제 이익만 챙기다가 자본주의 문화를 거의 개판으로 만들고 만 것이다.

그런데 최근에는－오랜 대결문화의 허무주의에서 체득한 지혜의 결과로서－변화의 움직임이 몇몇 노동현장에서 일어나 새로운 노사문화를 일궈 가고 있다. 거기에는 그러나 놀랍게도 이기주의가 아닌 이타주의가 근간으로 되어 있기에, 상당히 바람직하고 참신한 현상이라고 할 수 있다. 기업에서의 현대판 이타주의는 레비나스의 이타주의 철학과 궤를 함께하는 것이라고 할 수 있고 자본주의에서의 야만을 탈피하여 미래를 밝힐 수 있는 계기라고 할 수 있다.

이를테면 경기도 안양에 있는 노루페인트(주)의 경우인데,[42] 노조와 회사 측은 서로 상대방을 위한－생색내기로서가 아니라 솔직하게!－싸움을 펼치는 것이다. 회사 측은 종업원들에게 "회사의 실적이 좋아 8%의 임금인상"을 주장하고 노조는 이에 대응해 "회사의 어려운 사정을 고려해 임금 5%의 선에서 제한하자"는 식이다. 연말의 보너스 지급에 대해서도 노조위원장은 아예 회사 측에 "입을 다물 작정이었다"는 것인데, 회사 측에서 100% 이상의 성과급을 지급하기에 차라리 아무런 요구를 안 하는 편이 낫겠다는 취지에서다.

이 회사도 한때는 "어두웠던 1998년의 터널"이 있었다. 즉 창립 53년 만에 적자가 났고, 업계에서는 "노루는 다 망했다"는 흉흉한 소문이 파다하였다. IMF의 지배 아래 놓이면서 "모두 함께 죽느냐, 살길을 찾아보느냐"의 갈림길에서 먼저 결단을 내린 쪽은 노조의 직원들이었다. "회사가 살아나면 모두 복직시키겠다."는 약속 하나만 갖고 노조는 자진해서 회사의 해고를 받아들였다. 직원들은 상여금을 반납하고 연월차 수당이며 특근비도 받지 않았다. 직원들의 뼈를 깎는 노력으로 회사의 경영상황은 빠른 속도로 회복되어 갔다. 회사는 상황이 회복되면 복직시키겠다는 약속을 지켜, 이듬해부터 복직시키기 시작했다.

이러한 쓰라린 체험과 동시에 위기극복의 교훈을 통해 노조가 설립된 때부터 갈등과 파업의 노사관계가 이제 신뢰를 근간으로 하는 상생의 관계로 전환되는 기적을 이뤄 냈다. 위기 이후 회사의 경영진은 매달 직원들에게 경영실적을 브리핑하고 또한 직원들의 고충과 제안을 받아들였다.

이리하여 서로는 진솔한 커뮤니케이션을 통하여 서로를 위하는 새로운 노사관계를 일구어 낸 것이다. 회사 측의 간부는 대학원에 진학하여 노동학을 공부하면서 노동자의 형편을 헤아리는 반면에 노조 간부들은 대학에 진학해 경영학과 회계학을 공부하여 회사의 경영과 발전, 살림살이 등을 이해하려고 애썼다.

위의 노루페인트(주) 외에도 — 이타주의 원리를 실현하지 못하지만 최소한 상생의 원리를 실현하는 — GS칼텍스와 GM대우, 창원 특수강, 코오롱 경산공장 등이 새로운 "노사 행복 찾기"에 동참하고 있다.[43] 이런 기업들은 그러나 과거에 멋대로 노조파업을 하거나 강성 데모, 공장가동 중단 등을 일삼으면서 혹독한 대가를 치르고 난 뒤에 체득한 교훈에서 새로 일어선 것이다. 어떤 일이 있어도 원칙은 지키고 나쁜 관행을 고쳐 나감으로써 일궈 낸 것이다.

특히 GS칼텍스의 경우 변화의 키워드를 '원칙'에서 찾았다. 그것도 작은 원칙 지키기에서 하나씩 실천해 나갔다. 퇴근 시간 전에

샤워하던 종업원들은 "지킬 건 지켜야 된다."는 원칙으로 부당한 관행을 고쳐 나갔다. 2004년 중반에 GS칼텍스는 "주 40시간 근무 쟁취" 등의 슬로건을 내걸어 무단 파업을 강행하여 정유업계에서는 세계 최초로 공장가동을 보름간이나 중단시켰다. 더욱이 파업 도중 이 기업의 회장 형상의 인형을 만들고서 그 목을 베는 퍼포먼스를 벌여 여론의 따가운 지탄을 받기도 하였다. 사실 "GS칼텍스의 고졸 10년차 근로자라면 초과 수당 등을 합쳐 1년에 7,000만 원 정도를 받는다. 사택 등 복지도 국내 최고 수준이다."44)

이런 임금수준이라면 국내에서는 대단히 높은 편임에도 불구하고 툭 하면 파업이며 강성 데모를 일삼았다는 것은 더러운 데모문화를 만든 것이고, 누구보다도 그런 문화를 정착하게 하거나 방치한 무능한 정부의 책임이 제일 크다. 연봉 7천만 원에 복지혜택을 더하면 대학교수의 연봉을 넘으며, 박사급 강사가 아무런 복지혜택도 없이 연봉 2천만 원도 안 된다는 것을 감안할 때 인금인상을 위한 파업과 데모는 뭔가 해명이 되지 않는다. 형평성을 조금만 고려하더라도 거지 수준의 박사급 강사(대한민국의 대학에서 거의 50%를 차지하는)에 비하면 사치의 극치라고 할까……. 참고로 이런 부당한 차등을 방치한 국가의 정부야말로 무능의 수준이 아니라 매국노 같은 집단이고, 그런 사회야말로 개판이라고 하지 않을 수 없다.

그런데 GS칼텍스의 2004년 파업 이후 노사는 그동안 복닥거리며 싸우느라 보지 못했던 바깥세상에서의 위협적인 조짐을 보게 되었다. 그것은 원유만 생산하던 중동의 나라들이 정유공장을 짓기 시작하고 또 중국에서는 정유시설을 대규모로 확대해 나가는 것이었다. 바로 이런 변화의 조짐이야말로 GS칼텍스 근로자의 일자리를 위협하는 요인임을 깨달은 것이다. 2004년의 파업을 기점으로 노조는 "민주노총"을 탈퇴하고 , 파업가결기준을 노조원의 과반수 찬성에서 3분의 2 이상으로 변경했으며, 나아가 노조의 조직체계에서 '쟁의부'는 아예 없애 버렸다.

데모와 파업에서 GS칼텍스를 훨씬 능가하는, 그야말로 분규 사업장의 '간판스타'로 칭해졌던 대우자동차의 경우는 어떠한가. 1990년대 후반 IMF의 외환위기 때 대우자동차의 노조는 투쟁만이 살길이라는 각오로 사측과 대립각을 세웠다. 생산을 중단하겠다는 노조위원장의 통보식 전화 한 통이면 회사의 생산라인이 완전히 정지되었다. 일 년에 파업일수 100일을 넘기는 등 끔찍한 파업문화를 만들어 가다가 결국 대우자동차는 무너졌고, 2001년 2월 1,725명이 정리, 해고되었다.

도대체 이런 파업문화에서 남은 것은 무엇인가. 그것은 분노와 절망에다 빈손과 공멸뿐이었다. 이런 저질의 데모문화를 만든 주체들은 책임을 져야 하고, 그 누구보다도 그런 데모문화를 만들거나 방치한 국가의 책임이 더 큰 것이다. 그런데 2002년 10월 대우자동차는 GM대우로 다시 태어나면서 지난날의 위기를 교훈 삼아 기회로 만들어 나갔다. 제2의 도약을 감행한 것이다. 어떤 경우에도 "일은 해야 한다. 공장은 돌려야 한다."는 공감대가 근로자들 사이에 형성되었다.

혹독한 파업 이후에 얻은 교훈으로 다시 일어섰고, 상생이냐 공멸이냐의 물음 앞에 전자를 택한 것이다. 2006년 12월 당시 GM대우의 부평공장은 주야 2교대 근무에 특근까지 더해 24시간 가동되는 편이었고, 2002년부터 2005년까지 파업이 거의 전무한 편이었다. 이리하여 생산실적은 GM대우가 출범했을 때보다 4배에 달한 150만 대에 이르렀다. 2006년 7월엔 파업 중이던 현대자동차를 제치고 판매실적을 1위에 올려놓기도 하였다. 상생의 문화가 어떠한지는 위에서 언급한 기업들의 노사문화가 잘 보여 주고 있다.

이타주의 원리와(이보다 약간 낮은 수준의) 상생의 원리는 이미 오래전부터 우리 고유의 사상에 뿌리를 박고 있다. 그러나 어쩐지 이 아름다운 원리를 망각해 버리고서 삭막한 투쟁만 계속해 온 것이 사실이다. 그 어떤 이상국가나 복지사회도 이타주의와 상생원리의 실현 없이 정치와 경제의 원리만으로는 불가능하다. 이타주의는 확실히 인간으로 하여금 동물적인 단계를 벗어나게 하고 인간의 자연 상태나 일상적인 카테고리를 초월하게 하며 신적인 영역으로 승화시켜 주는 획기적인 발상전환을 갖게 한다.

오늘날 소유욕을 근간으로 하는 상업자본주의와 이기주의 및 주체중심주의가 온 세상을 휩쓸고 있다. 그러나 이런 이기주의와 극단적인 소유욕 및 주체중심주의로는 우리 인류에게 미래가 없다. 게다가 도덕불감증과 도덕경시풍조는 인간세상을 마치 탈을 쓴 늑대의 세상으로 변모시키고 있다. T. 홉스는 인간의 자연 상태가 늑대와 같다고 했다. 그래서 법률과 제도 등을 통해 이런 자연 상태에서 벗어나야 한다고 보았다.

그러나 분명한 것은 법과 제도로서 결코 저런 상태를 해결할 수 없다는 것이다. 오늘날 복잡한 법망이 잘 발달된 나라는 - 미국과 같은 나라의 사회가 보이듯 - 오히려 범죄가 많이 우글거리는 곳이 대부분이다. 왜냐하면 복잡한 법망이 발달된 원인이 이미 국가와 사회에 범죄가 많이 우글거렸음을 전제로 하기 때문이다. 법망만으로 사회의 질서를 유지할 수 있다는 생각은 오늘날 어린아이들도 믿지 않는다. 더욱이 법망만 피하면 된다는 안이한 태도로는 원만한 공동체를 형성할 수 없는 것이다.

이기주의야말로 이웃을 배려하는 태도를 전혀 갖지 못하며 이웃과 더불어 살아가는(올바른) 공동체를 이루는 데에 가장 큰 적이다. 그런데 오늘날 이 이기주의와 자기중심주의가 팽배해 있다. 물질문명과 상업자본주의에는 아예 이 이기주의가 배태되어 있기에, 과욕이 가세하면 이웃과 타자는 상처당하기 일쑤다. 게다가 현대사회의 '도덕불감증'도 가세하여 이웃은 배려와 공존의 대상이 아니라 이용당하고 유린당하는 경지에까지 이르렀다. "등치고 간 꺼내어 먹는다."(등을 긁어 주고 잘해 주는 척하고 남을 착취하여 도탄에 빠뜨리는 일)는 속담은 이런 참혹한 현상을 잘 밝혀 주고 있다.

현대에 있어서 무절제한 개인주의는 에고이즘(이기주의)으로 전락했고 방향감각을 상실한 공동체는 대중적 집단이기주의로 탈바꿈했으며, 자유는 방종으로 뒤집어졌다. 그래서 에고이즘으로 자전하고 대중적 집단주의로 공전하는 것이 현대인의 삶이다. 타자를 배려와 공존의 대상으로서가 아니라 자기 출세의 수단으로, 향락의 수단으로, 행복의 수단으로, 돈벌이의 수단으로 삼는 것은 현대인이 '이기주의'를 넘어 비인간화의 길로 추락했음을 보여 주는 현상이다.

그런데 다른 한편으로 보면 이런 욕구에 사로잡힌(타자를 수단으로 삼는) 사람은 타자에게 종속되어 있는 노예이기도 하다. 그것은 이런 수단이 없으면 자기가 추구하고 욕구하는 것을 얻지 못할 뿐만 아니라 자신의 존재마저 성립되지 못하기 때문이다.

그는 안타깝게도 타자의 존재가 자기 존재의 성립근거가 됨을 깨닫지 못한다. 타자가 끊임없이 착취되고 이용당하는 것이 우리의 일상이 아닌가? 이는 우리의 일상이 자기만의 성취와 출세와 구원에만 매달려 있기 때문이다. 현대인에겐 타자를 향한 문이 닫혀 있고 타자를 위한 문은 없다. 탐욕과 이기적인 삶을 원리로 삼고 자기 자신만의 안전과 행복창조에만 에너지를 쏟는 것이 현대인의 삶이다. 그러나 그가 추구하고 욕구하는 것을 성취했다고 하더라도 그는 결국 죽고 말 것이며, 타자는 수없이 많아 거의 무한에 가까울 정도이고 계속 이어진다.

현대인의 이기적이고 자기 폐쇄적인 삶으로부터의 깨어남이란 - 특별한 자극이 없으면 불가능하겠지만 - 엄청난 고통일 것이고 자기파멸일 것이며 수치감이 수반될 것이다. 그래서 그런 변환은 인생의 거듭나는 경우라고 해야 할 것이다. 그러나 이거야말로 자기를 잃는 것이 아니라 오히려 참된 인간으로서의 자기를 건지는 일일 것이다. 이거야말로 철학자 레비나스에게서 '사람이 됨'을 뜻한다. 이는 자신만을 위하고 자기만족과 행복에만 탐닉하며 살던 방식에서 타자를 위한 나로 변화되는 것이다.

현대인의 생활방식에는 이웃이 배려되거나 중심이 되는 일이 거의 없다. 자기가 척도가 되며 자기중심적 삶을 펼치게 되어 있다. 자기 자신이 늘 온 세상의 재판관이기에 자기 마음에 들면 정상으로 되고, 그렇지 않으면 비정상과 비진리로 낙인찍으며, 경우에 따라서는 악으로 몰아붙인다. 첨예화된 물질주의는 "남이야 어떻게 살든 나만 잘살면 그만이다."와 같은 천민자본주의를 몰고 왔다. 또 "나와 별 볼일 없는 것"으로 보이면 사정없이 묵살해 버리고 관심의 밖으로 팽개쳐 버린다.

대체로 현대인은 이웃을 경쟁의 상대로 보며, 이웃을 이겨야 자기가 픽업되고 합격하며 출세하는 반공동체 문화를 어릴 때부터 익히고 교육받아 왔다. 우리는 입시경쟁을 통해 '일류'며 '최고'만을 위해서 이웃 학우와 무모한 경쟁을 벌이는 짓을 어릴 때부터 해온 것이다.

이러한 분위기에서 이웃이 배려의 대상이 되고 잘되기를 바라는 마음가짐이 생기기는 만무하다. 주거공간에서조차 현대인은 좋은 이웃을 갖지 못하고 살아간다. 시골 사람들이 소박한 공동체를 이루며 정겹게 살던 시대는 지나가 버렸다. 현대인은 자기중심주의, 자기 사랑, 자기의 출세와 명예며 행복 등에만 관심을 다 쏟고 이웃을 외면하며 살아가고 있다.

그런데 여러 형태의 자기중심주의와 에고이즘의 극단적 반대 개념은 아가페적 사랑이다. 아가페(agaphe)의 사랑은 자기사랑이 아니고 타자사랑이며, 자기중심적이 아니고 타자중심이다. 윤리학에는 (특히 기독교 윤리학) 이런 아가페적인 사랑이 실천요강으로 되어 있지만, 기독교인들조차도 이를 이념으로만 걸어 놓고 실천하기를 꺼린다. 워낙 주체주의와 자기중심적 세계관에 도취되어 있기에 아가페의 사랑이라는 게 웃음거리밖에 되지 않을 것이다. 아가페는 자기의 가까운 친구나 애인이며 동료에게만 사랑을 실천하는 것이 아니라, 모든 이웃들, 심지어 적들에게도 복수하지 말 것을 권고한다.

아가페적 사랑은 받는 것보다는 주는 것이다. "주는 것이 받는 것보다는 복되다."고 성서는 전한다. 그런데 과연 누가 타자에게 줄 수 있을까? 주기 싫은 자는 이런 말을 들으면 꺼림칙하게 생각한다. 줄 수 있는 자는 곧 줄 수 있는 처지에 있어야 하는데, 그것은 어떤 주는 것(이를테면 물질)보다는 줄 수 있는 마음의 준비가 더욱 선행(先行)하기 때문이다. 이런 마음의 준비가 되어 있지 않으면 줄 수 없고 또 주는 데에 알레르기 반응을 보일 것이다. 마음의 준비가 되어 있으면 주는 데에서 기쁨과 평안을 얻을 것이다.

그러기에 아가페의 사랑에는 결코 타자에 비해 주체가 배척되는 것이 아니라, 오히려 타자를 으뜸으로 드러내는 준비되어 있는 주체이다. 타자가 으뜸으로 되는 한에서 그대도 으뜸이고, 타자가 일인자로 되는 한에서 그대도 일인자인 것이다.[45] 먼저 타자에게 베푸는 주체의 선행(先行)과 선한 행위(善行)에서 우리는 주체의 위상이 – 레비나스에게서 강요된 수동성과 인질의 위상이 아니라 – 결코 폄하되어서는 안 된다는 것을 목격한다.

■■■ 제3장 "나무꾼과 선녀"에게
심층철학을 묻다

1. 신화 속에 은폐된 철학적 메시지

익히 알면서도 아리송하게 잡힐 듯 안 잡힐 듯한 『나무꾼과 선녀』[46]는 통속적인 이해와는 달리 참으로 놀랍고 심오한 철학적 세계를 펼쳐 보이고 있다. 이 이야기는 철학과 인간에게 궁극적인 물음을 제기하고 또 그 물음에 대한 응답을 드러내 보이고 있다. 그러기에 『나무꾼과 선녀』는 소년들과 소녀들에게 재미와 감동을 주는 "재미있는 소년소녀 동화"의 차원에 머물러 있지만은 않는다.

만약 우리의 지적 수준이 여전히 "소년소녀 동화"의 차원에 머물러 통속적인 이해에서 벗어나지 못한다면, 우리는 『나무꾼과 선녀』를 그 심오하고 미묘한 종교현상학으로 해독하지 못할 것이다. 우리에게 잘 알려진 전래동화 "나무꾼과 선녀"에서는 그야말로 인간의 궁극적인 문제가 전개된다.

우리의 『나무꾼과 선녀』는 신화의 형태로 아주 오랜 옛날부터 – 그것도 아마 문자가 없는 시대로부터 – 전승된 것으로 여겨지며, 소위 "재미있는 소년소녀 동화"의 형태로 칭해진 것은 후세의 동화작가들과 동화전문가들에 의해서다. 문자언어로 전할 수 없는 시대의 철학적이거나 종교적인 메시지는 대부분 이러한 신화의 옷을 입은 채 전승되었다는 것은 신화연구가들의 지배적인 견해다. 그것은 과학을 농간하는 '원시적인' 사유의 패턴이라기보다는 고귀한 정신적 내용을 감싸고 보호하고 지킨 집과 요새의 역할을 한 것이다.

특히 근세철학 이래로 신화는 미신으로, 비과학적이고 원시적인 사유패턴으로, 야만적인 삶의 형태로 낙인찍혔다.[47] 그리고 과학은 한 걸음 더 나아가 신화를 몰아내는 데에 선봉으로 나섰다. 오늘날에는 과학최고주의와 과학만능주의 및 과학제국주의가 건설되어, 스스로 신화가 되었다.

호르크하이머(Max Horkheimer)와 아도르노(Theodor Adorno)의 『계몽의 변증법』(Dialektik der Aufklaerung)은 인간의 이성과 과학에 바탕을 둔 계몽이 신화나 미신을 몰아내었지만, 결국 자신이 이 자리에 올라앉았음을 밝혀 주고 있다. 이러한 과학과 계몽은 스스로 재판관이 되어 제우스처럼 징벌을 일삼고 있는 것이다. 오늘날도 여전히 과학기술이 과학제국주의와 과학최고주의를 정착시켜 자기네들만 진리를 독점하겠다는, 즉 과학적인 진리만 진리라고 인정하겠다는 오만함을 보이고 있다.

더욱이 과학기술이 부(富)를 창출한다는 미명 아래 온 세계가 과학기술을 숭배하고 있는 것이 현실이다. 과학의 이러한 태도는 자신이 접근할 수 없는 부분을 터부시하는 경향으로 나타나 마치 "아이의 목욕물을 버리면서 아이까지 버리는" 결과를 가져왔다. 과학이 매도했던 신화는 오늘날 결코 "미신의 대명사"라거나 비과학적인 농간에 그치는 것이 아님이 속속 드러나고 있다.

물론 신화에는 비과학적인 부분이 많이 있고, 비현실적이고 비논리적인 부분이 많이 있다. 그래서 철학의 탄생을 "뮈토스에서 로고스로(Vom Mythos zum Logos)"라고 특징짓기도 한다. 그러나 그러한 규명이 곧 철학을 대변한다고 생각하면 외곬에 머물고 만다. 그것은 플라톤의 철학세계에서도 잘 드러나듯 "로고스에서 뮈토스에로(Vom Logos zum Mythos)"의 경향이 엄존하기 때문이다.

플라톤은 그의 대화록 속에 많은 신화들을 등장시키고 있으며, 경우에 따라서는 대화록의 결론을 신화 한 토막으로 장식하며 끝맺는다. 그것은 단순한 논리로 철학의 모든 문제를 다 해결할 수 없음을 시사하며 초논리적 지평에서 미미하게나마 문제의 실마리를 풀 수 있다는 것을 천명한다. 냉철한 이성과 논리 및 과학은 분명 철학의 난제를 해결하는 데 도움이 되지만, 그러나 그것이 곧 만능이라고 생각하면 큰 착각에 빠지고 만다.

물론 신화에는 황당한 얘기들도 많이 있다. 특히 현실주의나 경험과학주의 및(논리) 실증주의의 시각으로 보면 "거짓된 것"으로, "상상의 산물"로, "그럴듯하게 꾸며 낸 이야기"로 보일 수밖에 없을 것이다. 그러나 빙산의 일각을 빙산의 전부로 말할 수 없는 것처럼 일정한 시각과 고정관념으로 신화를 다 평가할 수는 없다. 신화는 일상적인 대화나 설화와는 분명 다르고 허구를 전제로 한 소설과도 다르며, 또한 사실을 그대로 전해 주는 실제로 경험되는 그런 이야기도 물론 아니다.[48]

그러나 그럼에도 불구하고 신화는 인간의 규범적인 모델, 범례, 원형 등이 "아득한 태초에(in illo tempore)" 일어났다는 것을 들려주고, 인간의 현재적 삶과 운명이 결정된 근원적인 이유를 언급하며, 현존의 상황과 존재근거를 제시하고, 지상에서의 현실적인 것(경우에 따라서는 온당하거나 정의로운 것이며 부당하거나 불의한 것 등)이 전부가 아니라 초월적인 사실들과 연루되어 있다는 것과 눈에 보이지 않는 미묘한 로고스의 문제들을 해명하고 있는 것이다.

신화적 사유에는 비과학적이고 초과학적이며 때론 과학적인 것이 뒤섞여 있다. 중요한 것은 비과학적인 것이라고 하여 다 황당한 것이 아니라는 것이다. 혹은 비과학적인 것이라고 하여 다 침묵을 강요당해야 하는 것은 결코 아닌 것이다. 그런데 도대체 과학과 합리로 만물을 다 설명할 수 있는가? 과학적으로 혹은 합리적으로 말할 수 없는 것을 말해야 하는 것도 철학의 과제와 운명인 것이다.

따라서 "말할 수 없는 것에 대해선 침묵하라"(비트겐슈타인)는 진술은 논리실증주의에는 타당하겠지만, 그것을 전체적인 철학의 지평에서 보편타당화할 수는 없다. 그것은 철학이 "말할 수 없는 것"(?)에 대해서도 말해야 하기 때문이고 – 물론 그 말해진 것이 꼭 (혹은 지금 당장) 진리가 아닐 수도 있으며 동시에 다짜고짜로 거짓이라고 할 수 없는 것일 수도 있다. – 더 나아가 거기서 철학의 출발을 삼는 경우도 있기 때문이다.

코스모스에는 신비와 미스터리 및 수수께끼로 가득 찬 것들이 넘쳐나고 있다. 아니, 지극히 미세하게 존재하고 있는 것도 그렇게 존재하고 있다는 사실만으로도 신비스러운 사건이라고 하지 않을 수 없다. 과학과 논리로서 만물을 다 해명하고 이해할 수 없다는 사실을 과학자들도 고백한다. 그것도 그럴 수밖에 없는 노릇이 과학으로 파헤치면 파헤칠수록 더 많은 미궁들이 드러나기 때문이다. 이를테면 다음과 같은 고백은 그러한 사실을 잘 밝혀 주고 있다.

"오늘날 인간의 과학이 발전했다고는 하지만 우리는 아직 한 알의 세포는커녕 그 세포 속에 산재해 있는 엽록체 하나 만들어 내지 못한다. 이토록 복잡하고 고도인 생물, 그리고 사회, 이들이 우연히 이 세상에 생겨났다고 생각할 수 있겠는가? '과학이 발전되면 될수록 종교적인 사유는 더욱 확고해진다.'고 생각하는 저자는 과학을 다룰 자격이 없다는 꾸지람을 달게 받아들여야만 하는 것일까."49)

위에서 저자는 자신더러 "과학을 다룰 자격이 없다는 꾸지람"을 운운하지만, 그러나 그는 사실을 정당하고 솔직하게 고백했기에 응당 과학을 할 학자로서의 자격을 갖고 있다. 그의 표현대로 "과학이 발전되면 될수록 종교적인 사유는 더욱 확고해진다"는 논증은 현대의 첨단과학에서 더욱 두드러진다. 하나의 세포를 현미경에 비춤으로써 세포의 신비를 다 풀었다는 오만함은 그 세포 속에 내재한 이루 말할 수 없이 많은 유전자의 발견으로 수치를 당하게 되었다. 그 지극히 미세한 유전자들이 각자 자신의 의지로 고유한 역할을 수행하고 있음을 감지한 과학자들은 과학의 한계뿐만 아니라 그 신비로움, 과학을 할수록 쌓이는 미스터리 앞에 오히려 종교적 세계를 들여다보게 되었다.

그렇다면 과학과 로고스로 응답할 수 없는 영역들, 신적이고 초자연적이며 초인간적인 것에 대한 설명이 필요한 경우에 인간은 철학과 종교며 신학과 신화에로 방향을 돌리지 않을 수 없다. 인간들이 지닌 천차만별의 다양한 경험의 세계, 독특성, 고유성, 초논리성, 초월성은 로고스만이 아닌, 즉 논리적 객관성을 초월하는 신화에 의해 가능하다. 일상세계의 속(俗)이 아닌 비일상적인 성스러움(聖)의 영역은 이미 신화의 세계에 속해 있다.50)

『나무꾼과 선녀』에 그려진 초지상적이고 초과학적인 사건도 마찬가지로 신화의 형태로 그 의미가 전달된 것이다. 그러기에 신화를 다짜고짜로 "원시적 사유의 패턴"으로 일축하는 것이 얼마나 경솔한 태도인가. **신화가 비과학적이라기보다는 비과학적인 것을 해명하고 이해하려는 몸부림에서 태동된 경우도 있음을 망각해서는 안 된다.**

신화의 세계에서 추구되는 진리의 모형은 보통 엄격한 학문에서 추구되는 그런 진리모형과는 다르다. 우리는 보통 진리를 사물의 실재존재를 올바르게 포착하는 데에서 목격한다고 한다. 또한 "존재하는 것을 존재한다고 하고, 존재하지 않는 것을 존재하지 않는다."(아리스토텔레스)고 할 때, 이를 진리라 하고, 이와 반대로 "존재하는 것을 존재하지 않는다고 하거나 존재하지 않는 것을 존재한다."고 하면 비진리라고 한다. 그러기에 이런 진리모형은 진술문장 안에 드러난 실재성을 올바르게 파악하는 데에서(사실 발견성) 주어진다.

그런데 또 다른 진리모형은 어떤 존재자의 존재가 드러나거나(개현되는 것), 어떤 사태의 본질적인 의미가 개현될 때 밝혀지는 진리모형이다. 이는 존재가 지니는 의미를 드러내는(개현하는) 진리모형인 것이다. 이를 철학사에서는 "존재의 진리"라고 규명한다. 철학자 하이데거는 줄곧 이러한 존재의 진리를 본래적인 진리개념이라고 했다. 그는 본래적인 진리개념을 "비은폐성(Unverborgenheit)"이라고 칭했는데, 이는 고대 그리스어의 진리개념인 알레테이아(A－letheia)를 그대로 독일어로 번역한 것이다.

존재의 의미가 은폐되지 않고 개현된 상태야말로 "존재의 진리"가 드러난 것이다. 신화의 진리야말로 바로 어떤 신화가 드러내고

자 하는 본질적인 것, 혹은 그 존재의미가 개현된 것이다. 바로 여기에 우리는 신화의 위대한 위상을 목격한다. 그리고 많은 신화들은 이런 신화의 진리를 품고 있다(여기서 '품고 있다'는 하이데거의 용어로는 "은닉한 채 갖고 있다"는 것이다.). 그러기에 신화의 해독은 바로 이런 존재의 진리와 관련이 있는 것이다.

야스퍼스(K. Jaspers)에게서 신화는 초월적인 현실을 해독하는 '암호'이고 윙크인 것이다. 그렇다면 신화는 초월적인 내용을 담고 있는 비밀스런 집인 것이다. 야스퍼스는 그의 『철학』의 제3권인 "형이상학"에서 신화를 '암호'로, 또다시 이 암호를 계시나 예술과 함께 인간이 청취하는 초월자의 언어로 본 것이다. 야스퍼스에 의하면 초월의 '암호'를 읽는다는 것은 절대자의 수수께끼 같은 말을 청취한다는 의미이다. 그것에 의해 인간은 신성에로 나아가고 승화된다. 그는 현상(Erscheinung)의 세계에 있으면서 이 세계를 꿰뚫고 은폐된 초월자와 교류하는 것이다.

언제부터인지 그 시발점도 확실치 않은 원시와 고대로부터의 전래신화는 그러나 어떤(고귀한) 정신적인 내용을 담기 위해 그러한 형태를 취했던 것으로 알려졌다. 또한 로고스로서 다 설명할 수 없는 경우에도, 과학과 합리로 말할 수 없는 것을 말해야 할 때에도 신화와 비유가 그 과제를 떠안은 것인데, 이러한 경우는 플라톤의 대화록에서도 엿볼 수 있다.

플라톤의 대화록엔 대체로 한 토막의 신화나 비유가 등장한다. 『소크라테스의 변명』에 나오는 하데스의 정의로운 법정이라든가, 『국가』에서의 "종말신화", 『파이드로스』에서의 "영혼마차", 『향연』에서의 디오티마의 얘기와 같은 것은 우리에게 잘 알려져 있다. 그의

'이데아론'도 형이상학적인 이론과 주장이 아닌 비유로 말해지고 있다.

이러한 신화와 비유를 통한 설명은 과학적이고 합리적인 도구인 이성이 한계가 있다는 것과 동시에 신화나 비유가 초합리적 로고스를 담고 있다는 것을 시사한다. 플라톤에게서 신화는 해체된 것이 아니라, 초합리적 로고스의 세례를 받고 거듭 태어난 것이다. 신화는 초합리적 로고스를 운반하는 수레의 역할을 수행하는 것이다.

따라서 최소한 실증과학적인 태도로만 일관된 선입견은 말할 것도 없이 후설이 지적하는 하나의 '통속적인 태도(natuerliche Einstellung)'로서 사태의 본질을 망가뜨리는 위험을 안고 있기에 '괄호 쳐져야(epoche)' 마땅하다. 그러기에 우리는 시작도 하기 전에 과학적 선입관의 눈초리로만 잣대를 재겠다는 태도를 가져서는 안 되고, 『나무꾼과 선녀』를 "소년소녀 동화집"의 시각으로만 본다거나 애송이들의 얘기 정도로 보는 선입관을 가져서는 안 된다.

2. 철학과 인생의 궁극적인 문제들

철학의 궁극적인 문제들은 무엇일까? 물론 우리는 단도직입적인 혹은 하나의 일목요연한 답을 설정하기란 여의치 않고 응답 또한 마찬가지다. 그것은 의미추구든, 존재이해든, 깨달음과 통찰이든, 신(神)인식이든, 구원과 영생이든, 유토피아의 건설이든……기타 등등 많은 답이 될 수 있기 때문이다.

그러나 철학의, 특히 형이상학과 존재론의 궁극적인 근본문제들 중에서 중요한 관건은 우리가 플라톤(이를테면 불멸하는 실재인 이데아의 실현이나 영혼불멸, 신을 닮는 일,[51] 죽음의 준비로서의 철학 등)이나 아리스토텔레스(그의 목적론적 세계관은 모든 존재자들의, 우주의 전체적인 과정이 순수질료에서 순수형상인 신에로의 운동이다.)며 칸트(이를테면 그의 "형이상학의 3대 과제"로서의 신, 자유, 불멸)를 비롯한 수많은 철학자들의 철학적인 근본테마들을 떠올려 봐도 알 수 있듯이 초월자와 절대자에 대한 통찰이며 이러한 신적 세계와의 관계일 것이며 또한 인간의 운명 – 그의 영혼불멸과 초월이며 영원과의 관계 등 – 에 관한 궁극적인 물음과 응답일 것이다.

이러한 문제와 응답에 대한 철학적 논의는 형이상학과 존재론 및 신학과 종교학에서 다루고 있다. 물론 이러한 테마들을 논리실증주의나 경험주의 및 "낡은 형이상학"으로 묶는 철학사조들을 고리타분하게 여기거나 혹은 단순하게 터부시해 버릴 수도 있겠으나, 그러나 이런 테마는 인간의 엄연한 실존적 문제이고 궁극적인 문제임에 틀림없다.

그런데, 이러한 테마들은 철학자들이 근원에 대한 문제나 '최초의 원리와 원인(arche)'에 대해 성찰할 때도, 또 괴리된 현실 가운데서 이론과 주장이며 개념논의를 하는 가운데서도 다루어지겠지만, 그러나 무엇보다도 우리의 삶과 직접적인 연관이 있는 데서 다루어지는 것이다. 실제적으로 피할 수 없는 삶의 고뇌와 죽음의 문제며, 질병과 죄의 문제, 자신의 의지와 능력으로는 해결되지 않는 문제, 불확실한 미래와 책임지기 어려운 자신의 운명 앞에서 저러한 테마들은 절박한 현실의 문제로 다가오는 것이다.

존재론과 형이상학의 주된 테마들은 이를테면 초월적인 것과 절대자, 자연적인 것과 초자연적인 것, 초인간적인 것과 신적인 것, 영원한 것과 불멸하는 것, 존재와 존재자의 근원 등과 같은 것들이다. 존재자가 아니면서 존재자를 존재자로 드러내는 존재도 그 자체가 이미 끊임없이 생동하는(그래서 신적인!) 속성을 갖고 있다. 존재자에 비하면 무(無)에 가까운 존재이지만, 그 어떤 형태로든 "존재하는 모든 것"이 이미 존재의 도움과 배려를 전제로 하고 있는 데에서 신적인 위상을 가지고 있음을 우리는 목격한다.

하이데거에 의하면 성스러운 것의 본질도 존재의 진리로부터 사유된다. "존재의 진리로부터 비로소 성스러운 것의 본질이 사유된다. 성스러운 것의 본질로부터 비로소 신성의 본질이 사유될 수 있다."52) 이미 파르메니데스로부터 '존재'는 신적인 위상을 가졌다. 존재의 진리는 여신 디케(Dike)로부터 부여되고 그녀의 입으로부터 말해졌다.

종교와 신학의 테마들도 위의 철학에서의 존재론이나 형이상학의 문제들과 깊은 연관이 있다. 철학은 '보편학(Universalwissenschaft)'이고 또 형이상학은 '제일철학'(아리스토텔레스)인지라 종교든 신화든 혹은 여타의 그 어떤 학문이든 관심의 대상이 된다.53) 그래서 '종교철학'이나 '종교현상학'과 같은 영역학문(Regionalwissenschaft)이 탄생되는 것도 지당한 일이다.

만약 우리가 앞서 밝힌 대로 철학의 (그리고 종교와 신학의) 궁극적인 문제들이 절대자와 신, 영원과 영혼불멸, 초월과 같은 것들이라면, 철학을 일컬어 신과 인간을 매개하고 하늘과 땅을 매개하

는 이리스(Iris)로 본 플라톤의 철학개념은 온당한 것으로 보인다.54)
두 가지의 의미에서 철학은 이리스이다.

첫째는 경이(Thaumas)의 딸이라는 것이다. 경이의 체험으로 말미암아 철학이 시작된다는 것은 플라톤과 아리스토텔레스의 철학에 잘 규명되어 있다. "경이보다 다른 철학의 시작은 없다."55)고 플라톤은 말하고, 아리스토텔레스도 이와 비슷하게 "사람들은 경이로 말미암아 시원적으로 철학하기를 시작했다."56)고 규명한다. 경이를 통해서 우리는 철학을 시작하지만, 또한 경이를 통해서 우리는 지극히 일상적인 것으로부터, 안목에 펼쳐지는 세계에 감금된 상태로부터, 지상적인 것과 생성소멸의 카테고리로부터 천상적인 것과 신적인 것에로, 초인간적이고 불멸하는 것에로 방향을 돌리게 되는 것이다.

둘째로 철학이 이리스인 것은 곧 철학이 이리스의 역할을 한다는 것이다. 이리스는 제우스와 헤라의 사신으로서 신적인 것을 인간들에게 전하고, 또 지상에서의 인간적인 것을 신에게 알린 것이다. 그래서 이리스는 하늘과 땅을, 신과 인간을 잇는 중매자의 역할을 한 것이다. 그래서 그녀는 한쪽의 뿌리를 하늘에 두고 다른 한쪽을 땅에다 둔 무지개로 상징되었다. 신적이고 초지상적이며 초인간적인 것과 인간적이고 지상적이며 자연적인 것을 중매하는 것은 철학인 것이다.

철학의 이러한 개념에 대한 해석은 플라톤의 대화록에서 자주 등장한다. 오늘날 '해석학(Hermeneutik)'이라고 일컫는 철학의 분야도 플라톤의 법률후편(Epinomis)에 나타난다. 물론 플라톤이 이러한 '해석학'을 오늘날과 같이 철학의 한 중요한 학문분야로 보지는 않았다. 해석학이란 신화의 숨은 의미에 대한 시인들과 철인들의 해석기술을 의미했던 것이다. 헤르메노이티케(hermeneutike)는 곧 신화의 암호와 신의 뜻을 물을 수 있고 또 이를 인간이 이해할 수 있는 말로 해석하고 밝혀내는 기술인 것이다.

그렇다면 우리의 『나무꾼과 선녀』는 위에서 논의되었던 철학적 테마와 무슨 관련이 있을까? 물론 이러한 테마와 비슷한 형태의 직접적인 논의나 이론은 없다. 그러나 거기에는 무엇보다도 이러한 철학적 테마가 추구하고 갈구하는 실례와 실천적인 지평이 개시되고 있다. 그것은 그러한 종교적이고 철학적인 논의나 이론에 대한 응답이 제시되고 있기 때문이다. 인간의 궁극적인 문제가 초월자와의 구체적인 관계와 교류를 통해 드러내 보임으로써 응답되고 있는 것이다.

그러기에 『나무꾼과 선녀』에는 이미 무언의, 그리고 은폐되지 않은 메시지가 있고 '형이상학적인 존재(ens metaphysicum)'인 인간의 그러한 형이상학적인 갈망에 대한 답변이 들어 있다. 즉 여기엔 '형이상학적인 존재'로서의 인간의 '요청(Postulat, 칸트)'에 대한 응답이 하나의 모델의 형태로 개시되어 있는 것이다. 하나의 모델의 형태로 개시되어 있다는 것은 우리가 앞에서 밝힌 **철학의 궁극적인 문제들이 어떤 형태로든 그리고 언젠가는 밝혀져야 하고 또 밝혀질 것이기 때문이다.**

우리의 『나무꾼과 선녀』에서는 천상과 지상을 한 무대로 하여 신적이고 인간적인 것을, 지상적이고 천상적인 것을, 초인간적이고 초자연적인 것을, 인간의 한계와 불가항력적인 것들을 허무는 사건과 역사를, 시간적이고 영원적인 것을 펼쳐 보이고 있으며, 이들

양자들이 매듭을 맺는 것을 생생한 동영상으로 보여 주고 있다. 여기에서 인간의 한계와 경계선은 허물어지고 그에게 틀 지어진 '한계상황'[57]이라는 불가능의 벽은 무너지고 만다. 여기에 거대한 '존재사건(Geschehen)'이 드러나고(phainesthai), 초인간적이고 천상적인 사건이 시간적인 지평 위에서 현존하게 된다(parousia). 곧, 천상과 지상이 한 뜰이고 인간과 초인간이 한 가족이 되는 것이다.

나무꾼과 선녀의 혼인은 신들끼리 벌이는 혼인잔치가 아니라, 즉 우라노스(Uranos)와 가이아(Gaia)의 혼인잔치가 아니라 **인간과 초인간적인 존재자와의 혼인잔치다.** 여기엔 인간과 신적 존재자와의 만남이, 즉 양측 간에 교류의 사건이 일어나고, 이는 **함께 거주하는 사건**과 더불어 한 살림을 이루는 역사로 이어진다. 이러한 사건은 도대체 무엇을 뜻하는 것일까? **나무꾼과 선녀가 "땅에서와 같이 하늘에서도" 한 가족, 한 살림, 한 누리를 이룬다는 것은 종교와 철학의 궁극적인 물음에 대한 하나의 응답인 것이다.**

그렇다면 도대체 나무꾼이 지상으로 되돌아오는 것은 무슨 의미를 내포하고 있는 것일까? 그것은 결코 미완의 그리고 불완전한 한 가족 내지는 한 살림을 말하는 것이 아니라, 어머니가 있고 고향이 있는 인간세상으로(자신의 의지로) 되돌아온 것이다. 물론 천상을 버린 것은 더더욱 아니다. 대지의 아들 나무꾼은 인간인지라 지상으로 돌아왔으나(그것도 자신의 선택에 의해서!) 그들의 자식은 천상에 남았다. 여기서 우리는 '철학의 종말'이 아니라 철학의 완성에 대한 한 모델을 본다.

만약 누군가 『나무꾼과 선녀』에서의 나무꾼처럼 그리고 이 신화를 전수한 사람처럼 신적이고 천상적인 것을, 초인간적이고 초자연적인 것을, 인간과 신적인 존재자가 만나고 관계하며 교류하는 것을 – 이러한 사건들이 일어날 수 있고 또 일어나야 하는 하나의 가능성과 당위의 모델로 여긴다면 – "그들과 같은 입장에서 꿰뚫어 보는 사람(συνοπτικός)"이라고 여긴다면, 혹은 『나무꾼과 선녀』의 신화 속에서 은폐된 로고스를 간파한다면, 그는 다름 아닌 남들이 못 보는 것을 보는 자이고 "함께 통찰하는 자(διαλεκτικός)"이며 플라톤적인 의미에서 철학자이다.

3. "나무꾼과 선녀"의 종교현상학적인 수용

"종교현상학(Religionsphaenomenologie)"이란 개념은 먼저 네덜란드 라이덴의 종교학자인 드 라 소세(De La Saussaye)가 처음(1887년) 사용한 것으로 알려져 있다.[58] 소세의 종교현상학은 종교적 현상의 주요한 관점을 실질적인 것 자체로부터 드러나는 것에다 두고 있는데, 그는 처음으로 종교현상학의 전체적인 윤곽을 공론화하고 또 종교현상학을 "인간의식의 종교적인 현사실성"에 관한 연구로 이해했다.[59] 그 이후 반 데어 레우(G. Van Der Leeuw)는 "종교현상학"을 후설과 야스퍼스며 셸러에 연결시키면서 "종교역사를 다루는 특별한 분야"로 규명하였다.

잘 알려졌듯이 셸러는 후설의 현상학적 방법을 인간학과 윤리학에 응용했지만, 그의 저서 『신이념의 현상학』(Phaenomenologie der Gottesidee)(1916)이나 『종교의 본질현상학』(Wesensphaenomenologie der Religion)(1921)이며 『인간에게서의 영원한 것에 대하여』(Vom Ewigen im Menschen)(1920)가 말해 주듯이 종교학적인 것에도 응용했다고 볼 수 있다. "종교현상학"은 이제 하나의 일반화된 영역학문으로 정형화되었고, 특히 엘리아데(M. Eliade)라든가 오토(Rudolf Otto)의 저술들은 종교현상학을 논의하는 데 있어서 거의 필수적으로 언급된다.

혹자는 『나무꾼과 선녀』의 텍스트를 어떻게 현상학적으로 접근할 수 있는지 의아해할 것이다. 현상학적이거나 현상학적이지 않은 것은 일차적으로 이를 파악하는 우리들에게 달려 있다. 물론 어떤 텍스트는 현상학에 관해 면밀히 다룬 것 - 이를테면 후설의 텍스트와 같이 - 이 있지만, 그토록 현상학을 테마로 쓰지 않은 텍스트도 현상학적으로 접근할 수 있는 것이다. 그것은 일차적으로 그런 텍스트에 접근하는 우리의 현상학적 태도에 달려 있기 때문이다. 물론 현상학을 테마로 하지 않은 텍스트의 경우도 그 내용이 현상학적인 것을 우리는 발견할 수 있다.

『나무꾼과 선녀』는 바로 이러한 요건을 갖추고 있는 것이다. 『나무꾼과 선녀』에서의 나무꾼이 특별히(최소한 이 텍스트 속에서는!) 행동하는 주체이고 경험하는 주체인 면에서, 즉 자신의 의식을 전과정에 투입하고 또한 자신의 사유와 행위에 책임을 떠안는 면에서 현상학적이라고 할 수 있다. 여기에서의 나무꾼은 "통속적 태도"와 세계관을 벗어나 전적으로 새로운 세계의 지평을 열어 가고 있다. 그는 자기에게 주어진 시공 가운데서 행동하고 경험하는 가운데에 자신의 노에마(noema: 의미부여행위인 노에시스에 의해 구성된 의미구성체)를 이루게 하는 상관자와 함께 새로운 의미지평을 여는 것이다.

그런데 어떤 주어진 사물이나 대상이 액면 그대로 '현상학적'이라고 하지 않는 것처럼, 이러한 텍스트의 경우도 마찬가지다. 텍스트가 살아 있는 의미지평으로 되기 위해서는 이 텍스트에 접근하는 당사자가 우선 현상학적이어야 하는 것이다. 더욱이 『나무꾼과 선녀』의 존재방식은 그 내용이 이미 어떤 특정한 내용을 형성하고 있기에 위에서의 사물이나 대상과는 차원을 달리한다. 전자는 어떤 문화적 퇴적물의 형태로 우리에게 "선소여성의 영역(Bereich der Vorgegebenheit)"[60]에 미리 주어져 있으면서 우리의 의식세계를 촉발하기 때문이다.

현상학적으로 접근하는 것은 일차적으로 우리의 몫이다. 『나무꾼과 선녀』에 주어진 주체들과 대상들이며 또 이들에 의해 일어난 사건들을 우리의 의식세계로 가져와서, 그 경위를 추적해 감으로써 우리와 우리가 만나는 텍스트는 현상학적으로 되는 것이다. 그 어떤 것이든, 그 어떤 사물이나 대상이며 인간적인 것과 비인간적인 것, 가시적인 것과 비가시적인 것이든 우리의 의식에 들어오고 주어지면, 이들은 현상학에 관한 작업을 할 수 있게 하는 '상관자'의 역할을 하는 것이다.

우리의 『나무꾼과 선녀』와 같은 신화가 현상학적으로 특별히 의미가 있는 것은, 감히 과학적으로는 수행할 수 없는 내용이 이를 파악하고 이해하는 주체에게 새로운 의미지평을 제공하기 때문이다. 『나무꾼과 선녀』가 펼치는 지평은 일상적인 태도로는 가까이하기 어려운(unzugaenglich), 낯선 것보다 더 낯선, '전적으로 다른' 세계[61]를 표명한다. 즉 이 지평은 우리의 일상적인 주변세계에 열려 있지 않고 가시적으로 직관되지 않는 특수한 세계를 형성하고 있으나, 우리의 의식세계에 들어옴으로써 새로운 의미지평을 여는 것이다.

물론 현상학에서의 '현상'의 개념은 어떤 "단순하게 주어진 것(das schlicht Gegebene)"도 아니고, 어떤 외부적 현상(Erscheinung)도 아니며,[62] 형이상학에서 자주 언급하는 "배후에 있는 것"의 흔적이나 징표가 가상적으로 나타난 것이라거나 본질적인 것의 그림자를 말하는 것도 아니다. 현상학에서의 '현상'은 "사태 그 자체(die Sachen selbst)" 내지는 이 사태의 본질이 주체의 의식 속에 드러난 것을 의미한다. 따라서 파악하고 이해하는 인간주체가 그의 의식속에서 현사실적으로 경험하지 못하는 것이라든가, 이러한 현사실적인 것과 괴리된 심리적인 것의 경우는 후설 현상학에서의 '현상'에 어울리지 않는다.

또한 이러한 주체의 의식세계에 드러난 현사실적인 것과 관련이 없는 것을 제삼자의 입장에서 논하고 설명하는 것도 원칙적으로는 여전히 추상적이고 형이상학적인 단계에서 벗어나 있지 않은 것이다. 후설 현상학에서의 '현상'에는 사태 그 자체가 주체의 의식 속에 본래의 모습으로 드러나 있어야 하고,[63] 또한 만약 '현사실성의 학문'과 차이를 드러내는 '본질학(Wesenswissenschaft)'으로서의 '선험현상학'일 경우에도 주체가 '형상적 환원(eidetische Reduktion)'을 수행해야 하므로 그의 의식은 사태들에 대해 책임을 떠맡아야 한다.

그런데 '현상'이 사태(Sache)의 순수본질 내지는 선험적 본질을 의미하는 한, 이 개념은 그것의 그리스적 동사형 phainesthai(스스로 드러내 보임: sich zeigen)와 phainomenon(스스로 드러내는 자 또는 스스로 드러내는 것: das Sichzeigende)으로 파악될 수 있다.[64] 물론 엄밀하게는 이러한 그리스적 어원들에 주체(혹은 '현존재'나 관찰자)의 '의식'이 첨가됨으로써 후설의 현상학적인 '현상'을 적합하게 나타낸다.

적어도 후설의 현상학을 따르는 "종교현상학"이라든지 또 어떤 다른 학문분야의 '－현상학'이라면 '현상'의 개념을 오용할 수 없으므로 후설은 이러한 개념 사용에 대해 경고를 한다. "선험적 태도의 고유성을 파악하지 않고, 또한 순수한 현상학적 토대를 실제로 자신의 것으로 하지 않고서는, 우리가 '현상학'이라는 말을 사용한다고 할지라도, 우리는 이 말에 적합한 사태를 갖지 못한다."[65]

현상학적인 작업의 시작은 절대적으로 무전제여야 하고, 어떠한 편견과 선입관도 허용되지 않으며, 심지어 어떠한 논리적 법칙이나 윤리적이며 미학적인 공리도 전제되지 않아야 한다.[66] 현상학적 태도는 종교적인 행위에도 어떤 편파적 선입견이나 편견 없이 무전제로 시작할 것을, 무엇보다도 주어진 것에서 출발할 것을, 그것을 수행하는 주체가 사유의 책임을 갖고 수행할 것을 요구한다. 그러기에 형이상학적인 태도에서와 같이 절대적 근거의 존재 혹은 비존재에 대한 이론이나 물음과 같은 것이 문제가 되지 않고, 주체의 절대적 존재에 대한 구성이 주요 관건이다.

이를테면 "신이 우리에게 현현한다."는 종교적 의식을 도외시하고 신적인 존재를 "초월적인 즉자존재"로서 찾으려는 형이상학적 태도에 대해 후설은 "모든 초월적 정립(……)에 그것을 배제하는 괄호를 쳐야 한다."[67]는 경고를 했던 것이다. 절대적 존재에 대한 주체의 구성엔 주체의 직접적인 참가와 수행하는 능력(Leistung)이 요구된다.[68] 물론 이러한 후설의 태도는 절대적 존재를 다짜고짜로 배제한다는 것은 결코 아니다. 말하자면 그것을 우선 유보하고서 의식과의 상관관계에서 드러난 사태 자체를 먼저 받아들여야 한다는 것이다.

그런데 만약 현상학을 엄격한 규범적인 학문으로 전제할 경우는 '현상학'의 개념이 오용될 위험이 다분히 있다. 물론 우리가 이 장(章)의 서두에서 밝혔듯 드라 소세도 "종교현상학"이란 개념을 썼고, 그 이후 또 다른 종교학자들도 이 개념을 사용했기에, 이 개념이 누구의 전매 특허권에 들어 있는 개념이 아니라는 것을 염두에 둘 필요가 있다. 그런데 종교학자들이 그토록 난무하게 현상학의 개념을 잘못 쓴다고는 할 수 없으며, 더욱이 철학적인 권위에 기대기 위해서 '현상학'의 개념을 쓴 것이 아님을 쉐플러는 밝히고 있다.

"종교연구가들이 후설에게(후에는 또한 헤겔에게도) 관심을 갖는 것은, 그들이 서투르게 철학적 권위에 관심을 가지려고 하기 때문이 아니라, 그들의 고유한 연구대상인 종교에 있어서 현상하는 과정(Phainesthai)과 현실적인 것이 그 속에서 스스로 제시되는 (Phaenomenon) 현상(Erscheinung)의 형태는 전적으로 사태(Sache)를 벗어난 것이 아니라, 사태 자체에 속한다는 사실을 확신하기 때문이다. 현상하는 사건과 현상의 형태는 성스러운 자에 있어서는 본질적인 것들이다."69)

종교현상학자들이 그들의 영역학문(Regionalwissenschaft) 내에서 특이하게도 후설의 현상학적인 모델을 따르는, 이를테면 "종교적 노에시스"와 "종교적 노에마"며70) "자연적 태도"를 벗어난 "종교적 태도"와 "성현의 체험"(특히 엘리아데에게서)과 같은 용어들은 형식상 후설의 현상학에서 멀리 벗어난 것은 결코 아니다. 그렇기

에 쉐플러는 종교현상학에 철학적 현상학의 방법이 덜 엄격하게 적용됨을 떠올린다.[71]

만약 우리가 이를테면 '본질직관'이란 후설의 개념을 종교현상학에 적용해 봐도 – 철학적 현상학의 경우보다 덜 엄격하지만 – 그 사유 가능성을 타진할 수 있다. 종교현상학에서 본질직관은 그리 단순한 문제가 아니다. 주변 환경에서는 경험하기 어렵기 때문이다. 더욱이 엘리아데에게서 여러 가지 종교적 징표나 흔적으로서 본질직관을 말해야 할 때 더욱 그렇다. 그것은 구체적이고 개별적인 것 혹은 외부적인 현상(Erscheinung)의 세계에 드러난 것을 통하여 그 보편적인 것을 파악해야 하기 때문이다.

그러나 『나무꾼과 선녀』에서의 나무꾼은 적어도 이러한 본질직관을 좀 더 용이하게 할 수 있다. 선녀를 보면서, 하늘에서 내려온 것을 보면서, 선녀와 만나고 교류하고 거주하는 가운데에서 그녀가 초인간적인 존재자임을 아는 것이다. 본질직관은 이를테면 우리에게 드러난 삼각형을 통하여 혹은 우리가 그린 삼각형을 통하여 이 삼각형의 내각의 합이 180도이고 완전한 삼각형임을 아는 것이다. 우리가 시장바닥에 쌓여 있는 모과를 볼 때, 이 모과들을 각각 파악하는 것보다는 이 모과라는 종(Species) 또는 보편자를 파악하는 것이다.[72]

그런데 후설이 자신의 현상학적 근본법칙을 "그것에 특이하게 의존하는 노에마적 계기가 없는 노에시스적 계기는 있을 수 없다."[73]고 할 경우 노에시스와 노에마의 상호 공속성(Zugehoerigkeit)이 분명하게 드러나며, 지향적 작용인 노에시스는 다름 아닌 노에시스 자신에 대립된 내용으로 향하는 작용으로서, 이 노에시스적 작용에 의한 노에마들(noemata)은 특이한 독립성을 가지면서 저 노에시스적 작용들과 상관관계를 갖는다. 쉐플러에 의하면 종교현상학의 과제는 "종교의 역사를 종교적 노에시스와 종교적 노에마의 관계로부터 이해하는 것"이다.[74]

더욱이 후설이 "영역적 현상학"이란 프로그램을 제시한 곳에서 특수하게 구조 지어진 노에시스적 작용형식과 이러한 작용에 본질적으로 속한 대상적 내용의 영역(Region)을 밝혀냄으로써, 이와 같은 "영역적 현상학"이 "원칙적으로 고유한 학문"을 구성할 수 있음을 시사한 것은 종교현상학의 학문분야로서의 가능성이 열려 있음을 시사한다.

엘리아데와 R. 오토의 종교현상학은 노에시스와 노에마의 이론에 근거해 자주 언급된다. 그런데 종교현상과 종교행위에도 이러한 노에시스와 노에마의 관계가 특수하게 성립되는 것이다. 노에시스는 이를테면 어떤 주어진 것 혹은 소여된 자료들이나 질료적인 층에 "혼을 넣어 주고(혹은 살아 움직이게 하는: beseelend)" 의미를 부여하는(sinngebend, sinnverleihend) 층이다. 따라서 이렇게 주어진 전자들에게 의미를 부여하여 대상적 통일을 이루는 대상구성의 기능이 노에시스며, 또 그렇게 주체에 의해 구성된 대상을 노에마라고 한다.[75] 여기서 '구성(Konstitution)'이란 곧 노에시스의 작용이 주어진 자료와 질료에 의미를 부여하고 혼을 불어넣어 노에마를 형성하는 과정을 말한다.

그런데 우리의 나무꾼은 어떤 종교적인 징표나 흔적의 경험에 의한, 그리고 거기로부터 성립된 노에시스와 노에마에 의한 종교현상학이라기보다는, 초인간적인 존재자와 직접적인 만남과 교류, 접촉을 하고 있다. 또한 구체적인 사건의 경험에 의한 것이기에, 이 과정에서 현상학적인 근본원리들이 당사자인 나무꾼에게 다 일어나는 것이다. 더욱이 노에시스와 노에마의 성립에 대한 어려움은 (징표나 흔적이며 기도나 소원에 의한 것이 아니기에) 그에게 일어나지 않는다. 그뿐인가. 그는 현상학적 인식론의 카테고리에서 벗어나 선녀와의 결혼과 거주를 통해 지상적이고 초지상적인 체험의 지평에서 존재하고 있다.

그러면 『나무꾼과 선녀』에서 현상학적인 면을 고찰해 보자. 우선 나무꾼이 행위와 경험의 주체로서 현사실적인 사건의 당사자인 것에서 우리는 그가 현상학적인 기본원리를 충족시키고 있음을 알 수 있다. 그는 생생한 의식으로 현장에 투입되어 체험하고 만나며 교류하고 있다. 현상학에서의 "선험적 지반"76)은 나무꾼이 낯설고 비일상적인 경험을 하는 과정에서 '시원적인(anfaenglich)' "의식의 열림(Erschliesschung des Bewusstsein)"을 체험하는 데서 드러난다. 행위와 경험의 주체인 그는 아무런 전제나 선입관도 없이(처음 접하는 사건이므로!), 또 어떤 이론적인 것의 간섭도 없이, 생생한 자 의식으로 낯설고 새로운 사건의 현장에 나선다.

우리는 먼저 현상학적인 태도를 갖고 『나무꾼과 선녀』의 세계로 들어가며 또한 그 속에서 현상학적인 세계관을 찾아내야 한다. 철저한 의식화를 통해 『나무꾼과 선녀』의 세계에 들어 있는 의도 - 숨겨져 있어 잘 보이지 않는 - 를 찾아내는 것은 현상학의 과제이다. 현상학적인 태도로 이 과정을 추적하는 우리에게도 모종의 진리를 찾기 위한 노력이 깔려 있어야 한다. 환상이나 수식을 배제하고 "사태 그 자체"의 형편에 접근하여 그 사태의 객관성과 존재의미를 밝히는 것이다.

물론 밝혀진 객관성은 이론적이거나 도그마적인 형태로 굳어져서는 안 된다. 지향성의 가치론적인 의미는 이토록 찾아진 객관성의 존재에 있지 않고 지향하는 의식의 독특한 태도에 달려 있기 때문이다. 즉 말하자면 현상학의 본래적 의미는 객관적인 것이나 사물을 주물러 생기는 '앎'에 있지 않고, 이론적이지 않은(생생하게 살아 있는) 지향성, 곧 앎으로 환원하기 이전의 지향성에 있기 때문이다.

『나무꾼과 선녀』에서의 나무꾼은 비일상적이고 기이한 사건이 일어나는 무대에서 아역이 아닌 주인공으로서 그리고 경험의 주체로서 분명한 의식을 갖고 자기의 행위와 사유에 대해 책임을 갖는 당사자이다. 따라서 이러한 행위의 주체와 경험의 주체는 "현상학적인 태도"를 갖지 않을 수 없다. 그에게 초인간적이고 초지상적인 사건이 "원본적으로" 드러난 것이다. 매 순간마다 그리고 매 상황마다 그의 의식세계는 비일상적인 사건에 대해 섬세해질 수밖에 없으며, 또 그에 상응하게 생생한 체험의 세계를 맞게 된다.

이를테면 사슴의 생명이 걸린 사건에서 이렇게 혹은 저렇게 처신해야 하는 상황에서의 그의 의식과 체험이며, 목욕하는 선녀를 바라보는 사건에서의 그의 의식과 체험, 선녀의 옷을 숨겨야 하는 상황에서, 선녀에게 자기 어머니의 옷을 입히는 상황에서, 지상적이고 인간적인 삶으로 초대하는 과정에서, 선녀에게 그녀의 숨겨 놓은 천상적인 옷을 돌려줄 때에, 하늘로 오르는 선녀와 자식들을 바라볼 때에, 두레박에 물을 버리고 자신이 들어갈 때에 등등 모든 과정이 섬세하고 낯설며 날카로운 의식과 체험의 세계로 연결되어 있다. 특히 하늘로 사라져 간 가족에 대한 생각이나, 또 나중에 천상에서 지상의 어머니를 떠올리는 과정이며, 천마에서 내려 더 이상 천상으로 나아가지 못하는 상황에서 이제 가족을 떠올리는 그의 의식세계로부터 우리는 의식의 지향적인 성격이며 노에시스와 노에마적 세계, 나아가 그의 현상학적 체험을 분명하게 간파할 수 있다.

『나무꾼과 선녀』에서의 선녀는 초인간적인 타자이지만, 나무꾼과 함께 "세계구성에 함께 동참하는 자(Mittraeger der Weltkonstitution)"[77]로서 나무꾼과 함께 "전적으로 다른", 지상적이면서도 천상적인, 인간적이고 신적인 지평을 열고서 전혀 새롭고 의미 있는 세계를 건축하는 데에 동참하고 있다. 『나무꾼과 선녀』는 이들 당사자들의 상호 주관적이고 상호 문화적인 교류를 통하여 지극히 일상적이고 세상적인(mundan) 태도와는 전혀 다른, 전적으로 낯선, 지상적이면서도 초지상적인, 자연적이면서도 초자연적인, 인간적이고도 초인간적인, 세계적이면서도 이 세계와는 다른 새로운 세계의 지평을 열고 있다.

나무꾼에게 드러난 현상학적 사건은 다른 종교현상학에서 보기 드문 독특한 체험의 사건이다. 그것은 나무꾼이 일방적으로 초월자에게로 향하거나 표상하며 기원하는 차원에 머물러 있는 것이 아니라, 대등한 차원에서 관계현상학을 이루어 간다는 것이다. 그것은 또한 엘리아데에게서 볼 수 있는 징표와 흔적에 의한 '성현(Hierophanie)'이 아니라, **생생하게 만나고 경험한 '신현(Theophanie)'**이다.

4. 종교적 인간, 그리고 인간과 초인간의 결혼

만약 어떤 인간이 "신화적 패턴"이 아니라 로고스적 패턴만 갖고 산다고 해도 그는 신화적이고 종교적인 세계와 단절하여 살 수 없을 것이다. 그것은 로고스적 패턴 속에서도 인간의 궁극적인 물음이 존재하지 않을 수 없기 때문이다. 로고스적 패턴 속에서도 인간은 갈등과 수수께끼로 말미암아 당혹하게 되는 곤혹을 해결하지 않고서는 살기가 어려운 것이다.

이를테면 "왜 나를 포함한 존재자들이 자발적으로 존재할 수 있는 능력이 없음에도 불구하고 존재하게 되었을까?" 하는 물음과, "이 존재자들이 왜 지상에서 사라지며, 또 사라져서는 어떻게 된다는 것인가?"와 같은 물음이다. 이런 물음들은 멀쩡하게도 로고스적 패턴 속에서도 물어지는 물음이다. 만약 이런 물음조차 묻지 않고 로고스적 사유패턴만을 고집하는 자는 인생을 불성실하게 살 뿐만 아니라 진지하게 살지 않는 소치라고 할 수밖에 없다.

물론 이런 물음에 대한 답변은 이미 형이상학적인 요소를 담고 있기에 로고스적 패턴만으로는 원만하게 주어질 수 없다. 피상적이고 단순한 논리적 경험만으로는 접근 불가능한 형이상학적인 영역이 계시되어 있기 때문이다. "형이상학적인 회화"라고 할 수 있는 신화나 상징으로 대답하는 것은 말할 것도 없이 원만하거나 완벽한 답변이라기보다는 하나의(경우에 따라 그럴 수도 있는) 시도인 것이다.

그러나 신화와 종교로 응한 답변이 전혀 황당하거나 무가치한 것은 결코 아니다. 그것은 그 답변 속에도, 형이상학적이거나 신화적이고 종교적인 사유의 패턴 속에도 눈에 보이지는 않으나 미묘한 로고스가 잠입해 있기 때문이다. 그러기에 신화적이고 종교적인 것은 로고스적인 것과 단순한 반대현상이 아니라, 경우에 따라서는 그 깊은 심층에서 공동의 지평을 형성할 수도 있는 것이다.

인간에게서의 종교는 예술행위나 질서생활, 문화와 윤리적 생활의 추구와 마찬가지로 인간의 삶 속에 본질적으로 포함되어 있기에 - 원시적 형태의 종교이든 '고등종교'이든 - 하나의 보편적 현상이라고 할 수 있다. 특히 종교는 - 엘리아데(M. Eliade)의 많은 저작들에서 자명하게 드러나듯 - 어쩌면 인간의 가장 오래된, 가장 강력한, 가장 절실한 갈망의 형태로 볼 수 있을 것이다.

인간에게 궁극적이고 절대적인 의미를 부여하며 경우에 따라서는 삶의 과정에 에너지를 제공하는 종교의 특징은 한편으로 이토록 인간의 지상적이고 일상적인 삶에 깊이 관여하면서도 다른 한편으로 지상적이고 일상적인 것을 초월한다는 것이다. 그러나 그럼에도 불구하고 이 두 지평을 관통하는 종교의 공통되는 특징은 속된 차원이 아니라 성스러운 차원에 있다는 것이다. 종교적 경험이 담고 있는 초(비)과학적인 신비라든가 종교적 사유가 추구하는 초월적 실재나 궁극적인 것, 영원한 것 등은 현실적인 시간과 공간의 범주를 간과하는 비일상성의 차원에서만 그 실재성을 갖는다.

종교적인 것의 특징은 그러기에 일상성이 한계에 봉착하면서 비일상성의 위력이 저 일상성을 지배하는 경우이며, 속(俗)의 차원이 초극되어 성의 차원에 이르거나 거꾸로 성의 차원이 속(俗)의 영역을 침투해 들어가 이 속(俗)의 영역을 변화시키고 지배하는 것이다.

그러나 인간은 주지하다시피 지상에서 살아가는 한 성(聖)과 속(俗) 중에서 어느 한쪽에만 치우쳐 살아갈 수는 없다. 어떤 형태로든 인간은 구조적으로 완전히 속(俗)을 벗어나 살 수 없다는 것이다.

바로 여기에 신과 인간의 절대적인 차이 – 즉 S. 키르케고르에게서 신은 인간에 비해 비교가 될 수 없는 "전적인 타자(totaliter aliter)" – 가 드러난다. 이런 맥락에서 **인간은 일상성과 비일상성 내지는 성(聖)과 속(俗)의 변증법적 운동 가운데에서 살아가는 이왕국적 존재라고 할 수 있다.** 그렇다면 종교적인 존재로서의 인간에 바람직한 삶은 그가 속(俗)에서 살지만 성(聖)을 원형으로 하고 이 성(聖)을 본래적이고 궁극적인 것으로 하여 살아가는 것이다.

엘리아데는 인간의 본질규명을 "인간은 종교적 존재이다(Homo religiosus)."로 본다.[78] 이 규명은 인간이 근원적으로 종교적이라는 것이고 종교가 곧 인류의 삶 속에 있는 보편적인 현상임을 천명하는 것이다. 여기서 '종교'라는 말은 물론 지상에 이미 틀 지어진 제도권 내에서의 종교를 말하는 것이 아니다.

엘리아데의 "호모 렐리기오수스"에서 '종교'는 결코 어떤 특정한 종교의 '독특한 것(sui generis)'이라거나 교의(Dogma) 내지는 자기 주장이나 절대성이 아닐 뿐만 아니라, 어떤 특정한 종교만의 색채를 드러내거나 그러한 종교가 정치화되고 문화화된 것이 아니다. 배타성으로 일관된 그런 종교는 다른 종교를 "거짓된 종교"라거나 심지어 "사이비 종교"로 몰아붙이기도 하며 심지어 종교전쟁을 일으키지도 않던가.

엘리아데의 종교 개념은 위에서 언급한 기존의 종교 개념들보다 훨씬 더 근원적인 물음이다. 그에 의하면 인간은 어떤 형태로든 초자연적인 것과 초인간적인 것, 신적인 것과 영원한 것과의 접속을 통해 삶을 영위하고, 만약 이러한 초월자와 연관을 맺지 않으면 살 수 없다. 그의 '종교적 인간'은 거룩한 세계 속에서만 진정한 실존을 가질 수 있고 또 이와 같은 세계에서만 살 수 있다.

이런 종교적 필요성은 '종교적 인간'의 '존재론적 갈망'을 드러내고 있다. "신들과의 교섭이 가능성을 얻는 곳에", "신들에게 가장 가까이 다가가는 곳에 발을 디디고 서려는 것"이 곧 "종교적 인간의 의지"이다. 한마디로 "종교적 인간의 심원한 향수는 '신적인 세계'에서 거주하려는 것"이다.[79] 이처럼 '종교적 인간'은 되도록 신들과의 교섭이 가능한 곳에 살기를 원하며 신들과 가까이에서 살기를 원한다. 그는 "태초의 완전성에 대한 향수"를 갖고 있으며 근원을 향한 향수를 갖고 있다.[80] 신화 속에서조차 그러한 향수를 드러낸 공간이 드러난다. 이를테면 단군신화에서 신시(神市)는 그러한 곳이고 또 신단수는 '세계수'로서 초인간과의 교류와 교섭이 가능한 통로이다.

"종교적 인간"이 갖는 이러한 향수는 말하자면 궁극적인 것(실재)에 대한 경험을 강력하게 열망하기 때문이다. 틸리히(P. Tillich)의 실존철학에서도 인간의 실존구조 안에 궁극적인 것에 대한 강력한 욕구가 들어 있음을 천명하는데, 이런 욕구야말로 인간의 삶을 추진하게 하는 원동력이라 할 수 있고 또 종교경험의 기초가 된다고 볼 수 있다. 궁극적인 것이며 "전적인 타자(totaliter aliter)"와 연루된 인간의 종교적 경험은 어쩌면 인간이 지상에서 경험할 수 있는 여러 경험들 중에서 가장 강렬한 것이라고 볼 수 있다. 인간에게 일상적인 것과 순간적인 것들은 지금 당장 눈앞에서는 전체적인 것으로 보일 수도 있겠지만, 그러나 이들은 인간에게 결코 궁극적인 의미를 제공하지 못한다. 인간은 실로 "빵만으로는 살 수 없다."

그런데 빵만이 전부라고, 혹은 일상적이고 순간적인 것이 전부라고 우기면서 근원적이고 본질적인 종교적 존재로서의 인간을 거부하고 의도적으로 비종교적이기를 택하는 이들도 물론 있다. 비종교적 인간은 초월과 초월자마저 거절하고 그에 대한 어떠한 향수도 갖고 있지 않다. 그에게는 현존이 전부이며 또 자신이 자기 역사의 주체일 따름이다. 그는 초월에 대한 존재론적 갈망을 갖지 않으며, 초월에 대한 그 어떤 호소도 하지 않는다. 그기에 비종교적 존재의 특성은 탈신성화와 비성화(非聖化)를 오히려 자기의 성취로 여기며, 성스러움은 자신이 누리는 자유와 알레르기를 일으키는 장애물로 여긴다.

그러나 이토록 비종교적인 인간의 태도가 분명하게 드러남에도 불구하고 ― 그것은 피상적으로 그렇게 보일 따름이고 실상은 은폐된 형태로 나름의 종교적인 삶을 살아가고 있을 것이다. ― 인간은 결국 종교적일 수밖에 없다.

종교적 존재가 인간의 근원적인 모습이라면, 그리고 그가 궁극적인 것에 대한 물음을 묻는 한, 또한 모든 현존하는 존재자들이 자발적으로 존재할 수 있는 능력이 없음에도 불구하고 존재하는 이유와 또 이 존재자들이 언젠가 더 이상 현존하지 않게 되는 것에 대한 물음을 묻는 경우에(시간의 흐름에 떠밀려 현세의 지평에서 사라지게 되는 경우에, 필경 그는 그렇게 물을 수밖에 없기에), 나아가 수많은 타자들의 죽음들과 자신의 죽음이며 이 죽음의 배후에 대한 물음을 갖는 한 등등 그는 초월의 통로를 통해 종교의 영역에 당도하게 되는 것이다.

궁극적인 것에 대한 향수와 열망은 어쩌면 인간이 열망하고 욕구하는 것의 총체에 가까울 것이다. 이러한 향수와 열망은 그러기에 마치 모든 인류에게 공동으로 들어 있는 유전자처럼 원시에서부터 지금까지, 또 앞으로도 계속 살아서 활동하는 유전자와도 유사할 것이다.

그런데 엘리아데의 "호모 렐리기오수스"와 틸리히가 지적한 인간의 실존구조 속에 들어 있는 궁극적인 것(실재)에 대한 강력한 향수와 열망이며 욕구는 – 이것이 인간이 열망하고 욕구하는 것의 총체에 가깝고 또 이것이 인간의 삶을 추진하게 하는 원동력이라 할 수 있는 경우에 – 도대체 우리의 『나무꾼과 선녀』와는 무슨 관계가 있는가? 말할 것도 없이 후자는 전자들과 아주 유기적이고 유효적절한 관계를 갖고 있다.

전자에게서 우리는 인간이 궁극적인 것과 신적인 것, 초월자, 영원한 것과의 접속을 갈망하고 이들을 향한 강력한 향수를 통해 삶을 영위할 수 있음을 간파하였다. 특히 엘리아데에게서 '종교적 인간'의 '존재론적 갈망'과 심원한 향수는 초월자와의 교섭이 가능성을 얻는 곳에, 신들에게 가장 가까이 다가가 발을 디디고 설 수 있는 곳에, 나아가 '신적인 세계'에서 거주하려는 것이다.[81] 『나무꾼과 선녀』는 "종교적 인간"이 갖는 모든 향수와 열망이며 욕구에 응답하고 있는 것이다.

즉 『나무꾼과 선녀』는 "종교적 인간"에게 향수와 열망과 욕구의 상태에만 머물러 있게 하지 않고 그 향수와 열망과 욕구의 결과가 어떤지를 보여 주고 있는 것이다. '나무꾼'은 "존재론적 갈망"을 해결하고 초월자와 교류하며 초월자와 함께 가족을 이루고 시간의 경계선을 넘어 영원의 뜰에 거주하는 모범을 보이고 있다. '나무꾼'은 지상적인 시공의 한계와 사멸성에 유폐되지 않고 열려진 코스모스 속에서 궁극적인 의미를 호흡하는 그러한 존재로 거듭난다 (그것도 죽지 않은 상태로!).

5. 제우스의 엽기행각 – 인간과 초인간의 관계

『나무꾼과 선녀』에서의 나무꾼과 선녀는 인간과 초인간과의 만남이다. 양측은 지상적이고 초지상적인 사건의 당사자들이고 또 인간의 궁극적인 물음들에 메시지를 전하고 있다. 양측이 만나고 관계를 맺으며 교류하고 결혼하여 가정을 갖고 거주하는 이 특이한 경우를 그리스 신화에서 파악해 보기로 하자.

"나무꾼과 선녀"에서 인간과 초인간이 서로 만나고 교류하며, 나아가 한 가족을 일구고 한 누리를 형성하는 것은 고대 그리스의 세계관과는 여러 측면에서 다르다. 고대 그리스의 신화에서 인간은 그야말로 "죽어야 할 자"이다. 아폴론 신탁의 입구에 기록된 "네 자신을 알라."는 곧 인간이 신들과 구분되어 죽어야 하는 자를 말하고 있다. "나무꾼과 선녀"와는 다르게 고대 그리스의 신화는 인간과 초인간과의 만남에서 일어나는 엄청난 불행과 고통을 말해 주고 있다.

물론 신적인 존재자와 인간이 만나는 사건은(그 관계가 흉측한 것도 만남이라고 한다면) 그리스·로마의 신화[82])에도 등장한다. 남신과 인간 여자 사이의 혹은 여신과 인간 남자와의 사이에 만남의 사건이 일어나지만, 그러나 이러한 만남은 대부분 신적인 권위를 가진 쪽이 늘 일방적이어서 인간 쪽에서는 저주받고 농락당하며 벌을 받는 것으로 가득 차 있다. 그래서 진정한 의미에서 "나무꾼과 선녀"에서와 같은 관계현상학을 이룰 수 있다고 말하기는 어렵다. 억지로 규명을 하자면 그것은 험상궂은 관계현상학의 카테고리에 속한다고 할 수 있겠다.

1 제우스와 여인들

　제우스의 애정행각은 상상을 초월할 정도로 어처구니가 없다. 그는 자신의 신적인 권능을 대동해 오입쟁이 행세를 하고 강간과 강탈을 일삼는다. 그에게 아내 헤라가 있지만, 그러나 그는 바람기가 워낙 심하여 아름다운 여인을 보기만 하면 온갖 권모술수를 동원하여 뺏는다. 이런 애정행각에 대하여 그의 아내 헤라는 대단한 바가지를 긁고 또 제우스의 애인에게 가혹한 형벌과 질투를 쏟아붓는다. 다음은 바람둥이 제우스가 '원조교제'보다 훨씬 더 흉측하게 인간 여인을 겁탈하고 강간한 사건을 나열한 것이다.

② 칼리스토 겁탈

제우스는 어느 날 땅을 내려다보다가 아름다운 처녀요정이자 아르테미스의 시녀인 칼리스토가 숲 속에서 잠자고 있는 것을 발견했다. 이 처녀를 보자마자 바람기가 발동한 제우스는 묘한 꾀를 지어낸다. 그는 자신의 모습을 아르테미스로 변신시킨다. 그리고는 칼리스토의 곁으로 가서 흔들어 깨운다. 그러자 칼리스토는 "어쩐일이세요, 주인님? 주인님은 오늘 제우스보다 더 훌륭해 보이는군요." 제우스는 속으로 빙그레 웃고 칼리스토를 끌어안으며 욕정을 채운다. 칼리스토는 임신하게 되었고, 이것이 아르테미스에게 발각되자 추방되고 만다. 그뿐인가. 제우스의 아내 헤라는 칼리스토의 머리카락을 휘어잡아 땅바닥에 내동댕이치고 말았다. 칼리스토는 두 손을 들어 헤라에게 빌었지만 이미 소용이 없었다. 그녀는 헤라의 저주로 한 마리의 곰으로 변하고 만다.

③ 인간 여인 오이로파 겁탈

오이로파는 미녀로 소문난 페니키아의 공주였다. 그녀는 화창한 봄날에 시녀들과 함께 바닷가에서 놀았다. 꽃도 따고 춤도 추며 놀다가 나중엔 옷을 벗고 물에 뛰어들어 물장구를 치며 놀았다. 올림포스에서 이 황홀한 광경을 본 제우스는 넋을 잃을 정도였다. 더욱이 장난꾼 에로스(큐피드)가 사랑의 화살을 제우스의 가슴에 쏜 것이다. 신들의 왕인들 이 사랑의 불장난을 끌 수 없었던 모양이다.

제우스는 음흉한 작당을 꾸미고 당장 일어나 오이로파가 놀고 있는 바닷가로 내려갔다. 제우스는 자신을 한 마리의 얌전한 소로 변신시켜 어슬렁거렸다. 처녀들은 처음에 겁을 먹었으나 퍽 순진한 소임을 알게 되어 풀을 뜯어다 입에 대 주기도 하고 꽃을 꺾어다 머리에 장식해 주기도 했다. 제우스는 속으로 기뻐 처녀들의 손에 입을 맞추었다. 활달한 오이로파는 소의 등에 타서 환호했다. 소는 그러나 빙글빙글 돌다가 갑자기 바다를 건너 크레타로 도망쳐 갔다. 오이로파가 울면서 "살려 달라"고 애원을 했지만, 이미 때는 늦었다.

④ 이오 겁탈

이오는 아르고스에 있는 헤라 신전의 여사제로서 대단한 미모를 갖춘 처녀였다. 그녀는 어느 날 목욕을 하고 있었는데 제우스가 이 모습을 보고 넋 나간 듯 중얼거렸다. "오오, 예쁜 여인이로구나! 저렇게 옷을 벗고 목욕을 하고 있는데 들짐승들이 습격이라도 하면 어쩌지!" 제우스는 이오를 보호해 준다는 것을 빙자하여 가까이로 갔다. 이오는 그러나 재빨리 눈치를 채고 도망가기 시작했다. 그러나 제우스가 이를 어찌 놓치겠는가. 그는 검은 구름을 몰고 와서 이오를 둘러싸게 하고는 품 안에 끌어넣었다. 헤라는 그때 남편 제우스가 없는 것을 알고는 땅을 내려다보았다. 햇빛이 쨍쨍 내리는 날에 어느 한곳에 구름이 뭉쳐 있는 것을 보고서 헤라는 남편 제우스가 통상적 방법으로 바람을 피우는 줄 알고 급히 그쪽으로 내려

갔다. 제우스는 재빨리 이오를 암소로 변신시켜 버리고 자신은 아무 일도 없었던 것처럼 시치미를 뚝 떼었다.

⑤ 세멜레 불에 타 죽다

제우스는 테베의 왕녀 세멜레에게 반하여 온갖 감언이설로 유혹하여 아기를 갖게 했다. 그는 그녀의 소원을 하나 들어준다고 약속했는데, 아주 난처한 소원이었다. "당신은 하늘의 왕으로서 번개를 다스린다고 들었습니다. 저를 진실로 사랑하신다면 당신의 그 장엄한 본래의 모습을 보여 주세요." 어떤 인간이든 제우스의 본래의 모습을 본다면 죽어 버리기에, 제우스는 놀란 눈초리로 그녀를 보았다. 그러나 이런 소원은 이미 사전에 헤라가 세멜레를 제거하기 위한 작당이었다. 그러나 제우스는 약속을 지키기로 맹세했으므로 하늘로 돌아가 본래의 모습을 하고는 다시 세멜레에게 나타났다. 제우스의 광채로 말미암아 세멜레는 타 죽고 말았다. 그러나 이미 세멜레는 임신한 상태였는데, 이를 안 제우스는 몰래 세멜레의 배 속에서 아이를 꺼내었다. 디오니소스의 탄생이다.

⑥ 티린스 왕의 딸 다나에 강간

아르고스 근처엔 티린스라는 작은 도시가 있었다. 티린스의 왕에겐 무남독녀인 딸 다나에가 있었지만, 자신의 대를 이을 왕자를 갖고 싶어 아폴론의 신전에서 신탁을 청했다. 그러자 신탁은 티린스의 딸 다나에에게서 아들이 하나 생겨, 이 아들의 손에서 곧 티린스 왕이 살해될 운명이라는 것을 알려 주었다. 왕은 결코 이 딸아이를 결혼시키지 않기로 결심하고 무쇠로 만든 탑 속에 가두어 버렸다. 제우스는 황금비로 변신하여 창틈으로 스며들어 가서는 다나에로 하여금 임신하게 했다. 달이 차서 아이를 낳자 왕은 노발대발하여 딸과 손자를 상자에 넣어 바다에 버렸다. 바다에 표류한 이 상자는 나중에 어느 농부에 의해 구출되는데, 이 아이가 페르세우스이다.

티린스 왕은 자신만 살겠다고 딸을 감금시키고 나중엔 손자와 함께 버렸지만, 많은 세월이 지난 후 손자가 던진 – 물론 의도적으로가 아니라 부지불식간에 – 원반을 맞고 죽었다. 그런데 티린스의 왕이 이토록 가혹한 운명을 갖게 된 원인은 그의 형제와 골육상잔을 벌였기 때문이었다.

⑦ 알크메네 납치

페르세우스의 아들 알렉트리온에게는 알크메네라는 딸이 있었는데, 아프로디테와 견줄 정도로 예쁜 처녀로 소문났었다. 알렉트리온은 딸을 조카 안피트리온에게 시집보내기로 했다. 그러나 안피트리온이 테베에서 도둑들을 소탕하고 돌아오면 결혼하기로 했으나, 제우스가 중간에서 가로챈 것이다. 제우스는 올림포스에서 계략을 세워 안피트리온의 모습으로 변장하여 알크메네 앞에 나타났던 것이다. 알크메네는 그 다음 날 아침에야 속은 줄 알았으나, 때는 이미 늦었고 그녀는 임신했었다. 이 아이가 헤라클레스다.

나중에 제우스가 천상에서 신들과 넥타를 마시다가 우연히 말했는데, 알크메네의 아들이 아르고스의 왕이 되리라는 것이었다. 질투가 불같은 헤라가 펄쩍 뛰면서 자신이 지키는 나라를 맘대로 못할 것이라며 맞선다. 헤라는 나중에 저 아이 헤라클레스를 죽이려고 큰 뱀 두 마리를 헤라클레스의 요람에다 갖다 놓는데, 헤라클레스는 그러나 이 뱀들의 목을 조여 죽인다.

8 에피메테우스와 판도라

프로메테우스의 동생 에피메테우스와 판도라와의 결혼은 제우스의 계략에 의해서 이루어졌다. 그 계략은 인간을 멸망시키려는 것이었다. 이런 계략을 고려하면 제우스는 인간에게 가혹하다. 원래 제우스의 가문은 잘 알려졌듯 가혹하다. 크로노스는 아버지 우라노스를, 그리고 제우스는 그의 아버지 크로노스를 대상으로 전쟁을 일으키거나 몰락시킨다. 제우스는 10년간이나 전쟁을 벌여 자기의 아버지와 아버지 시대의 거인족들을 몰아낸다. 제우스는 그들 중 일부를 땅속의 깊고 깊은 지옥인 타르타로스에 가두고, 또 다른 일부에겐 가혹한 형벌을 가했다. 아틀라스가 천구를 어깨로 떠받치는 것도 이때 가해진 벌이다.

제우스는 자기의 권위가 손상된 것으로 여겨지면 가차 없이 인간을 저주했다.[83] 아예 인간을 사랑하기는커녕 거리를 두고 벌하기를 좋아했다. 제우스는 스스로 은의 시대를 멸망시키고 청동의 시대를 열었는데, 이 청동시대의 인류는 용감하기는 했지만 지극히 잔인하고 난폭하여 청동으로 무기를 만들어서는 날마다 싸움판을 벌였다. 그래서 제우스는 대홍수를 일으켜 대다수의 사람들을 몰살시켰다.

프로메테우스를 저주한 것을 보면 한심하기 짝이 없다. 프로메테우스는 생산의 신, 발명의 신, 봉사의 신으로서 무엇보다도 인간을 사랑했다. 인류를 위해서 신의 나라에서 불을 갖다 주었고, 쓸모 있는 연장과 기술이며 지식을 전해 주었다. 그러나 그는 바로 이 일 때문에 제우스의 노여움을 사서 코카수스 산정에 쇠사슬에 묶인 채 독수리에게 간을 쪼이게 되는 형벌을 받았다. 제우스는 말할 수 없을 정도로 냉정하고 인간에 적대적이다. 갖은 형벌과 재앙으로 통치하며 때론 도둑질과 강간을 태연스럽게 저질렀다.

그런데 제우스는 프로메테우스를 벌하는 것으로 만족하지 않았다. 그는 인간에게도 벌하기를 결심하고 기가 막히는 아이디어를 고안해 낸다. 그는 대장장이인 헤파이스토스를 시켜 인간 여자를 만들어 생명을 불어넣고 '판도라'라는 이름을 붙여 인간세상으로 보낸다. 올림포스의 신들은 이 여자에게 저마다 한 가지씩 선물을 준다. 미의 여신 아프로디테는 아름다움을, 제우스의 사신 헤르메스는 대단함과 영특함을, 그리고 아테네는 고운 옷을 주었다.

그래서 '판도라'라는 이름은 "만 가지의 선물을 받은 자"라는 뜻이다. 프로메테우스의 동생 에피메테우스와 인간들을 벌하기 위해 제우스는 판도라를 저 에피메테우스에게 보낸 것이다. '뒤늦게 생각하는 자'라는 뜻의 이름에 걸맞게 에피메테우스는 좀 둔했다. 그는 형인 프로메테우스로부터 제우스와 그의 선물을 경계하라는 주의를 잊고 판도라를 보자마자 얼이 빠져 아내로 맞아들였던 것이다.

그런데 에피메테우스의 집에는 프로메테우스가 남겨 둔 한 개의 상자가 있었다. 판도라는 이것을 보고 몹시 궁금해 했다. 그것을 열어서는 안 된다는 형으로부터의 부탁을 그는 알았기에 판도라에게 열지 말 것을 부탁했다. 판도라는 그러나 이러한 부탁을 아랑곳하지 않고 떼를 쓰고 바가지를 긁었다. 어리석은 에피메테우스는 결국 이 판도라의 투정을 이기지 못하고 저 상자의 뚜껑을 열고 만다.

그러자 거기서 온갖 재난과 질병, 미움, 거짓, 도둑질, 모략, 불행, 인간을 괴롭히는 것들, 고통, 질투, 원한, 복수와 같은 것들이 연기처럼 쏟아져 나와 사방팔방으로 흩어졌다. 이 광경을 보고 겁이 덜컥 난 판도라는 재빨리 상자의 뚜껑을 닫았지만 이미 다 쏟아져 나오고 희망만이 그 속에 남게 되었다. 그런데 이러한 재앙들은 다 제우스가 인간을 미워하고 저주하며 멸망시키려는 계략에서 나왔던 것이다.

⑨ 인간 펠레우스와 여신 테티스

펠레우스와 테티스가 결혼을 하게 된 것은 서로의 사랑도 아니고, 또 『나무꾼과 선녀』에서 볼 수 있는 것과 같은 인간과 초인간과의 만남과 교류에 의한 거대한 철학적인 의미가 배태되어 있는 것도 아니다. 그것은 제우스에 의해 인위적으로 하게 된 결혼이다. 원래 바람둥이 제우스가 바다의 여신 테티스와 결혼하고 싶었다.

그러나 신탁의 예언이 끔찍하여 제우스는 포기하고 말았다. 신탁의 예언에 의하면 제우스는 마치 그가 자신의 아버지인 크로노스를 몰아내고 신들의 왕이 된 것처럼 그렇게 제우스 또한 자기 아들로부터 내쫓길 것이라고 했다. 다만 아무도 그 아들이 누구인지는 전혀 알 수 없었으나, 오직 프로메테우스는 알고 있었다.

그래서 그때까지 자신의 궁전에서 불을 훔쳐 인간에게 건네준 대가로 엄한 벌을 받고 있던 프로메테우스와 화해하고 그 아들이 누구인지 알아냈다. 그것은 제우스와 바다의 여신 테티스 사이에서 아들이 태어난다면 바로 그 아들이 아버지를 몰아낸다는 것이었다. 제우스와 제우스의 아버지인 크로노스 모두 그들의 아버지를 몰아낸 가혹한 가문의 전력(前歷)을 가진 내력이 있기에, 제우스는 소름 끼치게 놀라고는 테티스와의 결혼을 포기한다. 그 대신 제우스는 테티스를 서둘러 인간 펠레우스와 결혼시킨다.

그렇다면 이 결혼은 펠레우스와 테티스의 사랑보다도 제우스의 의도에 의해 주도된 것이다. 그러나 그럼에도 인간 펠레우스와 여신 테티스의 결혼은 마치 나무꾼과 선녀와의 결혼과도 흡사하여 인간과 초인간과의 만남은 특이하다고 하지 않을 수 없다. 그러나 앞에서 잠깐 지적했지만, 펠레우스와 테티스 사이에는 나무꾼과 선녀에게 있는 거대하고 심오한 철학적인 의미를 엿볼 수 없다. 또 인간 펠레우스는 여신 테티스에 비해 아무런 활약상이 없으며, 오직 테티스만이 무대 위로 드러난 것이다.

더욱이 그들의 잔치파티는 비록 신들이 축복해 주었지만, 에리스(Eris)에 의해 트로이 전쟁이 일어나게 하는 불씨를 심게 한 것이다. 여기에서의 인간과 초인간의 만남은 비극과 불행을 말해 준다. 물론 그들은 아킬레우스와 같은 트로이 전쟁의 영웅을 낳았다. 그러나 그는 사람을 무참하게 죽이는 전쟁영웅이었고, 반인반신이라는 특권을 이용해 굉장히 오만한 편이었다. 그러나 그도 별 수 없이 트로이 전쟁이 끝나 갈 무렵 죽고 만다. 이러한 과정을 인간 펠레우스와 여신 테티스의 결혼에서 간략하게 파악해 보자.

테티스와 결혼하고 싶었으나 가혹한 운명 때문에 할 수 없었던 제우스는 그 대신 성대한 잔치를 베풀기로 했다. 그래서 제우스는 여신 테티스가 테살리아의 왕 펠레우스와 결혼하는 날에 많은 신들을 올림포스 산장의 결혼잔치에 초대했다. 그러나 싸움의 여신 에리스만은 초대하지 않았는데, 그것은 경사스런 잔치를 망칠까 봐 하는 우려에서였다. 지혜를 사랑한 헬라인의 계산엔 에리스가 혼인 잔치를 거스르는 일을 못마땅한 것으로 여겼기 때문이다.

그러나 이러한 잔꾀가 불화의 화근이 되고 말았다(혹은 피할 수 없는 운명이다). 에리스는 이 소식을 알고 울화통이 터져 싸움을 일으키려고 황금사과 하나를 올림포스의 잔치파티에 보냈다. 그런데 이 황금사과에는 "가장 아름다운 여신에게 드린다."는 글귀가 쓰여 있었다. 그래서 일종의 미스 월드 선발대회가 벌어졌는데, 제우스의 아내인 권력의 여신 헤라와, 지혜와 전쟁의 여신 아테나, 그리고 미의 여신 아프로디테가 예선을 통과하였다.

세 여신은 각각 자기가 가장 아름다운 여신이라고 내세우고는 그 황금사과를 쟁취하기를 주장한다. 제우스는 그러나 더 이상 누구의 편도 들 수 없어서, 트로이의 왕자이며 목동인 파리스에게 결정하라고 그 결정권을 양도한다. 그러자 세 여신은 파리스를 유혹하기 시작한다. 헤라는 황금사과의 대가로 권력을 주겠다고, 아테나는 지혜와 전쟁에서의 승리를 주겠다고, 또 아프로디테는 세상에서 가장 아름다운 여인을 안겨 주겠다고 약속한다. 파리스는 그러나 이 황금사과를 마지막의 아프로디테에게 주고 말았다. 미의 여신 아프로디테는 미스 월드의 "진"에 뽑힌 승리에 도취되었으나, 헤라와 아테나는 앙심을 품기 시작했다.

아프로디테는 그러나 파리스와 맺은 약속을 지키기 위해 스파르타의 궁전으로 갔다. 스파르타의 왕(메넬라오스)과 왕비는 이들 손님을 극진히 대접했다. 그런데 스파르타의 왕비 헬레네는 당시 세상에서 가장 아름다운 여인으로 알려졌었다. 미의 여신 아프로디테는 파리스와 헬레네가 서로 사랑하도록 한다. 그래서 그들은 서로 눈을 맞추고는 또 서로의 매력에 불타 눈을 떼지 못하는 단계로 되었다. 파리스는 헬레네를 데리고 밤에 몰래 트로이로 달아나 버린다.

왕비를 빼앗긴 스파르타의 왕은 그리스와 스파르타의 여러 왕들과 영웅들에게 호소하여 연합군을 만들었다. 그리고는 자기의 형인 아가멤논을 총사령관으로 뽑아 10만이 넘는 대군과 1천여 척의 배를 타고 트로이로 쳐들어갔다. 트로이군은 이런 전쟁을 예상하고는 성을 튼튼히 쌓고 또 바닷가에 진을 쳐 기다리고 있었다. 한편 이 전쟁에는 신들도 편을 갈랐는데, 헤라와 아테나는 그리스 편을 들고 아프로디테와 아폴론은 트로이 편을 들었다. 그리스군은 그러나 9년 동안이나 트로이 성을 무너뜨리지 못했다. 그래서 그리스군은 가끔씩 트로이와 동맹한 이웃나라로 쳐들어가 굴복시키고는 전리품(이 전리품 중에는 이웃나라의 남자들은 죽이고 여자들은 몸종으로 데리고 왔다.)을 빼앗아 오곤 하였다.

말할 것도 없이 그리스 연합군의 영웅은 아킬레우스이다. 그의 아버지는 인간 펠레우스이고 어머니는 여신 테티스가 아닌가. 그는 이미 트로이 전쟁의 영웅으로 낙인찍혀 있었다. 21세기에 만들어진 『트로이』라는 영화는 주로 아킬레우스를 영웅으로 돋보이게 하는 데만 초점을 맞추었다. 그러나 호메로스의 『일리아스』에는 그의 죽음도 동시에 예정되어 있다. 트로이 전쟁이 막바지로 치달은 십년째 그는 결국 파리스의 독화살에 맞아 죽는다("아킬레스건").

트로이 전쟁을 승리로 끝낸 이는 여신의 아들 아킬레우스가 아니고 인간 오디세우스이다! 권모술수의 대가인 오디세우스는 "힘으로 공격해서는 트로이를 무너뜨릴 수 없음"을 생각하고는 기발한 꾀를 지어낸다. 그는 커다란 목마를 만들고는 그와 정예군이 함께 그 속에 숨어든다. 그리고 그리스군의 배들은 전쟁을 포기하고 고국으로 돌아가는 것처럼 위장한다. 이 광경을 목격한 트로이 사람들은 그리스 군사들이 물러갔다고 기뻐하며 축제를 벌였다. 성문을 열고 나와 그리스군이 남긴 목마를 신기하게 생각하고서는 이를 성(城)안으로 끌고 가 축제마당에 놓는다. 그리고 그들은 밤늦도록 술 마시고 잔치를 벌이다 취하여 곤드레만드레 뻗었다.

그리스군은 이때를 노려 단숨에 트로이를 멸망시키고 남자들은 다 죽였으며 울부짖는 아이들과 여자들은 모두 포로로 끌고 간다. 남편도 잃고 나라도 잃고 트로이의 영광과 집도 잃고서 연기가 솟고 있는 트로이를 바라보면서 여인들은 하염없이 눈물만 흘렸다. 그리스군은 왕비 헬레네도 되찾아 고국으로 돌아가는 배에 태웠다. 싸움의 여신 에리스의 황금사과가 빚은 트로이의 전쟁은 10년 만에 막을 내리게 된다.

⑩ 인간 카드모스와 여신 하르모니아

카드모스는 페니키아의 왕자이고 테베를 건설한 왕이다. 페니키아의 왕 아게노르는 제우스가 송아지로 변신하여 공주 오이로파를 납치해 가자, 아들 카드모스에게 누이를 찾아오라고 명령하고, 만약 찾아오지 못하면 돌아올 생각조차 하지 말라고 덧붙였다. 카드모스는 부친의 명령을 쫓아 전국 방방곡곡을 누볐지만 누이를 찾을 수 없었다. 누이를 찾지 못한 상태에서 집으로 돌아갈 수도 없어 고민 끝에 어디로 가야 할지 아폴론의 신탁에게 물어보았다.

신탁은 그에게 "들판에서 암소 한 마리를 만나면 어디든지 그 소가 가는 곳으로 따라가라. 그리고 그 소가 걸음을 멈춘 곳에다 나라를 세우고 국호를 테베라 명명하라."고 전했다. 카스탈리아 동굴에서 신탁을 듣고 나오던 카드모스는 도중에 천천히 걸어가는 암소 한 마리를 발견했다. 그는 아폴론에게 감사의 기도를 드리고 그 암소의 뒤를 바짝 따라갔다. 암소는 계속 길을 가다가 파노페 평야에서 걸음을 멈추고서 하늘을 향해 크게 울었다. 카드모스는 아폴론에게 감사의 기도를 드리고 암소에게도 고마움을 표한 다음 무릎을 꿇고 이 낯선 땅에 키스를 했다. 그는 주위의 산들에게도 눈인사를 하고서 제우스에게 제사를 지내기 위해 부하들을 시켜 제주(祭酒)로 쓸 깨끗한 물을 길어 오게 했다.

그 근처의 숲 속 계곡에는 태곳적부터 흐르는 깨끗한 샘물이 흐르고 있었다. 그러나 정오가 되어도 부하들이 돌아오지 않자 카드모스는 그들이 물을 길으려고 간 곳으로 찾아갔다. 부하들은 그러나 그곳에서 어마어마하게 큰 독뱀에게 물어 뜯겨 죽고 뱀의 몸에 감겨 죽었으며 또 뱀의 입에서 뿜어져 나온 독에 질식해 죽어 있었다. 그 계곡의 동굴엔 어마어마하게 큰 독뱀이 있었는데 카드모스의 부하들이 물병에 물을 담는 소리를 듣고 동굴에서 나와 그런 흉측한 짓을 저지른 것이었다.

카드모스는 피로 물든 큰 뱀을 발견하고 큰 돌을 들어 뱀을 향해 힘껏 던졌다. 뱀은 그러나 맞은 돌에 꼼작도 하지 않았다. 카드모스는 이어서 투창을 세게 던졌다. 던져진 투창은 뱀의 비늘을 꿰뚫고 몸 속 깊이 박혔다. 뱀은 고통으로 몸을 비틀고 피를 흘리면서 뒹굴다가 이윽고 몸을 가누고 카드모스에게로 돌진했다. 카드모스는 크게 벌린 뱀의 주둥이를 향해 창을 던졌다. 뱀이 고개를 들자마자 창을 던졌는데, 이번에는 뱀의 몸통을 관통해 나무둥치에까지 박혔다.

카드모스는 다섯 무사들과 함께 나라를 세우고 그 이름을 테베라고 불렀다. 나라를 건립하고 난 뒤에 카드모스는 여신 아프로디테의 딸 하르모니아와 결혼했다. 이 하르모니아는 그러나 그녀의 어머니가 남편 헤파이스토스와의 사이에서 태어난 딸이 아니라 아레스와의 밀통에 의해서였다. 어쨌든 인간 카드모스는 여신 하르모니아와 결혼했는데, 결코 행복하지는 않았다. 카드모스의 가정에는 끊임없이 불행이 이어졌는데, 그것은 카드모스가 죽인 뱀이 실은 아레스에게 봉헌된 것이었기 때문이었다. 그 불행은 카드모스의 딸 세멜레와 이노, 그리고 손자 악타이온과 펜테우스가 한결같이 비참한 최후를 맞이한 것으로 이어졌다.

마침내 카드모스와 하르모니아는 테베가 싫어져 그곳을 떠나 엥켈리아인들의 나라로 이주를 했는데, 그러나 그곳에서도 자손들의 불행한 죽음은 이어졌다. 어느 날 카드모스는 크게 울부짖으며 이렇게 소리쳤다. "뱀의 생명이 신들에게 그토록 귀중한 것이라면 차라리 나도 뱀이었으면 좋았을 것을!" 이 탄식이 끝나자마자 카드모스는 서서히 뱀으로 변하고 말았다. 이 광경을 지켜본 하르모니아는 자기도 남편과 운명을 함께하게 해 달라고 신들에게 기도했다. 이리하여 카드모스와 하르모니아는 결국 뱀이 되고 말았다. 인간과 초인간의 만남과 결혼이 이토록 비참한 운명을 맞는다는 것은 퍽이나 슬픈 일이다.

⑪ 알페이오스와 아레투사

그리스인들의 목가적이고 낭만적인 이상향인 아르카디아는 알페이오스와 아레투사 사이의 이루어지지 못한(혹은 서로 물로 변신된 후에 이루어졌다고도 할 수 있는) 사랑이야기에서 시작된다. 아르카디아는 실제로 그리스의 서쪽 지방으로서 이오니아 해를 사이에 두고 이탈리아와 경계를 이룬 지역이다. 원래 아르카디아 지방은 무척 황량한 곳이었다고 한다. 그러나 이 지방이 그리스인들에게 풍요롭고 목가적인 이상향이 된 것은 스스로 아르카디아 지방을 가로질러 흐르는 강(현재 알피오스 강)으로 변신해 버린 사냥꾼 알페이오스의 사랑에서 시작된다.

거인족(Titan)이자 대양의 신 오케아노스의 아들 알페이오스는 사냥꾼이었다. 그는 어느 때부터 사냥의 여신이자 달의 여신인 아르테미스에게 홀딱 반하여 사냥감을 쫓듯 뒤쫓아 다녔다. 그러나 알페이오스의 아르테미스에 대한 탐닉은 남녀 간에 있는 에로스적 사랑이라기보다는 사냥꾼이라는 직업에서 비롯된 동질감 의식과 존경심이었다. 그러기에 아르테미스는 알페이오스가 마치 스토커처럼 자기 뒤를 따라다니는 것을 알아차렸지만, 그에게 해를 입히지 않았다.

아르테미스는 달의 여신이기도 하지만 역설적이게도 사람들에게 가혹한 여신이었다. 한 번은 악타이온이라는 청년이 우연히 자기의 벌거벗은 알몸을 훔쳐보았다는 이유로, 그를 사슴으로 변신시켜 그녀의 사냥개에게 물려 죽게 만들었다. 그뿐인가. 아르테미스는 테베의 왕비 니오베가 자기 어머니를 모욕했다는 이유로 그녀의 열네 명 자식들 가운데 아들과 딸 하나씩만 남겨 두고 모두 활로 쏴 죽이기도 했다. 이런 아르테미스였지만 알페이오스가 자신에 대하여 갖는 감정이 욕망이 아니라 순수한 끌림과 존경심이었기에, 그를 배척하지 않고 오히려 그와 함께 놀고 싶은 생각을 가졌었다.

어느 날 아르테미스는 자기 수하의 님프들에게 얼굴에 진흙을 바르라고 명하고 또 자신도 그렇게 진흙을 발랐다. 그리고서는 알페이오스 앞에 나타나 누가 아르테미스인지 찾아내도록 했다. 알페이오스는 그러나 누가 아르테미스인지 알 수 없었고, 자기가 그토록 이 여신을 찾아내지 못한 사실에 스스로 충격을 받았다. 물론 아르테미스에게는 미리 계산된 계략이었고 또 놀이를 즐기려던 것이었기에 당혹스런 사건은 아니었다.

이런 일이 있은 후 알페이오스는 아르테미스를 대신할 여자를 찾아 나섰다. 그러던 어느 날 그는 아르테미스의 한 님프(아레투사)가 목욕하는 것을 보고 마치 감전이 된 듯한 전율을 느꼈다. 신화와 역사에서는 인간이든 신(神)이든 발가벗고 목욕하는 여성에게 홀린 경우가 자주 등장한다. 우리의 "나무꾼과 선녀"에서 목욕하던 선녀를 응시한 나무꾼의 경우도 바로 그러했을 것이다. 제우스는 지중해 해변에서 목욕하던 페니키아의 공주 오이로파를 납치해 크레타로 끌고 갔고, 구약성서에서의 다윗은 목욕하던 바세바에 홀려 그녀의 남편을 전쟁터에서 죽게 하고 그녀를 강탈하지 않았던가. 그래도 여성의 동의를 얻은 경우는 목욕하던 유화부인을 아내로 맞은 해모수였다.

이제 알페이오스는 아레투사를 배필로 삼기 위해 추적하기 시작했다. 그러나 알페이오스가 사냥꾼 기질로 아레투사를 추적한 반면, 아레투사는 놀이를 즐기는 아르테미스와 같은 여신이 아닌데다, 진실로 그를 싫어하진 않았지만 우선 도피부터 해 놓고 보자는 부끄러움의 기질 때문에 둘 사이에는 아무런 접촉점이 일어나지 못하는 처지에 놓인다.

이런 바보들의 게임이 얼마 지탱되지도 않았지만 아레투사는 몰래 이오니아 해를 건너 시칠리아까지 도망쳤다. 더욱 놀라운 것은 아레투사가 거기서 아르테미스에게 빌어 샘으로 변신되고 만 것이다. 이렇게 아레투사가 사라져 버린 것을 안 알페이오스는 이오니아 해를 바라보며 날마다 고민에 사로잡혔다. 알페이오스는 고민을 거듭하다 스스로 강물로 변해 이오니아 해의 밑바닥을 지나 시칠리아까지 흘러갔다. 그리하여 그는 거기서 샘이 된 아레투사와 합쳐진 것이다.

그리스 신화는 이런 사건의 계기로 아르카디아 지방에 사랑의 환희가 가득 찬 강(알피오스)이 흐르게 되었고 황폐했던 땅엔 푸름과 생기가 살아났다고 한다. 알페이오스와 아레투사의 사랑이야기를 통해 고대 그리스인들은 알피오스 강이 흐르고 녹색의 생기로 가득 찬 아르카디아를 목가적이고 낭만적인 이상향으로 그리게 되었다.

우리는 위에서 알페이오스와 아레투사의 사랑이야기가 목가적이고 낭만적인 이상향인 아르카디아를 탄생시킨 것을 한편으로 목격하지만, 그러나 이 사랑이야기는 아쉽기도 하고 아픈 면모도 갖고 있음을 알 수 있다. 그들은 살아 있는 남신과 인간 여인의 모습으로 만나지도 못했고 서로 사랑을 나누지도 못하였다. 더욱이 "나무꾼과 선녀"처럼 어떤 초인간적이고 초자연적인 위대한 역사를 이루지도 못했다. 그들은 서로 물로 변하였다. 알페이오스는 아레투사를 배필로 삼기 위해 추적했지만, 그러나 아레투사는 알페이오스를 그리워한 것이 아니었다. 그렇지만 알피오스 강으로 변하고 목가적인 아르카디아의 탄생에 이 신화의 아름다운 이야기가 숨어 있다.

12 아폴론과 코로니스

아폴론은 '까마귀'란 뜻을 가진 여인 코로니스와 사랑에 빠졌다. "태양의 신" 아폴론인지라 지상에서 그녀 곁에 가까이 있을 겨를이 거의 없었다. 그래서 당시에는 흰색이었던 까마귀를 시켜 코로니스를 지키게 했다. 그런데 코로니스는 자신의 배 속에 아폴론의 아이를 임신하고 있는 상태에서도 다른 남자인 이스키스와도 사랑을 나누었다. 까마귀는 이 엄청난 소식을 아폴론에게 전했다. 아폴론은 이 소식에 크게 분노하여 코로니스에게 활을 쏘아 죽이고, 또 감시를 소홀히 한 흰 까마귀의 깃털을 검게 변하게 했다.

그러나 코로니스가 자신의 아이를 임신한 사실을 안 아폴론은 코로니스를 화장하기 전 태아를 꺼냈다. 이 아이가 곧 의술의 신 아스클레피오스이다. 아스클레피오스는 케이론에게서 의술과 사냥을 배웠는데, 특히 의술에 능통하였다. 많은 환자들이 모여들어 그에게서 치료를 받았다. 심지어 죽은 사람도 살려내게 되었는데, 이런 일이 계속되면서 저승사자인 하데스는 크게 분노했다. 지하세계인 하데스왕국이 작아지고 엉망이 된다는 이유에서였다. 하데스는 제우스에게 이 사실에 대해 강력하게 항의하였고, 제우스는 이 항의를 받아들여 결국 벼락을 던져 아스클레피오스를 죽이고 말았다.

위의 신화는 아폴론과 제우스 및 하데스가 한결같이 잔인한 가부장주의라는 것을 목격하게 한다. 물론 아폴론의 경우 인간 여인이면서 연인인 코로니스가 간음을 한 사실에 견딜 수 없는 분노를 가질 수는 있지만, 자신이 직접 활을 쏘아 죽인다는 것은 더욱 끔찍한 일이 아닐 수 없다. 이리하여 남신과 여인 사이의 관계가 상상도 할 수 없을 정도로 어렵고 험악한 사실을 우리는 목격할 수 있다. 그리스의 신화에는 신(여신)의 대열에 있는 쪽은 대체로 인간에 비해 일방적인 권리를 갖는다.

가부장주의의 원조라고 할 수 있는 제우스의 경우도 마찬가지다. 하데스와 작당하여 잔인하게 아스클레피오스를 죽인 것이다. 아스클레피오스는 그리스인들의 사랑을 듬뿍 받았다. 그것은 그가 인간의 질병을 퇴치한 것뿐만 아니라, 영생에 대한 희망이 그에게서 보였기 때문이다. 권력욕과 권위욕에 불타는 하데스는 혹시나 죽는 사람이 줄어들어 하데스의 통치범위가 줄어들까 봐 제우스에게 강력하게 항의를 한 것이다. 제우스가 이런 항의를 받아들이고서 인간 쪽에 대해서는 한 치의 숙고도 하지 않고 벼락을 던져 아스클레피오스를 죽였다니 얼마나 어처구니없는 살인자인가.

13 에로스와 프시케

만약 그래도 신적인 존재자와 인간 사이에서 "관계의 아프리오리"를 말할 수 있다면, 그리고 우리의 『나무꾼과 선녀』와 비교할 수 있다면, 그리스 신화에서 에로스와 프시케의 관계는 좋은 보기가 된다. 에로스는 여신 아프로디테의 아들이고 프시케는 인간의 딸이다. 그러나 프시케의 미모가 너무나 뛰어나 세상의 사람들은 이제 아프로디테보다는 오히려 프시케에게로 와, 그 누구도 따를 수 없는 그녀의 아름다움에 넋을 잃고서 그녀에게만 찬사를 쏟아부은 것이다. 사람들은 이제 프시케에게 정신이 팔려 아프로디테의 신전에는 뜸하게 방문하고, 급기야는 제단조차 돌보는 자가 없게 되는 처지가 되었다.

이 사실을 안 아프로디테는 노여움에 가득 찼다. 때가 되면 죽고 썩어야 할 여인에게 온갖 찬사와 영예가 주어지니 자존심에 상처를 입지 않을 수 없었다. 그러나 이 상처 입은 자존심은 프시케에 대한 질투와 증오로 바뀌고 말았다. 아프로디테는 그녀를 벌하기 위해 계략을 꾸몄는데, 사랑의 화살을 쏘는 아들을 불러 명령을 내렸다. "네가 세상에 내려가서 인간들이 나보다 더 아름답다고 칭찬

하는 저년에게 화살을 쏘아라. 그리하여 이 세상에서 가장 비천하고 추한 남자의 사랑의 노예가 되도록 해 버려라."

어머니의 명령을 받은 에로스는 프시케를 벌하기 위해 세상으로 내려왔다. 그러나 그가 프시케를 보자마자 심각한 고민에 휩싸이게 된다. 그것은 프시케가 너무나 아름다워 마치 자기가 자신의 화살로 자신의 가슴을 찌른 듯이 아팠기 때문이다. 그래서 에로스는 어머니의 명령을 따르지 않고 몰래 숨어 버린다.

프시케는 비밀스레 마련된 에로스의 궁전에서 신비로운 결혼생활을 시작한다. 먼저 프시케의 언니들의 질투와 이간질이 대단하여 둘 사이에 갈등이 고조된다. 언니들의 말에는 프시케의 남편이 눈에 보이지 않고 밤에만 몰래 들어오기에, 틀림없이 잠자는 깊은 밤에는 그가 큰 뱀일 것이고 언젠가는 그녀를 잡아먹을 것이라고 한다. 그래서 침대 밑에다 칼과 등을 몰래 두고서 그가 잠에 빠져들었을 때 등불로 비춰 보고는 칼로 자르라는 것이었다. 어느 날 프시케는 언니들의 말을 떠올려 남편이 잠든 깊은 밤에 한 손에는 등불을 켜들고 다른 한 손에는 칼을 든 채 누워 있는 남편을 보았다.

그는 그러나 눈이 부실 정도로 빛나는 에로스였다. 그런데 이때 등불에서 뜨거운 기름 한 방울이 남편의 어깨에 떨어지고 말았다. 놀란 에로스는 벌떡 일어나 그녀를 물끄러미 보고는 어두운 바깥으로 나가 버리고 말았다. 프시케는 정신없이 그의 뒤를 따랐으나 그의 흔적은 보이지 않았고, 그 대신 남편의 목소리가 바람결을 타고 들려왔다. "사랑은 믿음이 없는 곳에서는 살 수가 없는 법이랍니다. 그래서 나는 떠나는 겁니다!" 그녀는 말할 수 없이 허탈했지만, 곧 그를 찾는 데에 평생을 바칠 것을 결심하고 길을 나선다.

에로스는 마음의 상처를 달래려고 어머니 아프로디테에게로 갔다. 그러나 여신은 그녀의 아들이 다름 아닌 여인 프시케를 사랑한 줄 알고 불처럼 노발대발했다. 그녀는 프시케를 결코 그만두지 않겠다고 마음을 먹었다. 그리고는 프시케가 아무리 신들의 도움을 빌면서 방황해도 결코 도움을 얻지 못하게 했다. 천상과 지상에서 자신의 간청을 들어주는 이가 아무도 없다는 것을 안 프시케는 궁리를 하다가 한 가지의 결심을 하게 된다. 그것은 시어머니에게 가서 몸을 바쳐 용서를 구하고, 그녀의 종이 되는 한이 있어도 그녀의 노여움을 풀어 보겠다는 것이었고, 이를 통해 남편의 소식을 알아보겠다는 것이었다. 프시케가 찾아가자 여신 아프로디테는 호통을 치며 말했다. "어리석은 계집아이! 힘겹게 얻은 남편을 불신으로 잃어버리고서는 이제 그립다고 찾아다녀? 그래, 어디 한번 괴로운 시련과 노역을 견디어 보아라!"

여신 아프로디테는 어느 날 밀과 양귀비씨앗과 보리며 완두 등을 듬뿍 섞어서는 프시케로 하여금 그날 밤 안으로 다 따로따로 골라 놓으라는 명령을 내렸다. 그런 분량의 곡식들을 하룻밤 사이에 골라낸다는 것은 불가능한 일이었다. 그래도 눈물을 흘리면서 이 곡식들을 가려내는 작업을 하고 있는데, 어디선가 개미들이 와글와글 몰려와서는 단번에 이 작업을 완수한다. 우리의 콩쥐팥쥐에 나오는 대목을 읽는 것 같다.

그런데 이와 같은 벌이 계속 이어졌다. 강 건너 양떼들(성질이 몹시 난폭한)에게 가서 금빛 양털을 뽑아 오는 과제가 부여되었는데, 갈대의 속삭임으로 그 지혜의 소리를 듣고 해결할 수 있었다. 다음 과제는 험한 바위산에서 흘러내리는 강물을 떠 오라는 것이었다. 험하고 미끄러운 바위로부터 무섭게 쏟아져 내리는 물줄기는 마치 그녀의 생명을 요구하는 것같이 보였다. 바위로부터 목을 길게 빼고 혀를 날름거리는 성난 독사들이 기어 오고 있다. 그런데 이 일은 독수리가 도와주어서 해결할 수 있었다.

그런데 이번에는 말할 수 없이 어려운 과제가 부과된다. "이번에는 내가 마음의 상처를 받은 아들을 간호하느라고 상해 버린 나의 얼굴을 다듬어야 하겠으니, 저승에 가서 페르세포네 여왕이 아름다움을 단장하는 데 사용하는 단장료(丹粧料)를 좀 얻어 오너라!" 아프로디테는 한 개의 상자를 주면서 저승의 왕 하데스의 아내인 페르세포네가 쓰는, 아름다움의 비결을 지키는 단장료를 얻어 오라는 것이었다. 프시케는 이 과제를 수행한다는 것이 곧 자신의 죽음을 뜻하는 것으로 생각했고, 또 설혹 자신이 저승에 이른다고 해도 그것 역시 죽음으로 끝장날 것으로 여겼다.

그리하여 프시케는 차라리 천 길 낭떠러지 위에 있는 첨탑으로 올라가, 거기에서 뛰어내리는 것이 죽어서 저승으로 가는 가장 빠른 길이라고 생각하고 막 뛰어내리려고 하였다. 그때 그녀에게 어떤 알려지지 않은 여신의 목소리가 들렸다. "신들의 축복을 많이 입은 그대가 어찌 이토록 쉽게 목숨을 끊어, 그대를 도와주던 신들을 슬프게 하고 또 그대를 미워하는 여신을 기쁘게 하려는가?" 이미지(未知)의 여신은 프시케에게 하데스로 가는 길, 하데스의 문을 지키는 케르베로스의 곁을 무사하게 지나는 방법, 그리고 페르세포네가 주는 단장료를 절대로 열어 보지 말 것과 하데스의 세계를 무사하게 빠져나오는 방법을 소상히 알려 주었다.

이리하여 프시케는 하데스의 문을 찾아내고, 까론의 강(죽음의 강)을 건너 머리가 세 개 달린 개인 케르베로스에게 과자를 먹여 달래고서는 드디어 하데스의 궁전으로 들어갔다. 프시케는 하데스의 여왕 페르세포네를 배알하고서 아프로디테의 부탁을 잊지 않고 전했다. 페르세포네는 아프로디테와 감정의 골이 있었지만(아프로디테와 에로스 때문에 그녀는 하데스의 아내가 되었다.), 속 좁은 모습을 보이지 않으려고 이 나그네에게 편안한 자리와 맛있는 음식을 권했다.

그러나 프시케는 자신이 죗값을 치르고 있는 죄인이라고 하여 이 융성한 대접을 사양하고 겸손하게 기다렸다. 드디어 페르세포네가 무엇인가를 넣고 꼭 닫은 상자를 프시케에게 주었다. 프시케는 아까 미지의 여신이 가르쳐 준 대로 하데스에서 지상으로 되짚어 나오려고 발걸음을 옮겼다.

그런데 페르세포네에게 아름다움의 비결을 지켜 준다는 이 상자 안에 든 묘약에 대해 프시케는 호기심으로 인해 견딜 수가 없었다. 그렇지 않아도 그사이에 아프로디테의 시험을 받느라고 얼굴이 흉악하게 되었기에, 자신도 여자인지라 상자 속의 아름다운 물건으로 얼굴을 손질하고 싶은 나머지, 열어 보아서는 안 된다는 상자를 열고 말았다.

프시케는 물론 미지의 여신뿐만 아니라 페르세포네도 상자를 열지 말라고 일러 준 부탁을 잊진 않았지만, 아름다움을 누리게 한다는 그 신비의 묘약이라는 것에 홀려 더 이상 절제를 할 수 없었다. 그러자 텅 빈 상자로부터 이상야릇한 연기가 솟아 나오기 시작했다. 그녀는 그 자리에 쓰러져 깊은 잠에 빠지고 말았다. 상자 속의 그것은 마법의 단장료가 아니라 잠의 나락으로 떨어지게 하는 독이었던 것이다.

그런데 이때쯤 에로스는 마음의 상처를 다 치료받고 궁전에서 빠져나와 프시케를 찾아 나섰다. 그는 성문 근처에서 땅바닥에 쓰러져 있는 프시케를 발견했다. 밖으로 나온 잠의 독을 상자에 집어 넣고 프시케의 허영심을 다소 꾸짖은 다음, 그는 그 상자를 어머니에게 가져가게 했다. 곧장 에로스는 올림포스로 가서 제우스를 만났다. 그리고서는 제우스에게 정식으로 프시케와 결혼시켜 줄 것을 간청했다. 그러자 제우스는 재미있는 답변으로 응한다. "너는 이때까지 나를 지독하게 골탕만 먹였다. 나에게 그 사랑의 화살을 쏘아서 바람둥이라는 별명이 붙게 만들었고, 헤라에게도 말할 수 없이 많은 바가지를 긁게 했다. 그러나 너의 소원을 들어주지 않을 수 없구나!"

제우스는 아프로디테에게도 더 이상 프시케에 대한 노여움을 품지 말 것을 부탁했다. "그대의 과제를 프시케가 잘 풀지 못하고 페르세포네가 건네준 상자를 연 것은 호기심 때문이었지만, 그러나 신들도 의심과 호기심을 이기지 못할 때가 수없이 많은 법인데 어찌 한갓 인간이 그걸 다 이겨 낼까? 그만하면 되었으니 이제 노여움을 풀고 어렵게 사랑을 이룬 아들과 프시케를 다정하게 맞이하게나."

아프로디테는 제우스의 부탁을 듣고 또 아들이 이제 자기의 슬하를 떠날 때가 된 것을 생각하고 고개를 끄덕였다. 제우스는 올림포스의 신들에게 에로스와 프시케의 혼인잔치의 소식을 알렸다. 이리하여 프시케는 올림포스로 올라가 신들의 음식인 넥타와 암브로시스며 신들의 포도주를 마시고 불멸의 생명을 얻게 되었다. 프시케는 정식으로 에로스의 아내로 되었고, 그들 사이에서 보룹터스

(기쁨)라는 귀여운 딸이 태어났다.

우리는 위의 프시케와 에로스의 관계에서 어떤 신비롭고 성스러운 신과 인간의 변증법보다는 우월권을 가진 신의 아들 에로스가 인간의 여인 프시케를 사랑한 것이며, 그 과정에 여러 가지 어려움과 우여곡절을 지나 마침내 한 가정을 이루는 단계에 도달함을 보았다. 역설적이게도 미의 여신 아프로디테의 질투와 시기가 대단했지만, 적어도 신들의 대열에 서게 되는 프시케에게는 지당한 통과의례 정도로 여겨졌으리라.

따라서 『나무꾼과 선녀』에 비해 프시케와 에로스의 신화에서는 관계현상학을 위한 의미 있는 철학적 응답이 빈약한 편이고, 그 대신 가혹하고 일그러진 그리고 일방적인 신중심주의가 지배적이다. 신중심주의적인 위계질서(Hierarchie)가 지배적인 것 가운데 우여곡절과 천신만고 끝에 인간 여인이 신들의 대열에 편승하게 된다는 신화의 내용이 눈에 들어온다. 그러나 인간 프시케의 끊임없는 노력과 이 인간으로부터 한 번 실망했지만, 그래도 결국 프시케를 찾아오는 에로스로부터 우리는 지대한 철학적 의미를 읽을 수 있다. 신적인 존재자와 인간이 관계를 맺고 어떤 이렇다 할 놀라운 결론에 이른 것은 그리스 신화에서 고귀한 한 토막이라고 볼 수 있다.

6. "나무꾼과 선녀"에서의 종교현상학

나무꾼과 선녀가 엮어 가는 현상학적인 사건은 곧 초인간적인 존재자와의 만남과 교류며 또 이러한 단계를 넘어 양자(인간과 초인간)가 새로운 지평을 열고서 비일상적이고 전적으로 다른 세계를 구축하고 있다. 이 양자가 엮어 가는 현상학적인 사건 속에서의 만남과 교류는 곧 인생의 궁극적이고 종말적인 것(das Eschatologisches)에 깊숙이 관련되어 있으면서 이 문제에 응답하는 양식을 취하고 있는 것이다. 그리하여 『나무꾼과 선녀』는 철학과 신학 및 종교현상학의 훌륭하고 독특한 모범(Paradeigma)을 보여 주고 있다. 궁극적이고 종말적인 사건과 연루된 '관계'와 교류는 『나무꾼과 선녀』의 종교현상학적이고 형이상학적인 특징으로 여겨질 수 있다.

"종교는 본질상 사귐이요 친교인 것이다."84)는 정진홍 교수의 규명은 온당한 지적으로 여겨진다. 종교의 궁극적인 목적은 결코 어떤 인식의 단계에만 머무는 것이 아니라 사귐과 친교가 이루어져야 한다. 실제로 "고등종교"라고 칭해지는 종교에서도 그러한 만남과 친교 및 사귐이 궁극적인 목적으로 되어 있다. 우리는 "관계"의 개념을 철학적이고 종교현상학적인 테마로 승격시킬 필요가 있다.

인간과 초인간과의 "관계"는 물론 철학사에도 혹은 실생활에도 등장한다. 이를테면 이미 고대 그리스의 철인 파르메니데스의 『교훈 시(詩)』에도 인간과 여신과의 관계가 드러난다. 분명 여기 교훈 시에 드러난 인간과 초인간과의 "관계"와 교류를 우리는 주목할 수 있다. 그것은 존재와 진리의 문제가 중심테마이며, 그것도 여신으로부터 부여되는, 그리고 신적인 권위를 갖는 진리가 문제된다. 과연 다름 아닌 이 "관계"에 의미를 부여하고 그 의미를 부각시키며 테마화하는 데에 큰 의의가 있다고 여겨진다.

물론 파르메니데스의 『교훈 시(詩)』에는 "관계"의 의미가 최고조로 부각되지는 않았고, 중심테마 또한 아니다. 그것은 『나무꾼과 선녀』에서와는 달리 인간의 궁극적인 문제, 인간의 총체적인 문제, 인간의 종말적이고 종교적인 문제, 인간의 운명적인 문제, 나아가 인간과 초인간이 관계와 교류의 차원을 넘어 함께 거주하는 지평으로까지 승화되어 있지 않기 때문이다.

"관계"는 충분히 철학적으로 성찰할 가치가 있으며, 이를 "관계의 현상학"으로까지 승화시킬 수 있다고 여겨진다. 왜냐하면 적극적이고 동적인 "관계"에서 곧 반－형이상학적(anti－metaphysisch)인 모티브를 읽을 수 있고, 또한 무엇보다도 큰 의의라고 할 수 있는 것은(현상학에서 자주 문제로 거론되는) 주체 중심의 세계관에서 더 넓은 지평으로 나아갈 수 있는 계기를 마련할 수 있기 때문이다. "관계"는 이미 타자와 여타의 존재자를 전제로 하고 있기에 이를테면 "상호 주관성"이나 "상호 문화성"의 토대가 될 수 있는 것이다.

『나무꾼과 선녀』에는 인간 나무꾼이 초인간적 존재자와 만나고 사귀며 교류하는 과정이 전개되고 있지만, 거긴 그러나 숭배도 굴복의 형태도 없을 뿐만 아니라, "원시종교"에서 빈번히 나타나는, 종교적인 성현의 형태를 띠는 여러 가지 사물들－이를테면 엘리아데가 심층적으로 분석하는 태양이라든가 달, 별, 산, 물, 돌, 나무, 주거지 기타 등등－에 대한 특별한 의미부여도 없다.

만약 이와 같은 유형의 사물들을 억지로 지적한다면, 이를테면 사슴을 감추어 생명을 지키는 데 이바지한 나무라든가 사슴, 연못, 선녀의 옷, 두레박(나무꾼이 그 속에 들어가 하늘로 올라가게 한), 천마[85] 등을 지적할 수 있는데, 그러나 이들은 결코 원시종교에서 드러나는 성현의 형태도 아니고 숭배의 대상도 아니다. 그들은 그러나 두 세계를, 두 지평을, 천상과 지상을, 인간과 초인간적인 존재자를 매개하는 헤르메스의 역할을 하고 있다. 특히 연못은 헤르메스적 사건(인간과 초인간의 만남과 교류)이 일어나는 신비로운 신화적 공간(토포스, τόπος)이다.

『나무꾼과 선녀』에서의 만남과 사귐과 교류는 결코 위에서 아래로만 흐르는, 신에게서 인간에게로만 흐르는 그러한 일방통행이 아니다. 나무꾼은 거기에서 당당한 행위와 사유의 주체이고, 그와 선녀와의 관계는 "상호 주관적"이고 "상호 문화적"이다. 『나무꾼과 선녀』에는 완벽한 형태로 '상호 주관성'이 보장되어 있어, 서로 상호작용을 주고받으며, 서로의 인격을 나누고 대면하며, 서로 사귀고 함께 거주하면서 신적이고 인간적인 관계성을 이루어 가는 것이다. 따라서 그들은 상호 주관성을 바탕으로 상호 문화성을 일구어 가고 있다.

인간과 초인간적 존재자와의 사이는 전형적인 종교의 형태에 잘 드러나듯 보통의 타자 사이가 아닌, 극단적인 타자 사이일 것이다. 따라서 거기는 '다름'의 신비가 고스란히 들어 있다.[86] 이러한 다름의 신비를 간직한 채 『나무꾼과 선녀』는 관계의 변증법을 이루어 가며, 서로 사귀고 거주한다. 나무꾼과 선녀의 사귐과 교제는 결코 상대방을 종속구조나 소유구조로 만들지 않는다. 여기에는 인간과 초인간적 존재자와의 상호관계를 통한 "관계의 아프리오리"가 M. 부버의 『나와 너』에서보다 더 훌륭하게 부각되어 있다.[87]

우리의 『나무꾼과 선녀』에서는 이때까지 알려진 어떤 종교적인 행위도 엿볼 수 없으며, 또한 어떤 종교형태에 귀속되지도 않기에

'전적으로 다른' 독특성을 갖고 있다. 여기에는 그야말로 '원시종 교'에 등장하는 여러 가지 종교행위들, 이를테면 주물숭배라거나 정령숭배, 주술이나 토템숭배[88]며, 샤머니즘조차 없다. 그러기에 더욱 철학에 가까운, 형이상학의 궁극적인 문제와 응답을 갖고 있는 형태를 취하고 있다.

더욱이 여기에는 다른 여러 종교에서 볼 수 있는 숭배도 없고 기원도 간청도 기도도 없으며, 절대자 앞에서 벌벌 떨고 있는 모습 도 보이지 않는다. 따라서 오토(R. Otto)의 "절대자 앞에서의 공포 와 두려움의 감정(mysterium tremendum)"[89]과 같은 분위기는 없는 듯이 보이지만, 그렇다고 결코 경망스럽거나 뻣뻣한 태도를 드러내 지는 않는다.

어떻게 인간 쪽에서 그러한 관계와 교류를 요구할 수 있느냐고 혹자는 물을 것이다. 물론 우리의 나무꾼은 그런 관계를 일방적으 로 요구하지도 주장하지도 않았다. 이런 경우를 우리는 보통 "비가 시적으로 활동하는 가이스트(nous poietikos)"에 의해 이끌린 현상이 라고 하는 것이다. 그는 유식한 자도 아니고, 학·박사도 아니며, 신과 종교의 세계에 관계하는 전문가도 아니다. 그는 그러나 아주 착한 자연인이고 홀어머니를 정성스레 모시는 효자이며(심지어 천상 의 영광보다도 지상에 홀로 있는 어머니를 외면하지 않고 찾아오 는), 사슴을 죽음에서 구해 내는, 생명을 아끼고 사랑하는 인간이다.

그래서 그는 "비가시적으로 활동하는 가이스트(nous poietikos)"에 의해 이끌림을 받을 수 있는 자격을 갖고 있으며(자신이 의식하지 못하더라도!), 초월자와 대면하고 교류하며 관계의 아프리오리를 엮 어 갈 수 있는 자격을 갖고 있는 것이다. 물론 꼭 이러한 자격이나 요건을 갖춰야만 되는 것은 아니다. 그것은 초월자인 신(神)이나 "비가시적으로 활동하는 가이스트"에 의해 일방적으로 주도될 수도 있기 때문이다. 그쪽에서 무엇을 요구하는지 혹은 무슨 의도를 갖고 있는지 우리는 알 수 없다.

나무꾼은 또한 결코 뻔뻔스러운 인간이 아닐 뿐만 아니라, 신적인 존재자의 위상을 모르는 것도 아니다. 이러한 인간과 신적인 존재자와의 본래적인 혹은 숙명적인 차이를 선녀는 천상에서 나무꾼에게 얘기한다. "당신 마음은 알지만 일단 하늘나라에 올라온 사람은 땅으로 내려갈 수가 없답니다. 그러기에 애초에 하늘나라에 사는 사람과 땅 위에 사는 사람이 인연을 맺는 게 아니었어요. 어머니께 죄스럽기는 하지만 이제 땅 위의 일은 모두 잊도록 하세요."90)

작별의 약속을 하지 않고, 헤어짐이 없이 인간세상으로(어머니가 있는 곳으로) 되돌아오는 인간 나무꾼의 결단에 위대성이 놓여 있다. "신은 신이고 인간은 인간인지라" 그럴 수밖에 없는 것을 우리의 신화는 헤어짐이 아닌 작별로 드러내고 있다. 그는 선녀와 천상을 버리지도 않았고, 쓴 작별로 끝장을 낸 것도 아니며 더욱 거기로부터 쫓겨난 것도 아니다. 살아 있는 그의 뿌리와 본향은 그의 어머니가 있는 대지이다.

그렇다면 우리가 위에서 논의한 것에서도 드러났지만, 무엇으로 우리의 『나무꾼과 선녀』는 종교현상학적으로 될 수 있을까? 그것은 그렇다면 위와 같은 데에서 찾아질 수 없다. 그것은 "전적으로 다르고(totaliter aliter)", 전적으로 새로운, 그러면서도 그 어떤 종교보다도 더 종교현상학적인 것을 말한다. 그것은 초인간과 맺는 **관계와 교류의 사건이다.**

『나무꾼과 선녀』에서의 나무꾼의 경우 관계의 장이 먼저 열리고 난 후에 그리고 관계를 통해 그의 예사롭지 않은 그리고 초인간적이고 초자연적인 사건이 시작되었다. 처음엔 헤르메스적인(인간과 초인간을 중재한) 역할을 한 사슴과의 관계이고 그 다음으로는 선녀와의 관계이다. 그는 철두철미하게 그리고 시종일관 신적인 존재자와의 관계에 놓여 있고, 자기 혼자만이 아니라 관계와 교류를 통해 모든 예사롭지 않은 그리고 "전적으로 다른" 세계를 체험했던 것이다.

　그러면 이러한 초인간과 맺는 "관계와 교류의 사건"은 다른 종교에 혹은 전래의 종교에 비하여 그 종교적인 의미를 가질 수 있을까? 혹은 이렇게 물을 수도 있을 것이다. "과연 그러한 관계와 교류가 도대체 신적인 존재자와의 사이에서 가능할 것인가?"라고. 물론! 신적인 존재자와의 관계와 교류야말로 다른 그 어떤 종교에 못지않게 더 큰 종교적 특징을 드러내는 것이다. 그 가능성에 대해서는 두 가지로 답할 수 있다, 그것도 기독교적으로.

　첫째, 만약 인간이 죄짓지 않으면 저러한 관계와 교류가 물론 가능한 것이다. 죄짓기 전의 에덴동산의 상황[91]은 신(神)과 인간이 벗이 되고 이웃이 된 것을 말해 준다. 거기에는 불안과 공포며 죄와 죽음도 없다. 죄를 짓고 난 후에 신과의 사이는 멀리 떨어져 버리고 또한 신이 인간에게 두려운 분으로 되었다.

　신을 외면하고 낙원을 잃은 이후에도 물론 관계와 교류가 사라진 것은 아니다. 그것은 이전과 같은 처지가 아닌 데서 이루어지는 관계와 교류이며, 이제 죄지은 자와 신뢰받지 못하는 자의 위치에서 이루어지는 관계와 교류인 것이다. **그러나 신(神)과의 관계와**

교류 외에는 다른 희망이 없다! 인간은 이 관계와 교류를 떠나서는 늘 떠돌이고 유랑하는 족속이며 결국 궁극적인 의미와 안식을 가질 수 없다.

우리의 나무꾼은 선악과를 따 먹지 않았다. 물론 그가 선천적으로 선하고 천사 같은지는 알 수 없다. 그러나 언제 어디에서 발원되었는지도 분명치 않은 『나무꾼과 선녀』의 주인공들에게 원죄의 카테고리를 덮어씌우는 것은 바람직하지 않게 보인다. 게다가 나무꾼은 그 천성이 어질어 어머니를 극진히 모시고, 생명을 사랑하며 (사슴의 생명을 구출), 화목한 가정을 이루었다.

그는 작위하지 않고 자연에 순응해서 살아가는 '자연인'이다. 자연("죄 없는 생성의 세계")이 죄 없듯이[92] 자연인 또한 그러할 것이다. 자연이 동시에 초자연이듯이 인간 또한 인간이면서 동시에 초인간적인 속성을 갖고 있는 것이다. 자연이 기적의 존재이면서 동시에 기적을 연출해 내듯이 인간 또한 그러할 것이다.

물론 에덴동산에서의 추방 이후에도 신과 인간의 관계가 가까운 벗으로 된 특별한 경우가 있음을 성서는 지적한다. 에녹[93]이라든가 노아의 경우가 그렇고 신약성서에서는 예수의 친구인 나사로와 또 나사로의 여동생들과도 친근한 관계였다. 또 "마음이 깨끗한 자는 하나님을 볼 것이요."라고 신약성서는 전한다. 예수의 인간 세계와 역사에로의 오심(Inkarnation)은 엄밀히 말하면 신과 인간 사이의 관계의 회복을 뜻하고, 예수는 인간과 하나님의 관계회복을 위한 중매자의 사역을 수행하는 것이다. 그는 또한 아가페적 사랑으로 새로운 관계를 정립하고 이를 몸소 드러내 보였다.

그런데 만약 위에서의 나무꾼과 선녀 같지 않은 우리들의 경우에, 또는 나무꾼과 선녀같이 될 수 없는 "죄 많은" 우리들의 경우에, 또는 우리에게는 다가오지 않을 사건이라고 여겨질 경우에 "저 종교현상학적인 측면이 무슨 의미를 가질 것일까?"라고 물으면 우리에게는 저 첫째의 테제는 큰 의미로 부각되지 않는다.

다시 말하면 이러한 물음은 우리가 이미 에덴동산을 잃어버렸기에 그곳으로의 출입이 불가능한 것처럼, 그런 식으로 우리가 나무꾼의 입장에 서지 못하는 경우에 무슨 의미가 있느냐는 것이다. 물론 철학적으로는 그 가능성과 당위성이 한 모델의 형태로 주어진 경우이므로 그 의미와 가치는 여전히 유효하다. 그래서 우리는 뭔가 종교적으로도 좀 더 의미를 가질 두 번째 테제를 떠올려 보자.

둘째, 거의 모든 종교는 **어떤 형태로든 그리고 언젠가는 모든 비밀이 다 풀리고 절대자와의 만남이 이루어질 것**으로 보고 있다. 기독교도 그렇고 불교도 마찬가지다. 만약 사후에 절대적인 무(無)의 현상만 나타난다면, 이것도 일종의 형이상학적 미스터리에 대한 답변이어서 어떤 절대적인 성격을 갖는 것이다. 언젠가는 인간들이 (제한된 인원일지는 몰라도) 신과 혹은 천사와 혹은 성자와 혹은 천상의 새로운 벗들과 만남이 일어날 것이고 대면하게 될 것이며 관계를 맺게 될 것으로 기독교는 보고 있다. 이러할 경우 만남과 교류의 아프리오리를 본보기로 보여 주는 『나무꾼과 선녀』는 한 모델이 될 수 있는 것이다.

이 둘째 테제에 우리의 『나무꾼과 선녀』는 큰 종교현상학적인 의미를 갖게 되는 것이다. 우리의 『나무꾼과 선녀』에는 예배와 제사도, 숭배와 기도와 같은 전형적인 종교행위도 없다. 그러나 이러한 종교행위는 결국 이 둘째 테제에서와 같이 언젠가는(물론 종말론적이고 내세적인 의미를 갖지 않은 이 세상에서의 관계맺음도 의미가 큰 것임에는 틀림없다.) 절대자와의 만남과 교류를 전제로 하고 있는 것이다. 즉 오토와 엘리아데에게서의 그러한 전형적인 종교현상은 결국 언젠가는 『나무꾼과 선녀』에서와 같은(혹은 다른) 절대자와의 만남과 교류를 전제로 그리고 목적으로 하고 있는 것이다.

이렇게 하여 우리는 이제껏 단순히 "소년소녀 동화"로만 여겼던 『나무꾼과 선녀』에서 인간의 형이상학적 갈증과 그 궁극적인 물음에 대한 응답을(그것도 결코 이론의 차원에만 머물러 있지 않고 실제로 드러내 보이는!), 인간과 초인간이 함께 엮는 한 누리의 세계를, 그 한 누리가 지상에서 천상까지 그리고 영원한 불멸의 세계에까지 이어지는 것을 보았다. 그리고 전형적인 종교들과도 다른, 특히 엘리아데라든가 오토며 여타의 종교현상학자들에게서는 볼 수 없는, "초인간과 맺는 관계와 교류의 사건"을 특징으로 한, 전적으로 다른 유형의 종교현상학을 간파해 보았다.

■■■ 제4장 "삼년고개"와 사람을
살리는 논리학

1. 인간과 논리학

고대 그리스의 아리스토텔레스가 『오르가논』(Organon)이란 책에
서 논리학을 집대성했는데, 여기서 오르가논이란 말은 올바른 학문
과 사유를 위한 필요한 도구라는 뜻이다. 과연 논리학은 인생의 삶
과 학문에서 필요한 도구라고 하지 않을 수 없다. 물론 논리학을
마치 논리실증주의에서처럼 절대화시키거나 독단주의로 끌고 가면
그것은 이미 잘못된 길로 들어서는 것이다. 논리학을 마치 절대적
인 학문의 척도가 되는 것처럼 우겨서는 곤란하기 때문이다. 무엇
보다도 논리학을 절대적인 학문의 척도로 삼는 그 태도 자체가 논
리학적이지 못하기 때문이다. 분명 논리학 자체도 한계를 갖고 있
다. 말하자면 논리학이 세계와 인생의 모든 비밀과 수수께끼를 푸
는 학문으로 치켜세우면 그거야말로 오히려 논리학의 품위를 떨어
뜨리고 만다.

그러나 논리학이 자신의 한계를 가지면서도 그 한계 안에서 발
휘할 수 있는 능력과 기능이 이루 말할 수 없이 크다는 것을 부인
할 수 없다. 그것은 카오스를 벗어나게 하며 깔끔한 질서를 제공하

고 무엇보다도 신뢰할 만한 진리를 드러내기 때문이다. 그래서 논리학은 아리스토텔레스의 지적대로 적합한 도구의 역할을 수행한다고 확신할 수 있다. 이러한 도구의 역할이 확대되고 심화된 현상이 "사람을 살리는 논리학"에 적나라하게 드러나는데, 우리는 전래 동화에서 그 실상을 목격할 수 있다.

논리학을 한마디로 정의하기란 쉽지 않다. 그러나 논리학의 정의는 대체로 명제와 명제의 사용에 관하여 고찰하고, 판단의 진위 및 사고의 법칙들을 고찰하는 학문이라고 규명할 수 있다. 논리학은 진리를 진리라 하고 허위를 허위라고 하는 학문이다. 마치 동어반복처럼 들리는 이 말은 그러나 실제의 세계에서 엄청 어려운 과제이다. 세계의 역사는 이 동어반복처럼 들리는 진술을 우습게 하고서, 오히려 거꾸로 진리를 허위라 하고 또 허위를 진리로 우긴 적이 얼마나 많은가!

그러나 논리학은 바로 이렇게 우기는 것을 허용하지 않고, 진리를 가짜라고 하거나 또 가짜를 진리라고 결코 허락하지 않는다. 우기는 쪽은 인간이고 그리고 그때마다 인간에게는 불행이 닥치는 것이다. 따라서 논리학적 진리에는 절대성이 잠재해 있다. 이를테면 $2+3=5$가 되는 것은 절대적이라서 그 어떤 예외도 허용하지 않는다. 우리는 이 사실을 부인할 수 없을 뿐만 아니라, 절대군주도 또 민주주의적인 방식인 다수결의 원칙도 이 사실을 뜯어고칠 수 없다. 그럼에도 불구하고 만약 누군가 "$2+3 \neq 5$"라고 한다거나 "$2+3=7$"이라고 한다면 무지와 엉터리만 드러나게 되고 결국 이런 무지는 인간의 불행으로 이어지는 것이다. 논리학은 그러기에 부당한 잔소리와 군소리, 군더더기와 외고집, 황당무계와 천방지축,

생떼 등을 허용하지 않는다.

논리학의 탄생은—특히 플라톤과 아리스토텔레스에 의해 태동되고 정립된 것을 고려하면—원래 철학적 관심에서 그리고 철학적 필요에 의해서이다. 논리학이 이토록 철학자들에 의해 탄생되었고 철학의 한 분야로 발전되어 왔지만, 논리학은 그 자체로도 모든 학문의 기본학문임과 동시에 인간의 실제적 삶에서도 기반이 되기도 한다. 철학자들이 논리학을 아주 중요한 기본학문으로 삼는 것은 논리적인 것뿐만 아니라 논리를 이용하여 초논리적인 것까지도 탐구하려는 의도가 들어 있다. 논리학이 모든 학문의 기본학문이 된다는 것은 곧 논리학이 길러 주고 토대를 형성하는 사고능력이 모든 학문의 분야에서 필수적인 능력이 된다는 것이다.

논리학을 통해 우리는 우리 스스로의 사고능력과 인간 됨됨이를 업그레이드할 수 있는 것이다. 논리학은 우리로 하여금 황당한 사고나 불확실한 사고가 아닌 정확한 사고를 하도록 하고 신뢰할 만한 진리를 찾게 해 준다. 이토록 논리학이 학문과 인생의 삶에 기본이 되고 또 유용한 도구이지만, 그러나 이 논리학이 만사를 다 해결한다거나 만물의 미스터리와 신비를 다 풀 수 있는 것은 결코 아니기에, 논리학의 잣대로만 세상을 재겠다는 태도는 금물이다.

논리학을 하나의 방대한 체계의 학문으로 완성시킨 철학자는 아리스토텔레스이다. 물론 그에게 논리학적 자양분을 공급시킨 자는 그의 스승 플라톤이고, 플라톤은 그의 대화록 『테아이테토스』나 『소피스테스』와 같은 곳에서 대대적으로 논리학을 전개시키고 있다. 그러나 논리학을 하나의 방대하고 체계 있는 학문의 분야로 집대성한 이는 앞에서도 언급했듯 아리스토텔레스인데, 그의 『오르가논

』(Organon)은 2,400년이 지난 오늘날에도 여전히 살아 생동하는 논리학의 모범적 교본이다. 그러기에 플라톤과 아리스토텔레스의 논리학은 인류에게 고귀한 선물이 될 수 있는 천재적인 발견이라고 할 수 있다.

19세기엔 불(J. Boole)과 같은 수학자에 의해 "수리논리학" 내지는 "기호논리학"이 창안되었지만, 이 또한 "고전논리학"이라고 칭해지는 아리스토텔레스의 논리학과 대응되는 것이 아니라, 오히려 그 기반 위에서 응용된 논리학이라고 할 수 있다. 이를테면 고전논리학에서의 네 가지 표준명제의 형식을 집합론의 개념들로 바꿈으로써 새로운 응용된 차원의 논리학을 획득한다.

여기서 네 가지의 표준형식은

첫째, 전체 긍정의 형식으로서 이를테면 "모든 S는 P이다."와 같다.

둘째, 전체 부정의 형식으로서 이를테면 "어느 S도 P가 아니다." 와 같다.

셋째, 부분 긍정의 형식으로서 이를테면 "어떤 S는 P이다."와 같다.

넷째, 부분 부정의 형식으로서 이를테면 "어떤 S는 P가 아니다." 와 같다.

이처럼 아리스토텔레스는 명제를 전체냐 혹은 부분이냐에 따라서, 또 긍정명제인가 혹은 부정명제인가에 따라서, 말하자면 양과 질로써 표준명제를 설정했는데, 불(J. Boole)은 그러나 아리스토텔레스의 고전논리학에 나오는 주어개념 S와 술어개념 P를 집합 S와 집합 P로 변환시킨 것이 두드러지게 보인다. 즉 불은 집합론의 개념들을 명제에 적용시킴으로써 논리학에 새로운 장을 열고 또 새로운 의미를 부여한 것이다.

오늘날 논리학은 컴퓨터 과학과도 불가분의 관계를 맺고 있다는 것은 주지의 사실이다. "컴퓨터 과학의 발전은 기호논리학의 발전과 전자공학의 발전에 의해서 비로소 가능해진 것이다. 인간의 논리적 사고능력과 산술적 계산능력의 어떤 부분을 기계화한 것이 컴퓨터이다."94)라고 소흥렬 교수는 지적한다.

2. "삼년고개"와 사람을 살리는 논리학

우리에게도 논리학은 옛적부터 전래되고 있으며 – 비록 방대한 체계를 갖춘 학문의 분야로 전승되지는 못했지만 – 응용논리학 내지는 실천논리학의 형태로 전래동화나 설화 등을 통하여 전승되고 있다.

"삼년고개"95)의 전설은 결코 소년소녀들을 위한 동화의 차원으로만 보면 안 된다. 거긴 냉철한 논리학의 진리가 흐르고 있고, 바로 이런 논리학의 진리가 몰락해 가는 사람을 살리는 역할을 수행하고 있기 때문이다. "삼년고개"의 동화는 우리에게 잘 알려져 있다. 그러면 우선 이 전래동화의 줄거리를 파악해 보자.

어느 산골 마을에 숯장수 할아버지가 살았는데, 그는 숯을 구워 산 너머 시장에 내다 팔았다. 그런데 어느 날은 숯을 다 팔고서 사람구경에다 시장구경을 하느라 날이 어두워지는 것도 잊고 있었다. 이 사실을 알아챘을 땐 이미 어둠이 조금씩 밀려왔었고, 산 고개를 넘어야 할 일이 큰 걱정거리로 다가왔다. 숯장수 할아버지가 산 고개로 들어섰을 땐 이미 앞이 캄캄했었고, 좁은 산길을 더듬어 산마루로 허겁지겁 올라갔다.

이토록 적막과 어둠 가운데서 바쁜 걸음을 옮기는데, 난데없이 적막을 깨뜨리고 토끼 한 마리가 할아버지 앞을 가로질러 후다닥 줄행랑치지 않는가! 할아버지는 깜짝 놀라 그만 뒤로 벌렁 자빠지고 말았다. "아이고, 아야!" 할아버지는 넘어지고 나서야 이 고개가 삼년고개라는 사실을 알아챘다. 이 삼년고개엔 오래전부터 전설로 내려오는 무서운 금기(터부)가 있었다. 그것은 이 고개에서 한 번 넘어진 사람은 삼년밖에 못 산다는 것이었다. 이런 전설 때문에 오래전부터 "삼년고개"라고 불렸던 것이다.

할아버지가 어둠과 적막 가운데 삼년고개에서 넘어졌다가 제정신을 차렸을 땐, 얼굴이 창백하게 놀람과 두려움으로 질려 있었다. 할아버지는 삼년고개의 전설을 알아차리고서 드러누운 채 땅바닥을 치며 통탄하기 시작했다. "아이고, 나는 이제 죽어야 하네." 한참 슬피 울다 힘없이 집으로 돌아온 할아버지는 아무 말도 하지 않고 방에 드러누웠다.

다음 날 아침부터 할아버지는 하루 종일 방에 누워 끙끙거리곤 밥도 먹지 않고 일할 생각도 아예 하지 않았다. 할아버지가 며칠을 드러누워 있자 할머니는 딱한 생각에 탕약을 지어 왔지만 아무런 소용이 없었고, 또 용하다는 의원을 불렀지만 할아버지의 병을 알 수 없다고 돌아갔다. 애를 태워 오던 할머니가 하루는 자초지종을 묻자, 할아버지는 울먹이며 대답했다. "할멈, 난 이제 삼 년밖에 못 살 거야. 장에 다녀오다가 삼년고개에서 넘어지고 말았어."

이 말을 듣고 할머니는 너무 놀라 눈이 둥그레졌다. 그리고는 할머니도 슬퍼하며 눈물을 터뜨렸다. 이윽고 온 가족도 이 사실을 알고서 불안과 슬픔으로 나날을 보냈었고, 마을 사람들도 이 사실을 알고는 안타까운 마음으로 할아버지에게 일어날 일들을 지켜보고 있었다. 그렇지만 할아버지의 병환은 날이 갈수록 걷잡을 수 없이 깊어져만 갔다. 삼 년밖에 못 산다는 이 시한부 인생에 대한 강한 의식이 할아버지를 지배하였기에, 할아버지는 스스로 의식의 노예로 전락해 간 것이다.

인간이 죽어야 하는 것은 확실한 사실이지만, 언제 죽어야 하는 것은 불확실한 것이다(이런 확실성과 불확실성을 동시에 갖는 죽음에 관하여 실존철학자들은 한결같이 말하고 있다.). 이 언제 죽어야 할지 모르는 불확실함 때문에 인간이 오히려 죽는 순간까지 버티어 살아간다고 하면 아마 지나친 말이 아닐 것이다. 시한부 인생을 사는 암환자들이 더욱 용기와 저항력을 상실하는 것은 바로 이러한 시한부 인생이라는 한계 앞에 무력해지기 때문이다.

참고로, 할아버지가 전래된 삼년고개의 전설을 따라 삼 년 안에 죽게 되는 것에 대해 비통해하고 불안과 초조, 근심 걱정 속에서 살아가는 것을 못마땅하게 생각해서는 안 된다. 부당한 방법으로 오래 살기를 원한다면 몰라도, 그렇지 않으면서 오래 살려는 것은 결코 나쁜 태도가 아니다. 오래 살기를 원하는 것은 인간의 본성이고, 이는 어쩌면 모든 생명체들에게도 해당될 것이다. 생명을 아끼고 고귀하게 생각하며, 생명을 잃지 않으려는 것은 이 생명을 선물로 준 조물주를 위대하다고 송축하는 의미가 들어 있는 것이다.

이토록 할아버지가 끙끙 앓으며 방구석에서 뒹굴고 있던 어느 날, 이웃 마을에 사는 한 소년이 숯장수 할아버지에 관한 소문을 듣고서 찾아왔다. 대뜸 할아버지에게 인사를 하고는 아주 카랑카랑한 목소리로 외치지 않는가! "할아버지, 뭘 그런 걸 가지고 누워 계셔요?" "예끼 이놈아, 나를 놀리는 거냐?" "그게 아니에요, 제게 좋은 수가 있거든요."

할아버지는 당돌할 정도로 내뱉는 꼬맹이의 말에 기분마저 상했지만, "물에 빠지면 지푸라기라도 잡는다."는 속담처럼 할아버지는 "좋은 수가 있다"는 꼬맹이의 말에 귀가 솔깃하여 자리에서 벌떡 일어났다. "그래, 무슨 좋은 수가 있느냐?" "그럼요, 있고말고요. 제가 할아버지를 오래오래 사시도록 해드릴게요. 그러니 제가 시키는 대로 하셔야 돼요." "오냐, 알겠다."

소년은 마음이 내키지 않고 꺼리시는 할아버지를 뫼시고 삼년고개로 갔다. 할아버지가 넘어진 곳에 이르자, 소년은 할아버지께 대뜸 외쳤다. "할아버지, 여기서 또 한 번 넘어지셔요!" 그러자 할아버지는 버럭 화를 내며 꾸짖었다. "뭐라고 이놈아? 한 번 넘어져서 삼 년밖에 못 사는데, 또 넘어지라니, 날더러 어서 빨리 죽어 버리란 거냐?" "그게 아니에요, 할아버지. 삼년고개에서 한 번 넘어지면 삼 년을 사시잖습니까? 그러니까 두 번 넘어지시면 육 년을, 세 번 넘어지시면 구 년을 사시게 되는 셈이지요!"

할아버지는 소년의 말을 조금 곱씹어 보자 그게 맞는다는 생각이 들었다. "옳구나! 그럼 당장 넘어져야겠다." 할아버지는 이제 힘이 솟구쳐 나와 삼년고개에서 이리 넘어지고 저리 넘어졌다간, 데굴데굴 구르기도 했었다. 그때마다 당돌할 정도의 꼬맹이는 카랑카랑한 목소리로 외쳤다. "자, 한 번 넘어지셨어요. 아까 한 번 넘어지신 게 있으니 이제 육 년을 더 사시는 겁니다." 할아버지가 또한 번 넘어지시자, 소년은 "이제 구 년을 사실 거예요."라고 외쳤다. 할아버지는 땀이 뻘뻘 나도록 네 번, 다섯 번……열 번, 열두 번……, 그리고 헤아릴 수 없이 많이 넘어지고 굴렀다. 그러면서 할아버지는 어느새 웃음을 터뜨렸다. "하하, 그럼 그렇지, 이제 오래 살겠구나."

죽을 얼굴상을 지으며 삼년고개로 들어왔다가 이제 태양처럼 밝은 얼굴로 마을로 내려온 할아버지는 개선장군 같은 모습으로 마을사람들에게 인사를 했다. 껑충껑충 뛰며 즐거워하는 모습이 옆에 있는 소년과도 다를 바 없었다. 할아버지의 가족과 마을사람들 또한 예전과는 전혀 다른 모습으로 돌아온 할아버지께 해맑은 웃음으로 맞았다. 마을사람들은 어린 소년의 슬기에도 놀라 서로 수군거렸다. "참 영리하기도 하지, 이제 삼년고개에서 넘어져도 슬퍼하지 않아도 되겠는걸."

이런 일이 있은 뒤 마을사람들은 아무런 걱정 없이 삼년고개를 넘어 장터에 다녔다. 할아버지도 또한 처음 삼년고개에서 넘어진 이후 삼 년이 되었지만, 더욱 건장한 모습으로 숯장수의 일을 했다. 삼 년이 지난 어느 날 할아버지가 삼년고개를 넘어가다가 돌부리에 걸려 또 넘어졌는데, 이번엔 옷에 묻은 흙을 툭툭 털면서 "허허, 이젠 오십 번 넘어졌으니 앞으로 백오십년은 더 살겠군." 하며 너털웃음을 짓는다. 언제부턴가 마을사람들은 자기들을 그토록 불안에 떨게 했던 "삼년고개"를 "백년고개"로 바꿔 불렀다.

3. 삼년고개를 백년고개로 바꾸는 논리학적 진리

우리의 의식과 무의식의 세계를 지배하는 거대한 힘을 가진 터부나 금기는 무섭다. 이런 거대한 힘을 가진 금기가 오래 의식세계를 지배하게 되면, 어느새 무의식의 세계를 형성하게 되고 급기야는 운명적인 것으로 굳어지게 된다. 인간은 운명적인 것에 약하다. 그래서 과학이 지배하는 오늘날도 여전히 어떤 운명적인 것을 형성하는 터부나 금기 및 미신이 존재한다.

이를테면 무궁화 인공위성을 쏘아 올릴 때 돼지 대가리를 차려 놓고 제사 지내는 장면을 떠올려 보라. 또 우리 주변에는 여전히 자그마한 미신들이 엄존하고 있다. "손금에 팔자소관이 다 들어 있다.", "밤에 손톱을 깎으면 안 좋다.", "키가 큰 사람은 싱겁다.", "머리를 북쪽으로 두게 하고 무덤을 만들어야 한다.", "결혼 못 하고 죽은 이는 몽당귀신이 된다." 등등 수없이 많다. 사람들은 자기의 운명을 알아보려고 역술인이나 점술가를 찾는다. 인간은 자기가 곧 자기 운명의 땜장이와 디자이너의 위치에 서지 못하고, 외부의 보이지 않는 힘에 기웃거리며 거기에 휘청거린다.

고대 그리스의 신화는 운명의 거대한 힘에 대해 인간이 너무나 미약한 존재이고, 더욱이 그런 운명적인 것에 인간은 결코 대항할 수 없음을 보여 주는 이야기가 많다. 이를테면 "오이디푸스 신화"는 좋은 보기다. 오이디푸스의 아버지는 자식이 아비를 전쟁터에서 죽이고 어머니를 강간하게 된다는 끔찍한 신탁의 말에 그만 그런 운명을 벗어나기 위해 자식을 버리는 일을 감행한다. 그러나 그토록 자식을 버리는 데서부터 오히려 가혹한 운명의 첫걸음이 시작되고, 결국은 신탁의 말대로 소름 끼치는 사고가 일어나고 만다.

삼년고개의 전설은 오래전부터 내려온 것으로 이미 사람들의 의식세계를 지배하여, 이젠 무의식적으로 저 전설이 사실로 받아들여지는 금기로 굳어졌다. 옛날로 갈수록 마을사람들은 어질고 순진했기에, 저런 금기에 대항할 용기나 담력이 부족했을 것이고, 또 누군가 저 전설을 근거 없는 터부라고 했을지라도 이미 의식과 무의식을 세계를 지배하는 저 전설로부터 벗어나지 못했을 것이다.

삼년고개의 전설과는 대조적으로, 좋은 방향으로 사람들의 의식과 무의식의 세계를 지배한 전설은 이를테면 나다니엘 호오도온 (Nathaniel Hawthorne, 1804 – 1864)의 "큰 바위 얼굴"이 좋은 보기다. 인디언으로부터 전승되어 온 "큰 바위 얼굴"의 전설은 이미 마을사람들의 의식과 무의식의 세계를 지배해 왔다. 마을에서 멀리 보이는 산 중턱에 위치한 바위산의 형상이 사람 얼굴처럼 생겼는데, 언젠가는 이 형상과 일치하는 훌륭한 인물이 나타날 것이라는 얘기다.

주인공 어니스트는 어릴 적에 어머니로부터 이 전설을 들은 이후 늘 기대와 기다림으로 나날을 보냈었고, 매일같이 큰 바위 얼굴을 바라보며 사색하고는 기뻐했다. 가끔씩 항간에 떠도는 소문도 있었다. 말하자면 그토록 기다려 오던 큰 바위 얼굴의 실제 주인공이 나타났다는 소문이었다. 처음엔 백만장자가, 그 다음엔 명성을 떨친 장군이, 또 그 뒤를 이어 유명한 정치가가 나타났지만, 무성한 소문과는 달리 그 전설이 전해 주는 훌륭함과는 거리가 멀었고, 또 그 소문조차 일시적으로 떠돌다가는 곧 사라져 버렸다. 어니스트는 실망했지만, 여태껏 희망과 설렘으로 기다려 온 것처럼 나타날 훌륭한 큰 바위 얼굴을 기다린다.

그런데 작가 호오도온은 바로 어니스트가 큰 바위 얼굴을 닮아가는 사람임을 밝혀내고 있다. 그는 결코 백만장자도, 영웅호걸도 아니려니와 재물이나 명예, 권력과는 거리가 멀었다. 인간세상에서 높은 가치를 부여하는 훌륭함이란 것이 허황된 꿈임을 작가는 극명하게 보여 준다. 어니스트는 이와 대조적으로 자연을 스승으로 삼고 살아가는 선량한 자연인이다. 자연을 닮아 순박한 이웃과 마을을 돌보고 이웃에게 사랑을 베푸는 그런 자연인인 것이다. 그는 마을사람들과 동고동락했으며, 이웃과 대화하고 친절을 베풀며, 이웃에게 헌신적이었다. 이러한 소박한 삶에는 그러나 행복이 있었고, 마을사람들도 이런 소박한 행복을 누려 왔다.

어느 날 베스트셀러의 작가이기도 한 위대한 시인이 어니스트를 만나기 위해 큰 바위 얼굴이 있는 마을로 왔다. 마을사람들 속에서, 마을사람들과 나누는 대화를 통해서 시인은 그의 인품을 감지했다. 황혼녘에 마을사람들 앞에서 말하는 어니스트의 모습은 그 뒤로 멀리 보이는 큰 바위 얼굴과 흡사한 모습을 하고 있었다. 드디어 마을사람들은 어니스트야말로 여태껏 기다려 오던 큰 바위 얼굴임을 알아챈 것이다. 작가 호오도온은 인간과 자연의 하나 됨이 곧 위대함을 드러낸다는 것을 보여 주고 있다. 나아가 전설의 실현이 일회성으로 끝나는 것이 아니라, 또 다른 어니스트가 태동되어 큰 바위 얼굴의 대를 이을 것이라고 말한다.

"큰 바위 얼굴"의 전설이 "삼년고개"의 전설과 마찬가지로 인간의 의식과 무의식의 세계를 지배하고 있는 것만큼은 사실이지만,

그러나 거기엔 인간으로 하여금 기대와 희망을 안기고 긍정적인 방향으로 이끌어 가는 것이 후자의 전설과 다르다. 그러나 "삼년고개"의 전설이 그 음울하고 부정적인 모습에서 "백년고개"로 탈바꿈하고 거듭나는 데에 승리와 위대함이 또한 깃들어 있다. 의식과 무의식을 지배하는 끔찍한 힘을 끊는 지혜는 바로 승리의 찬가인 셈이다.

의식과 무의식의 세계를 지배하는 암울한 "삼년고개"의 전설을 결코 호락호락하게 정복할 수는 없을 것이다. 그 누군가의 부탁이나 명령마저도 이미 의식과 무의식의 세계에 굳어진 금기를 쉽게 퇴치할 수 없다는 것이다. 그렇다면 "삼년고개"의 전설을 부수거나 바꿀 힘이 얼마나 크게 요구되는지는 충분히 짐작이 된다. 근거 없는 터부를 믿지 말라는 저 부탁이나 명령보다도 훨씬 더 강한 힘이 필요한 것이다. 다짜고짜로 부탁이나 명령을 한다고 해서 사람들에게 설득이 되는 것은 극히 어렵다.

그러나 누구나 시인할 수밖에 없는 논리적 진리가 숯장수 할아버지의 심리세계를 바꾸어 놓는다. 소년의 말보다는 소년의 말에 포함된 논리적 진리에 설득되지 않을 수 없었던 것이다. 소년의 지혜는 "삼년고개"의 전설을 다짜고짜로 거부하는 것이 아니라, 이 전설에 준해서 논리학적 진리를 드러낸 것이다. 만약 그가 "삼년고개"의 전설 자체를 가짜라고 했다면, 그는 오히려 호된 욕만 듣고 물러났을 것이다.

한 번 넘어져 삼 년을 살게 되면, 두 번 넘어져 육 년을 살게 되고, 세 번 넘어져 구 년을 살게 되며, 또 열 번 넘어져 삼십 년을 살게 되는 것은 실제로 그렇게 살게 되는 것과는 상관없이 우선 논리학적으로 진리라는 것이다. 우리는 앞에서 2 + 3 = 5가 되는 것은 절대적이라서 그 어떤 예외도 허용하지 않을 뿐만 아니라, 그 누구도 조작할 수 없으며, 독재자의 권력도 또 다수결의 민주주의도 뜯어고칠 수 없다고 하였다. 악마적 세력과 무지(無知)는 진리를 가리고 은폐시킨다. 그러나 그럴수록 인간에겐 불행과 카오스만 깊어질 따름이다.

진리는 준엄하다. 아니, 절대적이라고 할 수 있다. 진리는 결코 우리에게 먼저 다가오거나 우리에게 고개를 숙이지 않는다. 오히려 이와 반대로 인간이 진리로 향해야 하고 그를 찾아 나서야 하며 진리 앞에 머리를 숙여야 한다. 세상의 그 어떤 권력도 진리보다 높을 수는 없다. 진리가 가장 높은 권력이 아니라면, 달리 말해 진리보다 더 큰 권력이 존재한다면, 거긴 비정상이고 불행이 존재하는 곳이다. 그러기에 아우구스티누스는 그의 『신국』(civitas Dei)에서 이타주의로 토대를 쌓은 완전한 공동체를 곧 "진리를 왕으로, 사랑을 법도로, 영원을 척도로 두는 사회"라고 한다. 진리보다 높은 권력이 존재하는 곳은 독재와 봉건주의, 전제주의와 교조주의, 야만과 저질의 사회인 것이다. 지혜라는 것은 진리를 찾아내는 능력이다. 진리를 못 찾으면 지혜롭지 못함과 더불어 불행이 지배하게 된다.

제5장 강요된 효의 아픔과
자발적인 효의 아름다움

1. 강요된 효와 강요되지 않은 효

효사상은 결코 유교의 전매특허물이 아니라, 인류의 보편적인 덕목이다. 그것은 세계의 어느 문화나 민족 내지는 종교에도 효를 좋은 것으로, 천연적인 것으로, 또 보편적인 것으로 받아들이기 때문이다. "네 부모를 공경하라"는 덕목은 – 칸트(I. Kant)에게서도 분명히 드러나듯 – 보편적인 실천이성의 법칙이라고 할 수 있다. 예나 지금이나 혹은 어느 민족과 문화며 종교에서도 부모님을 공경할 것을 중요한 덕목으로 내세운다.

효는 물론 오늘날 물질중심주의와 상업자본주의 및 자기중심주의와 이기주의가 지배하는 시대에 그 의미가 많이 퇴색되었음을 부인할 수 없지만, 그러나 부모를 공경하는 윤리는 동서고금을 막론하고 인류의 보편적인 덕목이고 실천이성의 법칙인 것이다. 이 장(章)에서는 유교의 엄격한 규범에 의한 강요된 효와 중국의 유교 영향, 특히 조선시대의 유교에 의한 효가 아닌, 한국 고래(古來)의 자발적이고 자연스런 효에 관해 논의를 전개한다.

유교는 효를 지나치게 강요하고 규범화하는 바람에 자연스럽고 덕스러워야 할 효가 무거운 짐이 되고 아픔이 되는 결과를 초래했다. 효가 보편적인 실천이성의 덕목이기에, 지켜지는 것이 마땅하지만, 그 강요되고 규범화되며 법제화되고 도그마화되는 과정에서 효의 자연스럽고 좋은 천성이 손상되었기 때문이다. 유교는 그러나 "천륜"이라든가 "인륜"이라는 미명 아래 가혹한 규범을 만들어 내고, 그것을 자식들에게 지킬 것을 강요해 온 것이다.

"도(道)는 항상 자연에 순응하여 작위(作爲)함이 없다."96)고, "무위자연의 도(道)에 순응한 선행(善行)에는 자국이 없고, 도에 맞는 선언(善言)에는 허물이 없으며, 선(善)으로 셈을 하면 산가지를 쓰지 않아도 된다."고 노자는 말하고 있다. 도(道)가 행해진다면, 홍익이념에 입각해 효가 스스로 펼쳐진다면, 효의 모범이 어른들에게서 잘 이루어져 그 자연성과 보편성이 실천된다면, 억지로 작위(作爲)하여 이런저런 강제적인 규범과 제도며 이데올로기를 만들어 내지 않아도 효는 실현되는 것이다.

노자는 유교의 인위적인 규범적 도덕이 나온 까닭을 밝히는데, 무위자연(無爲自然)의 큰 도리가 상실되니 인자함이니 의로움과 같은 말이 나오게 되고, 사람이 얄팍한 지혜로 장난을 치니 큰 허위가 나오게 되고, 육친(부자, 부부, 형제) 사이에 불화가 생기니 효도며 자애와 같은 규범이 나오게 되고, 나라가 혼란하니 '충신'이 나오게 된다고 한다. "무위자연(無爲自然)의 큰 도(大道)가 없어지니 인(仁)이니, 의(義)니 하는 것이 있게 되고, 인간에게 (얄팍한)97) 지혜라는 것이 생기니 큰 거짓(大僞)이 있게 되었다. 육친(六親)이 화목하지 않으니 효행이니 자애니 하는 것이 있게 되고, 국가가 암흑(暗黑)하고 혼란하여지니 충신이 있게 된다."98)

노자의 말에 비추어 봐도 불화가 일어났다는 것은 이미 원천적인 사랑의 관계가 깨졌다는 것이다. 부모의 자식사랑이나 자식의 부모사랑은 원래 자연스런 것이어서 저절로 된다는 것이다. 그것은 선천적이고 생득적이어서 저절로 마음속에서 우러나오기 때문이다. 이 본래적 사랑이 잘 지켜지면 저절로 자식사랑이 되고 효가 되는 것이다. 부모가 존재한다는 것과 또 자식이 존재한다는 것만으로도 서로가 서로에게 위안이고 기쁨이며, 한편의 즐거움이 다른 편의 즐거움으로, 또 한편의 아픔이 다른 편의 아픔이 되는 것이다.

오늘날 부모의 손상된 장기 때문에 자식이 자기 신체의 일부를 떼어 준다거나 거꾸로 부모가 자식에게 그런 행위를 하는 경우를 가끔 보고, 이 사실들이 뉴스를 통해 전해진다. 그것은 자식사랑과 부모사랑이 잘 이뤄져 효가 자연스럽게 되는 경우를 말해 주고 있다. 그것은 한쪽의 신체가 다른 쪽의 신체와 같다는 굳은 사랑과 신념에서 우러난 것이라고 할 수 있다.

부모가 자식을 참으로 사랑하는 마음이 자식에게 제대로 전달되고, 그 사랑의 일환으로 지혜롭고 덕스런 교육이 이뤄지면 효는 저절로 되는 것이다. 물론 이러한 사랑을 자식이 깨닫지 못한다거나 혹은 부보의 자식사랑에 대한 방법이 미숙하다면 효가 실현되지 않을 수 있는 것이다. 효가 저절로 안 된다는 것은 저 자연스런 사랑이 깨져 인위적인 것과 작위(作爲)스런 것이 많이 개입되었다는 뜻이다.

그러나 유교는 자식의 부모에 대한 효를 지나치게 강요하고, 더 나아가 이를 사회적으로 또 정치적으로 강제되고 강요된 제도와 법으로 얽어매는 것을 통하여 오히려 자연스러워야 할 덕망을 상실하게 된 것이다. 자식의 부모에 대한 일방적인 효도와 순종으로 말미암아 자식은 부모의 부속물에 지나지 않는, 그래서 자식 된 인간의 인격이나 자율성을 무시하게 되는 결과를 초래했다. "물 먹기 싫어하는 말을 냇가에 끌고 간들, 물을 먹지 않는다."고 하면 짐승도 강요를 달갑게 생각하지 않는데, 하물며 인간을 규범과 강요의 틀에 얽어맨다면 결코 달가운 덕목이 될 수 없는 것이다.

그것은 자율성과 기쁨에 의한 효가 수행되게 하는 구조가 아니라, 어떤 법적이고 규범적인 것에 의해 강제적으로 수행되어야 하는 것이다. 그런데 규범과 강요 및 벌과 명령에 의해 강제적으로 수행되어야 한다면, 거긴 이미 선행자의 본과 모범에 의한 자연스런 교육이 먼저 이루어지지 않은 것이고 효가 이루어지지 않는다는 것을 시사하는 것이다.

만약 효가 이루어지지 않는다면, 그것은 "자식농사"를 잘못 지었다고 생각해야 되고, 혹 "자식농사"를 잘 지었다고 해도 자식이 자유로운 인격체이기에, 여러 변수가 생길 수 있는 것이다. 그럼에도 자식이 효도하기를 기다린다는 것은 어리석은 짓이다.

타락된 효사상이나 유교적 규범주의에 입각한 효사상에는 효를 강요하고 명령하는 것만 풍성하고, 효를 받아 챙기는 데만 안주하고 자식에게 꾸지람하는 데만 골몰하는 경향이 농후하다. 홍익이념에 입각한 선행적(先行的) 모범은 극히 빈약하니 효가 제대로 될 리 없다. 나쁜 어른들이 넘쳐나고 저질 기성문화가 팽배한 가운데 효사상이 제대로 실현되기는 만무한 것이다.

나이만 먹었다고 어른이라거나 어른 대접을 받으려고 한다면, 그것은 "장유유서"에는 맞을지 모르지만, 도무지 용인되기 어려운 일이다. 존경받을 만한 언행을 하고 모범을 보여야 한다. 도무지 자식의 영혼을 키울 만한 능력도 자격도 없는 부모들이 오늘날 넘쳐나고 있고, 천박한 영혼을 갖고서 사회를 휘젓고 혼탁하게 하는 것이 오늘날 기성세대의 어른문화인 것이다.

물론 오늘날 물질주의와 이기주의 및 상업자본주의와 향락주의 시대에서 저러한 효의 덕목은 크게 상처를 입었고, 또 크게 부각되지 않을 뿐만 아니라 중요한 도덕으로 받아들이지도 않는 실정이다. 많은 늙은 부모들이 자식들로부터 버림을 받고서 쓸쓸한 노후를 보내는 것은 오늘날 예사로 일어나는 일이다.

자식들은 부모를 모시기 싫어서 형제끼리 다투고, 혹 모신다고 한들 힘없고 연약한 노부모를 냉대하거나 무관심한 태도를 보이며, 게다가 고부간의 갈등으로 인해 늙은 부모들은 불편한 삶을 이어가는 것이 오늘날 우리사회의 현실이다. 부모의 유산으로 자식들이 다투고, 자식들은 그 유산을 받는 데에만 골몰하며, 적은 유산일 경우 부모가 냉대받는 경우도 종종 일어난다. 이런 현대사회의 모습은 효가 이미 땅에 떨어진 것을 반영해 준다.

물론 이런 흉한 꼴을 가져온 데에는 기성세대와 부모들의 책임도 있다. 오늘날 부권상실은 부인할 수 없는 현상인데, 이를 돌리려 아무리 발버둥 쳐 봐도 막을 수 없는 노릇이다. 유교의 전승문화에서 아직 헤어나지 못한 아버지들은 포용력이 없고 자식에 대한 사랑보다는 권력행사나 명령을 위주로 하며 권위와 위엄만 부리려고 했던 것도 부권상실의 한 원인이었음에 틀림없다. 또 모권은 앞의 부권처럼 권위나 허풍에 머물지 않고 끊임없이 실리를 챙기는 편이어서 늙은 아비는 이것저것 다 읽고 거리로 내몰린 섹스

피어의 리어왕 신세로 전락되고 말았다.

그런가 하면 아이들이 하나 혹은 둘밖에 없는 현대의 가정에 자식을 왕자나 공주처럼 키워, 준법정신이나 질서개념도 없고 어려움 앞에 쉽게 좌절하며 무절제한 아이들도 양산되고 있는 실정이다. 이들을 위해 온갖 것 다 해 주고 간과 허파까지 빼 준들 그게 올바른 교육이라고 할 수는 없다.

부모들은 이렇게 하면 자식들이 자기들을 모실 것이라는 착각에 빠져 있다. 애써 기르고 막대한 지출로 교육까지 시켜 주었으니 보답을 해야 할 것 아니냐고 자식들에게 따지는 것은 오히려 비굴해 보이는 것이다. 어디가 도대체 잘못되었을까. 앞에서 있었던 노자의 말을 되새겨 봐야 할 것이다.

오늘날 상업자본주의와 물질만능주의가 지배하는 세상에 효도 같은 개념은 퇴색되거나 팽개쳐진 상태이며, 나이가 많아진 사람은 사회에서 인간대접도 받기 어려운 폐품 정도로 전락되고 말았다. 젊은이들은 효사상에 별로 관심 두기를 꺼리며, 지금 세상에 무슨 케케묵은 소리를 하느냐고 비웃고 빈정대는 시대인 것이다. 자식이 부모 모시기를 꺼릴 뿐만 아니라 노골적으로 외면하는 경우도 허다한 시대이다. 며느리가 시부모를 내쫓는 세상이 되었고, 아예 부모를 모시겠다는 남자에게는 시집을 가지 않겠다는 세상이다.

혹시 자식과 함께 살아가는 부모일지라도 만약 경제력이라도 없는 늙은 어버이는 발붙일 곳을 찾기 어렵고, 눈치를 봐 가며 살아야 하는 형편이다. 경제력이 없는 어버이의 위신은 한없이 실추되고만 것이다. 며느리가 업신여길 뿐만 아니라 손자들도 만 원짜리 지폐나 값비싼 장난감 하나 사 주지 못하면 할아버지를 깔보는 것이 예사이다. 혹시 늙은 아비가 자식에게 재산이라도 물려주면 고마워하기는커녕 당연한 것으로 여길 뿐만 아니라, 경우에 따라서는 재산이 고작 이것밖에 안 되느냐고 푸념을 늘어놓는 경우가 허다하다.

그래서 오늘날 노인들은 쓸쓸한 거리와 공원을 배회하며 살아간다. 모든 재앙의 원인에는 그야말로 욕심 때문일 것이다. 내 남편과 아내, 그리고 내 새끼만 가족으로 생각하는 가족이기주의에 노인은 끼어들 공간이 없다. 이처럼 내 행복, 내 안락, 내 소유에 도움이 안 되거나 방해가 되는 것은 모조리 배척을 당하는 시대인 것이다. 현대인의 자기중심주의 이데올로기는 세상도 타자도 단지 자기의 의견과 통념에 의해 돌려지는 바퀴인 것이다.

2. 유교의 규범적 효사상에 대한 반론

앞에서도 언급했듯 효를 지나치게 강요함으로 말미암아 효가 자율성이나 자연성 및 자발성에 근거한 것보다는 짐을 지우고 멍에를 메게 하는 요소로 변해 있는 모습을 우리는 유교에서 목격한다. 더욱이 이 효를 정치와 사회의 엄격한 규범과 이데올로기로 못 박으면서 효는 더욱 무거운 운명적 멍에로 자리 잡게 되었다. 고대 중국에서 시작한 효도의 이데올로기에로의 발생근원이 권위와 경제권을 가진 사람에 의해서이고 자식사랑에 의해서가 아니라는 것을 윤태림 교수는 밝히고 있다.

"중국의 고대사회는 일부다처주의여서 많은 처첩을 거느린 상류

계급에서는 오늘날처럼 가족계획도 없었으므로 한 여자에게서 십여 명씩이나 자녀가 태어났다. 그러므로 처첩을 거느린 양반의 처지에서 보면 수십 명이나 되는 자녀의 이름은커녕 얼굴조차 제대로 기억을 못 할뿐더러 물어보기 전에는 어느 부인의 몸에서 태어난 아이인지도 알기 어려웠을 것이다. 그런 자녀들을 통제하고 자기가 집안의 어른으로 존경받으려는 제도가 필요했으니 그것이 바로 효도의 근원이었다. ……따라서 효도사상은 어떤 애정에서 나온 것이라기보다는 형식에 얽매어 권위를 앞세우기 위해 만든 것이다. 한마디로 말해서 유교도덕은 비천한 아랫사람이 존귀한 사람에게 복종하는 것을 밑바탕으로 한 윤리사상이다. 충성과 효도가 다 같이 권력을 가진 임금이나 아버지의 권위를 옹호하고 그들의 욕심을 채워 주고 그것을 합리화시켜 주는 방편으로 생긴 것이다."99)

효가 강력한 규범으로 자리 잡은 것은 이미 공자에서부터다. 그는 효도할 것을 강한 규범으로 만들고, 불효를 다른 어떤 형벌보다 중한 벌로 다스리게 했다. "공자께서 말씀하시기를 '다섯 가지 형벌에 속한 것이 삼천 조항이 있으니 불효보다 더 큰 죄는 없다' 하였다."100)

여기서 고대 중국에서의 다섯 가지 형벌이란 다음과 같다. 첫째, 이마나 팔뚝에다가 글자를 새기는 형벌(묵형), 둘째, 코를 베는 형벌(비형), 셋째, 발뒤꿈치를 베는 형벌(월형), 넷째, 생식기를 거세하는 형벌(궁형), 다섯째, 목숨을 빼앗는 형벌(대벽) 등이다. 이러한 형벌들을 고려할 때 효도와 불효가 도덕이나 예절의 단계가 아니라, 인간을 강제로 구속하는 법의 영역임을 시사한다. 말이 예(禮)니 천륜(天倫)이니 하지만, 실제론 봉건주의적인 엄격한 규범이라

예외를 허용하지 않는 양상을 띠고 있는 것이다.

이 외에도 유교에는 비인륜적인 규범들을 만들어 특정인들에게 멍에를 덮어씌우는 경우가 많다. 이를테면 유교의 전승에서는 아내를 내쫓을 수 있다는 소위 "일곱 가지 결점"을 정해 놓은 칠거지악(七去之惡)이란 것이 있는데, 이를 통해 말할 수 없이 가혹하게 여성을 사회적으로 억압한 것이다.[101] 이에 상응하는 벌이 남자에게는 없고, 오직 여성에게만 올무를 덮어씌우면서 여성의 자유를 빼앗고 억압한 규범을 만들어 낸 것이다.

이 외에도 "여자의 길"로서 "세 가지 종노릇"(三從)을 해야 한다는 규범인데, 이를테면 시집가기 전에는 아비에게 종노릇 하고(在家從父), 시집가면 남편에게 종노릇 하고(適人從夫), 남편이 죽은 뒤에는 아들에게 종노릇 하게(夫死從子) 하는 일종의 멍에법인 것이다.

자식에게 부과된 효도에 관한 규범들도 위와 유사하게 천륜이라거나 인륜이라는 미명 아래 상당히 무거운 짐들이다. 공자에게서부터 철저하게 법으로 혹은 도그마로 정립된 효도규범을 한번 들여다보자. "사람의 행동에 효도보다 더 큰 것이 없다."[102]고 한다면 효도는 이미 종교로, 그리고 종교의 교리로 받들어진 것이며, 자식의 입장에서는 아무런 고려도 허용되지 않는 도그마요 강요일 수밖에 없는 것이다. 공자에 의해 각인된 유교에는 "사람의 행실에 효도보다 더 큰 것은 없고",[103] 이 효도를 넘는 카테고리는 없으며 부모사랑보다 더 큰 사랑은 없다.[104]

"사람이 가는 길로서 효만큼 큰 것이 없다."라고 하거나, 나아가 효가 만 가지 선의 기본(萬善之本)이고, 백 가지 행위의 기본이며,

덕의 기본일 뿐만 아니라, 인(仁)의 근본이라고 한다면,[105] 효가 아닌 것은 뭐든 용납되지 않는 효 - 도그마가 성립될 수밖에 없는 것이다. 이러한 도그마의 바탕 위에 획일주의와 전체주의가 등장하게 되며, 후세의 사람들(특히 정치인들과 소위 높은 자들)이 정치·사회적 이데올로기로 삼으면서 저런 획일주의와 전체주의는 극으로 치닫게 되는 것이다.

『효경』(孝經)은 증자가 공자에게서 들은 것과 또 증자의 제자들이 증자로부터 들은 것을 묶어 만든 책인데, 아무도 예외 없이 - 사해(四海)의 백성들과 귀신마저도 - 효를 지킬 것을 강력히 주장하고 있다. "위에서 천자(天子)로부터 아래로 서인(庶人)에 이르기까지 모두 마땅히 이것을 받아서 쓸 것이니, 가까이는 집안에 있는 처자와 형제·장유(長幼)와, 멀리는 천지(天地)·귀신과 사해(四海)의 백성들이 모두 이것을 미루어서 올바른 일을 해야 할 것이다. 이름을 효경(孝經)이라 한 것은 이것이 천하 만세(萬世)의 떳떳한 법이 되기 때문이다."[106]

이러한 『효경』의 진술은 효도를 만방에 법제화하고, 그 예외를 허락하지 않는 도그마를 선포하고 있다. 효라는 것이 자연성이나 보편성 및 자율성에서 벗어나 강제적이고 강요된 법망을 쓰게 된 것이다. 효가 강요된 법망을 뒤집어쓰면서 보편적이고 자연적인 효의 아름다움이 강요와 강제의 굴레로 떨어지고 만 것이다. 더욱이 봉건적 계급 아래에서 강행되어야 하는 그 효가 어떤 양상을 갖게 되는지도 묵과해서는 안 될 사항이다.

이를테면 『홍길동전』에서 서자인 홍길동의 처지나 조선 말기의 시대상에 - 오죽했으면 동학혁명이 일어나 양반들을 처치할 때 그

불알을 까 자식을 낳지 못하게 했을까. - 비춰 볼 때 서자나 상민계급은 효도마저 제대로 할 수 없도록 제도화된 것이다. 그런데 도대체 이토록 인간불평등의 봉건주의를 감내하면서 효도를 하라는 것은 도대체 무슨 고약한 도그마인가. 만약 죄 없이 천대받고 볼기를 맞아 가며, 또한 피를 토해도 그 원한이 풀리지 않는 나날을 참아가며 삶을 영위했던 서자들이 "왜 나를 낳으셨나요?"로, 혹은 "왜 이 같은 나를 낳았느뇨?"라고 항변한다면, 이 목소리는 정당하지 않는 것인가.

유교는 자식에게 자유와 자율성을 부여하는 데에 지극히 소극적이며, 결과적으로 자식을 부모의 부속물로 여기는 경향이다. 이를테면 유교의 여덟 가지 형벌, 즉 팔형(八刑) 가운데는 첫째가 불효자이고, 셋째가 '불연'인데, "부모의 결혼명령을 거역하는 자"107)를 말한다. 자식을 소유물로 여기며 자식에게 자유와 자율성을 부여하지 않는 봉건주의적 규범이 잘 드러나 있는 셈이다. 그러기에 유교의 부모중심주의에는 부모와 자식 간에 사랑의 연결고리보다는 상명하복식의 봉건적 관계가 짙다.

도대체 "충효"라는 도그마로 인해 왕과 부모를 위해 나를 남김없이 희생해야 한다면, 나의 존재의미는 무엇이고 나는 왜 존재하는 것인가. 유교는 이런 인간의 존재의미에 대한 보편성을 헤아리지 못했다. 나 아닌 다른 높은 자들을 위해 일방적인 의무만 강요된다면, 나의 존재의미는 이미 박탈된 것이고 부속물로 전락된 것이다. 거긴 상하 간의 호혜나 공존의 논리는 존재하지 않고 - 마치 공존이나 호혜가 있는 것처럼 들먹이지만, 그것은 빈핍한 땜질이거나 꼼수에 불과하다. - 거의 일방적인 방향만 존재할 따름이다. 우리의 수없이 긴 유교의 역사에는 수많은 독재자들이 나타나 무자비한 충성을 강요하고 또 일방적인 효도만 강요한 것이다.

유교의 봉건적 계급주의에는 효도에도 등급에 따른 효도가 있다. "천자로부터 아래로 제후(諸侯)·경대부(卿大夫)·선비·서인(庶人)이 되는 것이니 이것이 도합 다섯 가지 등급이다."[108] 그런데 이런 봉건적 등급에 준하는 특권이나 혜택 및 희생이 상응하게 주어진다. "옛날에 경(卿)은 첩을 두고 대부(大夫)는 두 아내를 가질 수 있으며, 선비는 종을 두며, 서인과 공장이·장사치는 각각 분친(分親)이 있는 것이니, 이것을 통틀어 신첩(臣妾)이라고 말한다. 신첩은 천하고 소활하며 처자는 귀하고 친한 것이다."[109]

유교에서의 봉건적 계급은 하늘이 정한 것으로, 혹은 운명적인 것으로 굳혀 있다. "……높고 낮은 지위는 이미 정해져 있어서 바꿀 수 없는 것이니 이것은 하늘의 분수다."[110] 그러기에 유교의 도덕은 소위 높은 사람들이 기득권을 향유하기에 적합하도록 만들어졌다. 그래서 불평등을 "하늘이 내린 천륜"이라고 억지와 변명으로 고착화하고 도그마화한 것이다. 그것은 따라서 높은 자의 인격만 중요하고 소위 낮은 자는 높은 자에 복속시키는 제도인 것이다. 그러기에 "삼강오륜"을 비롯한 수다한 억지규범들은 상명하복을 제도화하고 법제화한 것이다.

그러나 상명하복을 마치 천륜인 것처럼 혹은 인륜인 것처럼 포장했는데, 왜 그토록 반역과 역성혁명이 중국역사에 많았을까. 중국의 오랜 역사와 유교를 신봉한 조선시대에는 수없이 많은 역성혁명이 있었고, 그때마다 다른 사람들을 무참히 죽이고서 권력을 탈취하는 경우도 있었으며, 칼자루로 다른 왕을 몰아내고 왕이 된

자도 많았으며, 또 칼자루로 혹은 역성혁명으로 일단 왕의 자리에 오르면 소위 천자(天子)가 되었기에, 참으로 우스꽝스러운 봉건주의로 여겨지지 않을 수 없다.

유교는 지배와 복종의 시스템으로 질서를 강조하지만, 중국의 역사는 무수한 역성혁명(易姓革命)으로 점철되어, 툭 하면 왕조가 교체되는 그런 역사였다. 효와 충으로 무장된 유교의 국가에서 왜 이토록 역성혁명으로 얼룩진 것인가. 공교롭게도 유교를 국교로 숭배할 정도로 사대주의에 물든 조선왕조의 시작이 바로 이성계에 의한 역성혁명에 의한 것이라면, 아이러니 중의 아이러니가 유교에 내포되어 있는 것이다.

그런데 역성혁명으로 수없이 교체된 중국의 역사는 우리 민족에게서와 같은 천년왕국이나 오백 년 왕조와 같은 경우를 찾아보기 어렵고, 심지어 백 년의 왕조조차도 드물어 명나라와 청나라 등의 왕조를 제외하면 고작 수십 년에 불과한 경우가 허다하다. 물론 그 많은 왕조의 교체가 평화적인 정권교체라면 이 또한 환영할 바이나, 주로 인명(人命)의 피를 제물로 삼는 역성혁명이 대부분이었다. 그것은 스스로 충효를 실현하기는 싫고, 남의 충효실현을 원하는 욕심이 앞섰기 때문이다.

즉 유교의 봉건적 계급주의에 입각해 천자(天子)가 되어 남의 위에 군림하고, 남의 복종과 충효를 받아먹기를 이상으로 생각했기 때문일 것이다. "중화사상"은 바로 이런 사상을 담고 있어 중원을 지배하고 세계의 중심 지배를 골자로 하고 있다. 그러기에 중원을 지배하는 자는 남의 충효를 요구하는 그런 유교를 선호할 것이다. 물론 진시황의 경우는 유교보다는 도교를 숭배했다고 하지만, 절대

권력과 천자(天子) 개념 및 봉건주의에서는 유교와 상통한 경우라고 할 수 있다.

　그러기에 중국의 왕조가 빈번히 교체되는 가운데서도 변하지 않고 역대를 하나로 꿰는 통치방식과 규범, 말하자면 누가 천하를 통일하고 중원을 지배하는 군주가 되거나 또 바뀌더라도 불변하고 바뀌지 않는 것이 있으니, 그것은 공맹사상(孔孟思想)에 뿌리를 둔 유교와 중화사상인 것이다. 중원의 패권을 차지한 군주는 언제나 공맹(孔孟)의 유교로 백성을 다스리고, 또 공맹사상으로 변방의 번족(蕃族)들을 복속시키겠다는 것을 정치이념으로 삼았던 것이다.

　이러한 유교와 중화사상 및 패권주의는 의식적 무의식적으로 뿌리 깊게 박혀 있는 사상이며, 이웃나라들도 그런 패권주의와 중화사상으로 인해 불편해하고 불안해하고 있다. 결과적으로 유교는 거대한 지배 이데올로기를 형성하고서 "천륜"이니 "인륜"이라는 미명 아래 봉건적 계급을 고착화시켜 인간의 불평등을 조장하고 소위 낮은 자들을 무자비하게 억압했으며 인간의 자유와 개성을 묵살했음을 우리는 목격할 수 있다.

　최근에 중국사회과학원 문학연구소 소장 출신의 류짜이푸와 이 연구소의 연구원 출신인 린강은 『전통과 중국인』[111]에서 전근대 중국인의 정신을 지배한 전통사상의 수용과 왜곡과정을 치밀하게 분석한다. 저자들은 중국 고래(古來)의 예치(禮治)질서가 인간의 자유와 개성을 박탈하고 개인을 독립된 인격이 없는 '애송이'로 전락시켰다고 진단한다. 저자들은 고래의 전통사상이 인간의 자유와 개성을 무시한 채 하나의 혹은 몇몇의 절대적 가치로써 인간의 삶을 지배한 잔학무도한 지배유형으로 보고, 그 잔학무도한 사회는 유가

(儒家)를 비롯해 도가와 불가가 지배한 전통사회였다는 것이다.

이를테면 장유유서(長幼有序)라는 고정불변의 올무는 저자들에 의하면 인간의 다양한 개성과 자유를 깡그리 무시하고서, 이 계율에만 얽매이게 하고 꼼짝달싹 못하게 묶어 두었던 것이다. 그러기에 장유유서를 비롯한 봉건적 계급주의의 종속관계는 한 개인을 더 높고 강한 사람의 노예이자 더 낮고 약한 사람의 상전으로 만들었던 것이다. 상전에게 착취당하게 하는 문화, 노예로 삼키는 문화는 식인문화인 것이다. 특히 저 책의 저자들은 유가의 도덕이 인간 존엄성을 위한 도구가 아니라 그 자체로 목적이 되자 ― 실제로 사회와 정치의 통치이념이 되고 도그마가 되었다. ― 그 잔혹함이 하늘을 찔렀다고 진단한다.

그 예로서 위의 저자들은 『효경』(孝經)에 나오는 기사[112]에서 진(晋)나라 사람 곽거의 효에 대한 이야기를 언급한다. 곽거가 자신의 어머니 봉양에 세 살 난 아이가 방해가 될까 봐 ― 어머니에게 드리는 음식을 자식이 빼앗아 먹는다고 ― 차라리 아이를 땅에 묻으려 한 소행이 마치 효의 대표처럼 여겨져 오는 것이라든가,[113] 또 당나라의 정사서(正史書)로 여겨지는 『구당서』에 당나라를 뒤흔든 "안사의 난" 와중에 성(城)이 포위되어 식량이 떨어지자 첩을 죽여 군사에게 인육을 먹인 장순의 경우를 충성으로 극찬한 것을 도덕의 탈을 쓴 잔인성과 야만성의 극치라고 저자들은 진단하고 있다.

『효경』(孝經)에는 이 외에도 효도라는 미명 아래 희생을 요하는 그런 섬뜩한 기사들이 많다. 이를테면 팔뚝 살을 베어 약에 섞어 달여서 시어머니의 병간호를 했다는 기사가 등장한다.[114] 홀어머니의 병을 낫게 하기 위해 자식을 펄펄 끓는 가마솥에 넣어 그 물을 마시게 한 것이 과연 효자라고 할 수 있는가. "아들을 가마솥에 넣은 효자"115)는 효자이기 이전에 살인죄이고 그야말로 천륜을 어긴 천하의 불효자라고 하는 것이 지당할 것이다. 이런 효사상이야말로 자식이 오직 부모의 예속물에 불과하다는 것을 적나라하게 드러내는 유교적 효도관이라고 할 수 있다.

유교는 "장유유서"가 말해 주듯 어른과 높은 자에게 기득권이 다 주어지고, 아이와 낮은 자에게는 복종이나 종노릇만이 강요되는 봉건적 양상을 갖고 있다. 거긴 인간의 보편성과 자연성, 이를테면 아이의 천연성과 순진무구함에 대한 높은 평가도 없다. 노자의 『도덕경』에 드러난 아이예찬과 같은 것을 볼 수 없으며,116) 시인 W. 워즈워드의 시(詩) 「무지개」에 나오는 구절, 즉 "어린이는 어른의 아버지"와 같은 평가를 찾아볼 수 없다.

예수는 어린이를 축복하여 "어린이와 같지 않으면 천국에 들어갈 수 없다."고 하여, 어린이를 천국입성의 비유로 삼은 것을 복음서의 여러 곳에서 목격할 수 있다. "어린아이들이 내게 오는 것을 용납하고 금하지 마라. 하나님의 나라가 이런 자의 것이니라. 내가 진실로 너희에게 이르노니 누구든지 하나님의 나라를 어린아이와 같이 받들지 않는 자는 결단코 들어가지 못하리라."117) 이러한 일련의 지적들은 유교가 어린이를 하나의 "어른 예속물" 혹은 부속물로 확정 짓고서 복종의 의무만을 요구한 것과는 판이한 대조를 이루고 있다.

유교에서의 아이는 무한정에 가까울 정도의 효도와 복종을 해야 하고, 간혹 덕스러운 행위를 해도 아이에게 칭찬 한마디도 허락되지 않는다. "아버지는 아들의 덕(德)을 말하지 말고, 아들은 아버지의 허물을 말하지 말아야 하느니라."118) 이런 유교의 가르침은 참으로 가혹하다. 자식에게는 엄한 규범의 잣대가 주어지는데, 아비는 도대체 뭐란 말인가. 물론 대부분의 자식은 아비의 허물을 말하지 않을 뿐만 아니라 드러내지 않는다. 그러나 우리가 묵과하기 어려운 것은 허물을 보이는 어른의 반성이 없다는 것이다. 그는 과연 효도를 말할 자격이 있으며, 자식이 효도를 할 수 있도록 하는 본을 보였는가?

이토록 유교에는 어른의 철저한 반성이나 모범을 말하지 않고 자식의 효도만 강요한다는 것이다. 부모는 폭행을 일삼아도 되고 자식은 오직 이를 감내해야 된다는 것이다. "부모에게 허물이 있으면 아뢰되 뜻에 어긋나지 않고, 세 번 아뢰어도 들으시지 않으면 울부짖으며 따르되, 부모가 노하여 때려서 피가 나도 감히 원망하지 않는다."119) 얼마나 가혹한 비극인가. 모범은커녕 허물을 갖고서도 폭력과 독재를 일삼는 부모의 모습은 효도를 운운할 자격이 없을 뿐만 아니라 부모의 자격이 없다고 해야 할 것이다.

그러나 자식들에게는 끝이 없을 정도의, 혹은 자연의 범위를 뛰어넘는 요구사항이 부모로부터 과제로 주어진다. 『孝經』(효경)에 부모는 자식에게 무리하고 비합리적인 것을 요구하는 경우에도, 이에 대해 자식은 어떤 수를 쓰더라도 구해야 하는 그런 "효행"을 기록하고 있다. 이를테면 차가운 겨울의 언 땅에서 미나리나 죽순이며 잉어를, 그리고 생선을 구해 올 것을 요구한다.120) 백화점도 가게도 냉장고도 없는 시대에 어디서 이런 물건들을 구해 온단 말인가. 참으로 자식은 부모의 부속물이고 노예와 같은 처지임이 절실하게 드러난다.

그러나 유교는 부모의 탓을 하지는 않고 자식에게만 짐을 지운다. "그러나 이 세상에는 그릇된 부모란 없으니, 부모가 비록 인자하지 못하다 할지라도 자식은 효도하지 않으면 안 되는 것이다."121) 이런 대목에서 우리는 유교의 봉건적이고 독단·독재적인 모습을 들여다본다. "그릇된 부모가 없다."는 것은 유교가 지배한 옛날에는 통했을지 몰라도(결코 그렇지가 않을 것이다.), 수다한 도둑놈의 부모와 살인과 강간을 저지르는 부모, 도박과 음주에 빠진 부모 등 수없이 많으며, 심지어 자식을 학대하거나 자식에 관심이 없는 부모도 있고 덕스럽게 키우지 못하는 부모도 있는 것이다.

이에 비해 대부분의 자식들은 비록 못난 부모일지라도 그 부모를 사랑으로 끌어안는 경우가 허다하다. 부모의 허물이나 그릇됨을 보고 자식은 크고 작은 충격에 휩싸이지만, 그러나 그럼에도 정상적으로 자란 아이라면 부모의 허물을 덮는 편이다. 유교는 그러나 자식에게 마음의 상처가 있다는 것을 보지 못했다. 부모의 수준 높은 모범과 본이 전제로 되어야 하는 것을 지적하지 않고, 고작 "낳고 길렀으니", 그것이 부모의 하늘과 같은 은혜란 것이고, 자식은 무한의 복종과 효도를 해야 한다는 것이다.

자식의 부모에 대한 과제는 입신출세를 하여 부모의 이름을 날려야 하고 그래야만 효도의 마침이 될 수 있다는 것이다. 즉 자식은 입신출세하여 이름을 후세에 날리고, 이것으로 "부모의 이름까지도 빛나게 하는 것이 효도의 마침"122)이라고 한 것이다. 우리사회엔 오랫동안 부모의 이름을 날리는 마력에 휩싸여 있었다.

이를테면 "아무개 자식이 이번에 사법고시에 합격했다."거나 "아무개 딸이 무슨 콩쿠르에서 일등을 했다.", "아무개 자식이 서울대학교에 합격했다."고 하여 부모의 이름을 날리게 한 것이다. "이름을 날려야 한다."는 유교의 유명론 혹은 허울은 인간이 타자에 대한 봉사자나 협동자 및 동반자가 되게 하기보다는 입신출세하여 타자 위에 군림하고 지배하고 다스리는 것을 이상으로 삼게 한 것이다.

"장유유서"에 따라 아이는 늘 어른의 뒷전으로 밀렸으며, 그 자연성과 독자성은 부각되지 않았다. 노자의 『도덕경』에 나오는 아이의 특수성과 독자성 및 자연성 같은 것은 유교에서 별로 의미를 갖지 못한다. 아이는 그저 낮은 사람의 축에 끼어 효도와 같은 일만 해야 하는 것이다. "사마온공(司馬溫公)이 말하기를 '무릇 낮은 사람과 어린이는 일의 크고 작음을 가릴 것 없이 독단적으로 행할 수 없으며, 반드시 집 어른에게 묻고 품의를 할 일이다' 하였다."123)

물론 아이는 이것저것 성장과정에서 많이 배워야 한다. 그러나 자질구레한 것까지 꼭 이렇게 혹은 저렇게 해야 한다는 식으로 묶어 놓으면 결국 그러한 규범들은 아이들에게 올무로 되고 자율성과 창조성을 가로막는 일이다. 다음과 같은 것은 그런 자질구레한 규범이라 할 수 있다. "아이가 밥을 먹게 되면, 수저를 오른손으로 잡도록 하며, 말을 하게 되면, 대답을 할 때 남자는 짧게 하고, 여자는 길게 하며, 남자는 허리띠를 가죽으로 하고, 여자는 허리띠를 실로 짠 것으로 한다."124) 이런 자질구레한 규범은 인간의 자유를 억압하고 다른 가능성을 무시하는 도그마인 것이다.

유교의 텍스트에서 아이는 이것저것 효도를 위해 해야 할 일이 많지만, 이에 비해 어른에게는 그런 과제가 별로 없다. 『명심보감』에 "아내가 어질면 그 남편에게는 화가 적고, 자식이 효성스러우면 그 아버지의 마음은 너그러워지느니라."125)고 하였는데, 아비나 남편인 자가 해야 할 일은 제시되어 있지 않다. 또 이와 유사하게 아이의 과제는 주어져 있으나, 어버이의 할 일은 언급되어 있지 않다. "자식이 효도하면 어버이는 즐거워하고, 집안이 화목하면 모든 일이 다 이루어지느니라."126)

3. 강요되지 않은 효의 아름다움

강요되지 않은 효는 아름답다. 그것은 자율의 바탕에서 싹튼 인간 사랑이고, 그 대상이(도움이 필요한) 부모인 경우 더욱 아름답다. 효는 동서양을 막론하고 인간의 보편적 미덕이고, 그런 만큼 부모와 자식 간의 자연적이고 또 운명적인 인간관계에서 피어나는 아름다운 도덕의 꽃이다. 이런 효를 유교와 같이 강제적인 규범으로 얽어매면 그러나 자연스럽고 또 아름다워야 할 효의 본래적 의미가 상실되는 것이다.

앞에서 우리는 효가 유교의 전유물이 결코 아니라 인류의 보편적 현상이고 또 여러 다른 종교들에게서도 드러난다는 것을 언급했다. 특히 효사상을 우리만의 것이라거나 혹은 동양사상의 특징이라고 해도 곤란하다. 비록 서구는 동양에 비해 효사상이 덜 지배적인 것 같지만, 그러나 자식과 부모의 사랑과 효는 동서양의 구분을 떠나 고귀한 인류의 보편적 덕망인 것이다.

그러나 고대 중국의 유가적(儒家的) 효사상은 인간의 행동방식을 규제하는 강력한 규범문화에 기인하여 정치·사회적인 제도로, 관습으로, 그리고 법률로 고착화시킨 것이다. 중국은 강력한 규범문화를 만들고 효도를 해야 할 자식들은 이 규범문화에 따라야 한 것이다. 이에 비해 한국의 효사상은 - 유교적 도그마가 강제로 실현된 조선시대의 경우를 제외하면 - 훨씬 다르다.

그것은 효를 강조하기 이전에 부모의 선행(先行)하는 모범이 기반이 되고, 또 강요보다는 자식의 자율에 의한 효였기 때문이다. 그래서 우리의 효 문화는 규범이나 강요보다는 자연스런 윤리가 바탕이 된 정신문화인 것이다. 아래에서는 우선 효사상이 중국의 전유물이 아니라 보편성을 갖는 인류의 윤리라는 것을 드러내기 위해 성경과 기독교에서의 효사상을 파악해 보고 또 고대 한국에서의 효사상을 검토해 본다.

① 기독교에서의 효사상

효도가 결코 우리만의 전통이 아니라는 것을 우리는 다른 여타의 종교와 문화권에서도 목격할 수 있다. 오죽했으면 모세의 십계명 가운데 제5계명으로 "네 부모를 공경하라. 그리하면 너의 하나님 나 여호와가 네게 준 땅에서 네 생명이 길리라."라고 기록되어 있을까. 세계 대다수의 문화권에서도 부모에게 효도하는 것을 중요한 덕목으로 정하고 있는데, 물론 장구한 세월을 지내면서 효사상이 잘 전승된 곳이 있는 반면에 그렇지 못한 곳이 있는 것도 사실이다. 그러기에 효사상을 우리만의 것이라고 고집한다거나 혹은 거꾸로 이를 터부시하여 고리타분하고 케케묵은 우리 옛 전통이라고 일축한다면 얼간이 짓을 저지르는 꼴이 되고 만다.

물론 성서에서의 효사상은 저기 십계명에서의 한 계명으로만 그치는 것이 아니다. 구약성서 『룻기』를 보면 눈물겨울 정도의 찐한 효심을 엿볼 수 있다. 유다의 베들레헴 태생의 엘리멜렉이라는 남자가 자기의 아내 나오미와 두 아들을 데리고 모압 땅으로 갔다. 두 아들은 여기서 장가들었는데, 한 여자의 이름은 룻이고 또 한 여자의 이름은 오르바였다. 그러나 이 모압 땅에서 십 년을 사는 동안에 엘리멜렉도 또 두 아들도 죽고 나오미와 두 며느리만 남게 되었다.

여기서 더 이상 살기 어려워 나오미는 두 며느리가 자신과 죽은 두 남편을 사랑해 준 데 대해 크게 고마움을 표하고서, 두 며느리에게 친정으로 돌아가 새 남편을 만나 행복하게 살기를 간구하고 또 하나님께서 돌봐 주시기를 빌었다. 그러나 며느리들은 큰 소리로 울면서 "아닙니다, 우리도 어머님과 함께 어머님의 겨레에게로 돌아가겠습니다."고 하면서 포기하지 않았다. 며느리들의 처지를 무척 괴롭게 생각하며 돌아가 새 출발을 할 것을 거듭 간구했을 때, 오르바는 크게 울면서 시어머니에게 입 맞추고서 돌아갔다.

나오미는 이제 룻에게도 곱게 타이르며 "너의 동서처럼 저의 겨레와 신에게로 돌아가거라."고 부탁했다. 그러나 룻은 시어머니에게 더 달라붙으면서 다음과 같이 대답한다. "나더러, 어머님 곁을 떠나라거나, 어머님을 뒤따르지 말고 돌아가라고는 강요하지 마십시오. 어머님이 가시는 곳에 나도 가고, 어머님이 머무르시는 곳에 나도 머무르겠습니다. 어머님의 겨레가 내 겨레이고, 어머님의 하나님이 내 하나님입니다. 어머님이 숨을 거두시는 곳에서 나도 죽고, 그곳에 나도 묻히겠습니다. 죽음이 어머님과 나를 떼어 놓기 전에 내가 어머님을 떠난다면, 주님께서 나에게 벌을 내리시고 또 더 내리신다 하여도 달게 받겠습니다."(룻기 1장 16 – 17)

나오미는 룻이 자기와 함께 가기를 굳게 마음먹은 것을 보고 더 이상 말리지 않았으며, 룻을 데리고 고향땅으로 돌아왔다. 과부와 빈털터리로 된 나오미와 룻은 힘겹게 삶을 이어 갔다. 룻은 어느 날 시어머니께 여쭙고 보리이삭을 주우려 나갔다. 때마침 보리수확이 한창인 농장으로 갔는데, 그곳은 우연히도 엘리멜렉과 집안 간인 보아스의 밭이었다. 이삭줍기의 허락을 받기 위해 룻은 주인이 오기를 기다리고 있는데, 때마침 보아스가 베들레헴에서 올라왔다. 보아스가 이 여인이 누군지 일꾼들에게 묻자, 이미 일꾼들이 사전에 물어서 알고 있어, 모압 땅에서 온 이방 여인 룻임과 나오미의 며느리라는 것을 알려 주었다.

보아스는 흔쾌히 허락했을 뿐만 아니라, 이삭을 많이 줍도록 배려했다. 마침내 효성이 지극하다는 것을 들어 알고 있던 보아스는 일꾼들 옆에 앉히고 점심도 함께 먹게 했다. 룻이 점심을 먹다가 시어머니를 생각해 자신의 몫 중에서 남겨 두는 마음씨를 보고 농장주인 보아스는 크게 감동했다. 나중에 보아스는 읍내 장로들의 허락을 받고 정당한 절차에 따라 룻과 혼인을 하게 되었는데, 이들에게서 오벳이 태어났고, 오벳은 다름 아닌 다윗왕의 할아버지이다.

이처럼 『룻기』에서 룻의 효심은 동양의 그 어떤 효녀에도 떨어지지 않는 아름다운 것으로 여겨진다. 말할 것도 없이 룻의 효도는 그 어떤 강요에 의한 것도 아닌, 자발적인 것으로서 인간의 보편적이고 자연적인 효의 아름다움을 유감없이 드러내고 있다. 이 외에도 구약성서의 『잠언』도 많은 부분이 아들에게 주는 교훈으로서 아들이 지혜를 구하는 자, 겸손한 자, 아버지의 훈계와 어머니의 법을 항상 마음에 새기는 자가 되도록 가르치고 있다.

『잠언』(6장 20절)에서 솔로몬은 "지혜로운 아들은 아비로 기쁘게 하거니와 미련한 아들은 어미의 근심이니라."고 하면서 효자와 불효자를 구별하고 있다. 불효자는 그러기에 아버지의 훈계를 업신여기는 미련한 자, 거만한 자, 꾸지람을 듣지 않는 자, 어리석은 자 등이다. 그는 "너 낳은 아비에게 청종하고 네 늙은 어미를 경히 여기지 말지니라. ……네 부모를 즐겁게 하며 너 낳은 어미를 기쁘게 하라."고 하여 부모를 공경해야 할 것을 가르치고 있다.

나아가 솔로몬은 아들들에게 훈계를 하면서 자신도 다윗의 아들로서 아비의 훈계를 잘 지켜 결국에는 영광스런 자리에 오르게 되었음을 지적하고 있다. "아들들아 아비의 훈계를 들으며 명철을 얻기에 주의하라. 내가 선한 도리를 너희에게 전하노니 내 법을 떠나지 마라. 나도 내 아버지에게 아들이었었으며 내 어머니 보기에 유약한 외아들이었노라. 아버지가 내게 가르쳐 이르기를 내 말을 네 마음에 두라, 내 명령을 지키라. ……지혜가 제일이니 지혜를 얻으라. 무릇 너의 얻은 것을 가져 명철을 얻을지니라. 그 지혜를 사랑하고 높이면 면류관을 얻을 것이라는 아버지의 훈계를 내가 잘 지켰더니 그렇게 유약했던 내가 지금의 이 영광된 자리에 있게 되었다."(『잠언』, 4장 1-9절)

놀라운 것은 우리의 전승된 효사상이 중국과는 다른, 즉 어떤 강요나 규범에 의한 것이 아니라 선행적(先行的)인 효의 모범과 자연스럽고 자율적인-그래서 아름다울 수 있는-것이라고 했는데, 위의 솔로몬은 바로 이와 같은 실례를 보여 주고 있다.

 "네 부모를 공경하라."는 효의 강조는 십계명에서의 한 계명으로만 그치는 것이 아닌, 『신약성서』와 『구약성서』에 빈번히 등장한다. 예수도 공생애를 살기 전에 "부모를 따라 나사렛으로 돌아가 부모에게 순종하며 지냈다."(『누가복음』, 2장 51절)고 기록되어 있으며, 공생애를 살면서 예수는 "부모를 공경하라"는 계명을 여러 군데서 상기시켰다. 예수가 첫 번째 기적을 행했던 갈릴리 가나의 혼인잔치에서의 사건은 어머니에게 순종하는 의미에서 일어난 것이다.

 어머니 마리아는 아들에게 "이 집에 포도주가 다 떨어졌다."(요한복음 2장 1절)고 예수에게 말했다. 그러나 예수는 어머니의 말이 무엇을 뜻하는지 알았지만, 자신이 아직 기적을 행사할 때가 아님을 지적하면서 사양을 하였다. 그래서 "어머니, 그것이(즉 포도주가 떨어진 것이) 저와 무슨 상관이 있습니까? 아직 저의 때가 오지 않았습니다."고 대답하였다.

 그러자 마리아는 아들의 말을 들어주지 않고 다짜고짜로 하인들에게 "무엇이든지 그가 시키는 대로 하시오." 하고 일렀다. 예수는 자신의 때가 아직 오지 않았다고 했지만, 어머니에게 순종하는 의미로, 어머니를 기쁘게 해드리기 위해 자신의 때를 어겨 가면서까지 물로 포도주를 만드는 기적을 행사하였다. 물론 이 첫 번째 기적의 행사는 어머니에게 순종하는 의미 외에도 여러 가지 신학적 의미를 함축하고 있는 것이다.

 공생애를 마치는 순간, 즉 십자가에서 처형을 당하는 때에도 예수는 어머니 마리아와 제자들이 서 있는 것을 보시고서 "어머니, 이 사람은 어머니의 아들입니다." 하고, 이제 자신으로서는 더 이상 어찌할 수 없는 처지에서 한 제자에게 "보라 너의 어머니다."고 했는데, 그때부터 그 제자는 마리아를 자기 집에 모셨다(『요한복음』, 19장 25절 이하)고 기록하고 있다.

『신약성서』에서의 파울루스도 부모의 자식사랑과 자식의 효도에 관해 여러 곳에서 언급을 하고 있다. "자녀들아 너희 부모를 주 안에서 순종하라. 이것이 옳으니라. 네 아버지와 어머니를 공경하라, 이것이 약속 있는 첫 계명이니, 이는 네가 잘되고 땅에서 장수하리라. 또 아비들아 너희 자녀를 노엽게 하지 말고 오직 주의 교양과 훈계로 양육하라."(『에베소서』, 6장 1 – 4절)[127]

나아가 파울루스는 부모를 공경하지 않는 것이 말세의 징조 가운데 하나임을 보여 주고 있다. "말세에 고통하는 때가 이르리니 사람들은 자기를 사랑하며 돈을 사랑하며 자긍하며 교만하며 훼방하며 부모를 거역하며 무정하며 원통함을 풀지 아니하며 참소하며 절제하지 못하며 사나우며 선한 것을 좋아하지 아니하며……." 이리하여 성서에도 부모를 공경하는 효의 사상을 강조하고 효가 중요한 덕망임을 일깨워 주고 있다.

유교의 텍스트에서 우리는 강요된, 그리고 수직적인 효사상을 목격한다. 그런데 이토록 강요하고 도그마로 얽매는 수직적인 효사상은 우리 시대에 걸맞지 않을 뿐만 아니라 엄청 수정을 요구한다. 물론 그렇다고 효사상이 우리 시대에 결코 중요하지 않다는 걸 말하는 것은 아니다. 어쩌면 저런 강요된 효사상은 고대 한국의 전승에는 오리지널한 원류라고 할 수 없을 것이다.

유교의 도그마를 받아들이기 이전에, 우리는 자식의 효를 말하기에 앞서 그에 걸맞은 부모의 모범과 감동으로 자식의 영혼에 효의 씨앗을 심어 두었기에, 강요나 작위에 의해서가 아니라 저절로 우러나게 했던 것이다. 그래서 "효자 집안에 효자 난다."거나 "윗물이 맑아야 아랫물이 맑다."는 속담은 오래전에 형성된 것이다.

유교의 규범주의가 지배하기 이전에는 대체로 신화나 동화 및 설화의 형태로 전승된 효사상에는 강요나 도그마며 명령이나 법에 의한 것이 아니라 자율성과 자연성에 입각한 것이었음을 우리는 많은 자료들에서 목격한다. "효자 집안에 효자 난다."는 경우를 우리는 전승된 텍스트에서 목격하며 "단군신화"의 환웅이나 단군의 경우에도 그 사례를 잘 보여 주고 있다. 그러기에 자발적인 효가 대를 잇기 마련이며, 혹시 좋은 선행하는 모범이 없는 경우에도(부모가 못나 좋은 모범을 못 보여 준 경우에도) 강요에 의한 것이 아니라 자발적인 효였던 것이다.

환웅의 환인에 대한 경우에서, 단군의 환웅에 대한 경우에서도 자연스런 모범과 자율적인 효를 우리는 목격한다. 우리가 사례로 드는 "효녀 지은"이나 "효녀 심청" 및 "북두칠성이 된 효자들", "바리공주"와 "평강공주"의 경우가 모두 자발적인 효를 바탕으로 하고 있다.

② 단군신화에서의 효사상

단군신화에도 독특한 효사상이 들어 있다. 여긴 유가(儒家)와는 달리 효행만 강조하는 것이 아니라, 효를 할 수 있도록 넉넉한 은덕을 베푸는 것이다. "효자 집안에 효자 난다."는 모범을 잘 보여 주고 있는 것이다. 먼저 베풀기에, 말하자면 "대접을 받고자 하면 먼저 대접하라."는 황금률을 충족시키고 있는 것이다.

그러기에 유교에서처럼 막연히 어린 자식에게 효도를 하라고 강요만 하지 말고 먼저 베풀고 대접하고 은덕을 베풀면, 그리고 자식의 영혼을 감동시킨 사랑의 교육이 되었다면, 그것으로써 자식으로 하여금 저절로 효를 불러일으키는 것이다. **홍익하면 충효가 저절로 되는 것이다. 그러나 충효를 강요하거나 강조한다면, 거긴 이미 홍익이 땅에 떨어진 것이다.**

마치 노자에게서와 같이 상도(常道)가 지켜지면 효와 충은 저절로 이루어지는 것이다. 홍익하면 충효는 자연스레 이루어지는 것이다. 그러나 도(道)가 땅에 떨어지면, 그땐 "인의예지(仁義禮智)"를 비롯하여 갖가지의 효에 대한 규범들이 양산되는 것이다. "윗물이 맑으면 아랫물이 맑다."는 속담은 혼탁한 오늘날에도 여전히 유효한 진리이다. 아니, 혼탁하게 된 이유가 어른들이 일구어 놓은 저질문화이기 때문이다.

단군신화에는 먼저 아버지, 즉 환인 쪽에서 자식의 의도를 읽고서 자식에게 베푸는 장면이 『삼국유사』에 드러나 있다.[128] 환웅은 아버지 환인과 함께 하늘에 거하면서 가끔 지상을 내려다보고서 인간세상을 다스려 이상적인 나라를 가꿔 보려는 꿈을 키워 나갔다. 환웅은 이처럼 의향과 뜻을 품고서 언젠가 이 꿈을 실현하고 싶었다. 아들 환웅은 이토록 독창적이고 적극적인 발상을 가졌던 것이다. 그러나 그는 감히 아버지께 이런 뜻을 주장하거나 내세우지는 않았다.

그런데 그의 아버지 환인은 이런 아들의 뜻을 알아채고서 하늘

아래의 지상세계를 굽어보았다. 과연 아름다운 산과 강이며 들판이 펼쳐져 있었는데, 특히 이 가운데서 삼위태백(三危太伯)이란 산이 있는 곳은 인간을 널리 이롭게 할 만한 근거지로 적합하다고 여겨졌다. 환웅의 아버지 환인은 곧 아들의 뜻을 훌륭하다고 생각하고서(긍정하고서) 천부인(天符印) 세 개를 주어 지상을 다스릴 직권을 부여하였다. 그리하여 환웅은 천상의 무리 삼천 명을 이끌고서 천공을 헤쳐 태백산의 정상에 있는 신단수(神檀樹) 아래로 내려와 신시(神市)를 열었던 것이다.

환웅은 그의 아버지 환인이 실망하거나 후회하지 않을 정도로 신단수 아래에서의 신시에서 이상적인 "동화의 마을"을 가꾸었으며, 소위 홍익인간(弘益人間)과 광명이세(光明理世) 및 재세이화(在世理化)의 세계를 펼쳤으며, 심지어 동물들이 와서 인간이 되게 해 달라고 할 정도로 유토피아적인 이상사회를 건설했던 것이다. 신단수 아래는 동시에 하늘에 제사하고 기도하는 곳이기도 하였다. 이 곳이 곧 한국의 고산제사의 시원인 것이다. 한웅도 여기서 고산제사를 지내면서 효를 다했으리라고 여겨진다. 또 여기 신단수 아래로 와서 웅녀도 아기를 갖게 해 달라고 빌었고, 결국 그 뜻을 성취하여 단군왕검을 낳았던 것이다.

③ "해와 달이 된 오누이"의 경우

위의 단군신화의 경우에서처럼 자식이 효도를 하기 전에, 그 어버이가 자식에게 먼저 은덕을 베풀고 위하는 모습이 "해와 달이 된 오누이"129)의 경우에는 더욱 철저하게 드러나 있다. 어버이의 자식에 대한 사랑이 육정의 관계를 초월하여 희생적인 이타주의 사랑의 경지에까지 이름을 잘 보여 주고 있는 것이다. 자식의 영혼을 사로잡는 강력한 감동의 교육은 자식에게 그대로 심어지지 않을 수 없는 것이다. 어버이의 사랑과 감동에 의한 교육은 자식에게서 반향을 일으키고, 파장을 일으키며, 반대급부, 즉 방향이 바뀐 인간애로서의 효를 불러오는 것이다. 그러면 "해와 달이 된 오누이"의 내용을 간추려 보자.

아주 오랜 옛날 어느 산골 외딴집에 가난한 홀어머니와 어린 오누이 아이들이 살고 있었다. 집안이 찌들게 가난했지만, 오누이 아이들은 어머니의 말을 잘 듣고 무럭무럭 자라고 있었다. 어느 날 홀어머니는 산 너머 동네의 잔칫집에 일하러 갔다. 아이들에게는 "맛있는 떡을 얻어 올 테니, 문을 꼭 잠그고, 누가 오더라도 문을 열어 주지 말 것"을 홀어머니는 거듭거듭 다짐해 두었다.

하루해가 벌써 저물고 어두워졌을 때에야 홀어머니는 겨우 일을 마치고 그 품삯으로 떡을 머리에 이고 산길을 나섰다. "내 새끼들이 얼마나 배가 고플까, 어서 가서 떡을 줘야지." 마음이 다급해진 홀어머니는 부지런히 산길을 재촉하여 집으로 향하였다. 그런데 산모퉁이를 하나 돌았을 때, 길 가운데 커다란 호랑이 한 마리가 버티고 누워 있었다. 마음이 급한 홀어머니는 "제발 길을 비켜 달라."고 사정을 하였다. 그러자 호랑이는 "머리에 이고 있는 떡을 좀 주면 길을 비켜 주지." 하고 능청을 떨었다. 홀어머니는 하루 종일 힘들게 일한 삯을 주는 게 아까웠지만, 죽는 것보다 훨씬 낫게 여기고서 절반 정도를 던져 주었다. 호랑이는 얼른 먹고서 유유히 사라졌다.

　안도의 한숨을 쉬고서 홀어머니는 산길을 더욱 재촉하였다. 그런데 산 고개 하나를 넘으니 이 고약한 호랑이가 다시 길을 막고 있었다. "호랑아, 제발 길을 비켜 주렴, 지금 우리 집에는 배고픈 내 자식들이 엄마 올 때만 기다고 있어." "머리에 이고 있는 떡을 다 주면 안 잡아먹지." 홀어머니는 하는 수 없이 하루 종일 일하여 얻은 품삯을 송두리째 주고 말았다. 아이들을 생각하면 아까워 죽을 지경이었지만, 호랑이에게 잡아먹히는 것에 비하면 다행이었다.

　그런데 산 고개 하나를 더 넘었을 때, 또 그 호랑이가 나타나 길을 막고 있었다. 홀어머니는 이제 슬픈 얼굴로 통사정을 하였다. "보다시피 이제는 너에게 줄 떡도 없단다. 그러니 어서 길을 비켜 다오." 그러자 호랑이는 콧방귀를 끼면서 "흥, 무슨 소리야? 더 이상 줄 게 없으면 몸이라도 내놓아야지." 이렇게 호랑이는 고개를 넘을 때마다 나타나, 아까 안 잡아먹겠다고 한 약속을 깨고서 팔 하나부터 시작하여 차례로 홀어머니의 사지를 모두 떼어 먹었다.

　사지를 다 뜯긴 홀어머니는 그래도 몸뚱이만으로 굴러 아이들을 향해 가는데, 사악한 호랑이는 그러나 마지막 고개에서 홀어머니의 몸뚱이마저 다 먹어 치운다. **자식을 향한 어버이의 지극정성과 희생 정신이 극에 달한 모습을 적나라하게 보여 주는 대목이다.** 그런데 사악한 호랑이는 여기서 멈추지 않고 홀어머니의 옷을 빼앗아 걸쳐 입고, 홀어머니를 가장하여 기다리고 있는 오누이에게로 향했다.

　걱정스러운 모습으로 어머니의 발자국 소리만 기다리고 있던 오누이는 마침내 달각달각 문을 흔드는 소리를 들었다. 이때 동생이 후다닥 달려가 문을 열려고 했는데, 오빠는 재빨리 동생의 옷자락을 잡고서 "엄마가 꼭 확인하고 문을 열어야 한다."고 일러 준 말을 환기시켰다. 호랑이는 목이 쉰 소리로 어머니 흉내를 내며 문을 열어 줄 것을 졸라 댔다. 아이들이 속지 않자 호랑이는 감기가 걸려서 그렇다고 변명을 늘어놓았다.

그래도 아이들은 문을 열어 주지 않고 손을 내밀어 보라고 요구했다. 그리하여 호랑이는 문짝 사이로 팔을 내밀어 손을 보여 주었다. 팔에 털이 많이 나 있는 것을 본 아이들은 자기 엄마는 털이 없다고 극구 부인하고서 문을 열어 주지 않았다. 그러자 호랑이는 "일을 너무 많이 하여 손이 거칠어졌다."고 그럴싸한 변명을 늘어놓고서, 이번에는 옷소매를 내밀었다. 옷소매를 본 오누이는 엄마가 입고 나간 옷임을 확인하고서 문을 열어 주고 말았다.

엄마의 옷을 입고 들어온 호랑이가 엄마인 줄 알고 아이들은 "엄마, 배고파요."라고 소리 질렀다. 그러는 중 오빠는 엄마의 치마 밑에 불그레한 꼬리가 나와 있는 것을 보고 소스라치듯 놀랐다. "호, 호랑이구나!" 놀라서 벌린 입을 다물지도 못한 채 오빠는 도망치기 위해 얼른 꾀를 내었다. "엄마, 하루 종일 방에만 있어 답답해요. 밖에 별이 떴는지 보고 올게요." 오빠는 이렇게 말하면서 재빨리 동생의 손목을 꽉 잡고 집 밖으로 나갔다. 급한 대로 오누이는 집 뒤의 우물곁에 서 있는 미루나무 위로 올라갔다. 미끄러운 나무 위로 간신히 올라간 오누이는 나뭇가지에 걸터앉아 숨을 죽이고 있었다.

아이들을 잡아먹기 위해 눈이 벌게진 호랑이는 밖으로 나와 여기저기로 어슬렁거리며 찾아다녔다. 집 뒤의 우물곁으로 간 호랑이는 물속에 비치고 있는 오누이의 모습을 보고서 엄마 소리를 흉내

내며 "얘들아, 어서 나오렴, 거기 있으면 못써." 이 꼴을 보고 있던 동생이 까르르 웃음을 터뜨리며 말했다. "하하, 재미있다. 우리는 여기에 있는데." 이 목소리를 듣고서야 호랑이는 나무 위를 바라보았다. 철부지 동생 때문에 들키고만 오누이는 또다시 오들오들 떨면서 움츠렸다.

호랑이는 나무 위로 올라가려고 앞발을 올렸는데, 미루나무가 미끄러워 오를 수 없었다. "얘들아 어떻게 올라갔니? 엄마는 미끄러워서 올라갈 수 없구나." 꾀 많은 오빠는 대뜸 "부엌에 있는 참기름을 바르고 올라왔어요." 그러자 호랑이는 얼른 부엌으로 가 참기름을 가져다 발랐다. 호랑이는 안간힘을 쓰면서 오르려 했으나 매번 주르륵 미끄러져 내렸다. 이 꼴불견을 바라보던 동생이 또다시 깔깔 웃으며 "저런 바보! 헛간에 있는 도끼로 콱콱 찍어서 올라오면 될 걸." 오빠는 깜짝 놀라 동생의 입을 막았지만, 이미 모든 것을 말해 버리고 만 뒤였다.

호랑이는 이 말대로 도끼를 갖고 와 차례차례 찍고는 올라오기 시작했다. 철모르는 동생 때문에 생명의 위협이 도사리게 되었지만, 어쩔 도리가 없었다. 가만히 있다간 꼼짝없이 호랑이의 밥이 되는 수밖에 없는데, 호랑이는 그러나 점점 가까이 올라오고 있었다. 이 절박한 순간에 오빠는 하늘을 우러러 기도를 하였다. "하느님! 저희를 살려 주십시오. 저희를 살려 주시려면 성한 동아줄을 내려 주시고, 저희를 죽게 내버려 두시려면 썩은 동아줄을 내려 주세요."

그러는 사이에 호랑이는 벌써 오누이의 발아래에까지 다가와 앞발만 내밀면 거의 닿게 되는 거리였다. 바로 이때, 이토록 처참한 광경을 보고 있던 하늘의 임금님은 성한 동아줄 하나를 내려 보냈다. 오누이가 이 동아줄을 힘껏 붙잡자, 이윽고 동아줄은 슬슬 하늘로 끌어 올려지기 시작했다. 이 광경을 본 호랑이는 푸짐한 식사거리를 놓친 게 분해서 크게 으르렁거렸다.

그러나 호랑이는 결코 포기할 수 없어 오누이가 한 것처럼 하늘을 우러러보며 기도를 했다. "하느님, 나를 살리려거든 성한 동아줄을 내려 주시고, 나를 죽게 내버려 두시려면 썩은 동아줄을 내려 주세요." 호랑이의 기도가 끝나자, 이번에도 하늘에서 한 가닥의 동아줄이 내려왔다. 호랑이는 앙심을 품으며 "두고 봐라, 내가 어디든 따라가서 너희들을 잡아먹고 말 테야." 하고 소리쳤다.

얼마 동안 하늘로 끌어 올려지던 동아줄은 그러나 곧이어 뚝 끊어지고 말았다. 그 동아줄은 썩은 것이었고, 호랑이는 몇 바퀴나 곤두박질치며 오누이의 집 뒤에 있는 수수밭에 떨어져 죽고 말았다. 수숫대의 밑동이 붉게 물든 것은 그때 호랑이의 피가 묻은 것이라고 전해진다. 오빠는 하늘로 올라가 씩씩한 해가 되고, 누이동생은 얌전한 달이 되어 낮과 밤의 하늘을 비추게 되었다.

위의 전승된 동화 "해와 달이 된 오누이"에 드러난 어머니는 전형적인 한국의 어머니상이다. 사랑하는 자식들에게 줄 음식을 다 빼앗기고, 팔과 다리의 사지를 차례로 잃고 난 뒤에도, 최후로 남은 몸뚱이를 굴러가면서 자식들에게로 향하는 홀어머니의 집념은 감동적이라고 하기보다는 오히려 눈물겹다고 하는 것이 맞을 것이다. 자신의 생명을 잃어 가면서까지 자식들을 위해 전념을 다하는 모습, 즉 그 모성애가 극진하다 보니 그 반대급부로서 - 마치 영혼에서 영혼으로 심어진 교육처럼 - 자식은 또 부모에게 지극한 효를 다하는 것을 이상으로 삼게 되는 것이다.

여기서도 어버이 쪽에서 자식에게 베푸는 은덕이 — 마치 "단군신화"에서 환인이 환웅에게 베푸는 경우와도 유사하게 — 선행(先行)할 뿐만 아니라 압도적이다. 이럴 경우 자식 쪽에서 자연적으로 또 필연적으로 효를 다하지 않을 수 없는 것이다. 물론 어버이 쪽에서는 효를 바라는 의미에서가 아니라, 자연적이고 또 필연적인 사랑으로 보인 모범을 자식들은 자연적으로 또 필연적으로 따른다는 것이다.

어버이는 군이 자식더러 "효를 다하라"거나 "부모를 봉양하라"며 심지어 "제사를 지내라"는 말을 전혀 하지 않는다. 그것은 어버이의 은혜가 감동에서 감동으로, 영혼에서 영혼으로 전해지기 때문이다. 자식들에게서 효가 자연스레 영혼 깊이 모범으로 교육되지 않았다면, 그건 이미 말할 수 없는 단계이고 부자연스런 단계인 것이다. 더욱이 이런 것을 제도나 관습으로 못 박으려는 유교의 경우는 강요의 짐을 자식에게만 지우는 꼴이 된다. 효가 유교에서와 같이 규범이나 강요 및 명령으로 포장된다면, 거긴 이미 효의 아름다운 자연성이 상실된 것이다. 물론 어떠한 경우든 자식이 자발적으로 — 심지어 좋은 모범으로 교육받지 못한 경우에도 — 효를 행한다면, 그건 아름다운 것이라고 할 수 있다.

④ 북두칠성이 된 효자들

자율적인 효사상, 강요되지 않은 효의 아름다움이 "북두칠성이 된 효자들"[130]에 잘 드러난다. 자식의 과다한 희생이 요구되지 않는, 그러면서도 정성스런 효가 이 전승된 옛이야기에 잘 드러난 것이다. 효는 보편적일 뿐만 아니라 자연스런 것이어서 유교에서와 같은 강요나 규범의 올무로 얽매이지 않을 때 아름다운 것이다. 그 대략의 내용을 살펴보자.

옛날 어느 산골마을에 홀어머니와 일곱 아들이 살고 있었다. 그들은 가난했지만, 어머니를 잘 도와 가며 행복하게 살아가는 효자 가정이었다. 또 형제간에는 서로 힘든 일을 하려고 나설 만큼 우애가 깊었다. 그러나 아버지를 일찍 여읜 가정에 아이들의 어머니는 늘 허전하고 쓸쓸하게 보였다.

어느덧 산골마을에 겨울이 찾아왔다. 일곱 아들은 혹시나 어머니가 추우실까 봐 어머니의 방에 따뜻한 군불을 때었다. 그렇지만 어머니는 여전히 추우신지 콜록콜록 기침을 하셨다. 기침을 많이 하신 날의 밤은 어머니의 방에 불을 잔뜩 때었다. 그러나 어머니는 다음 날 아침에도 여전히 기침을 심하게 하시는 것이었다.

어느 날 모두가 잠자는 깊은 밤에 큰아들은 어머니의 방에 장작불을 더 넣으려고 부스스 일어나 밖으로 나갔다. 바로 그때였다. 어머니가 방에서 조용히 나오시더니 집 밖으로 나가시는 것이었다. "아니, 도대체 이 밤에 어디로 가시는 걸까?" 궁금해진 큰아들은 어머니의 뒤를 몰래 살금살금 따라가 보았다. 어머니는 빠른 걸음으로 동구 밖을 지나 시냇가로 갔다. 시냇가에 도착하자마자 어머니는 얼른 신발을 벗고 살얼음이 낀 시냇물을 첨벙첨벙 건너가셨다. 어머니가 다 건너가신 것을 보면서 큰아들은 어둠을 틈타 소리가 들리지 않게 살금살금 건너기 시작했다. 이토록 추운 겨울밤에 맨발로 시냇물을 건너가시는 어머니가 더더욱 궁금해졌다. "도대체 어디를 가시는 걸까?"

큰아들은 점점 더 어머니의 행보가 이상하게 생각되었다. 그렇지만 도무지 알 수 없어 잠자코 어머니를 따라가 보기로 했다. 그런데 어머니가 가신 곳은 다름 아닌 아버지의 무덤이었다. "영감, 나 왔어요. 춥지는 않아요? 글쎄 오늘은……." 어머니는 아버지의 산소 앞에 앉아 마치 아버지가 살아서 옆에 계신 것처럼 소곤소곤 오늘 있었던 일들을 얘기하시는 것이었다. 큰아들은 이때까지의 의혹이 풀린 듯 고개를 끄덕이었다. "아, 그렇구나. 어머니가 매일 밤마다 여기를 다녀오시느라고 아침이면 그토록 춥다고 하셨구나. 맨발로 시냇물을 건너다니셨으니 그동안 얼마나 추우셨을까."

어머니의 이런 행보를 목격하고서 큰아들은 단숨에 집으로 돌아와 곤히 잠자고 있는 동생들을 깨웠다. "아우들아, 어머니가 왜 아침마다 그토록 춥다고 하시는지 그 이유를 알아냈다." "형님, 무엇을 알아냈다고요?" 아우들은 잠이 확 달아나는지 큰형 주위로 모여들었다. 어머니의 방에 군불을 많이 때는데도 왜 매일 아침마다 어머니가 춥다고 하시는지 동생들도 이상하게 생각해 왔기 때문이다. 큰형이 방금 전에 보았던 일들을 모두 이야기해 주자 막내 동생이 소리를 쳤다. "우리 어머니를 위해 시냇물에 징검다리를 놓아드려요." "그거 참 좋은 생각이야!"

그리하여 일곱 형제는 부랴부랴 시냇가로 나가 징검다리를 놓기 시작했다. 찬 겨울의 찬 냇물도 다 잊고서 큰 돌을 날랐다. 이마와 등에서는 이윽고 땀이 줄줄 흘렀지만, 어머니를 편하게 해드릴 수 있다는 기쁨에 도무지 힘든 줄 몰랐다. 드디어 든든한 징검다리가 완성되었다. "야, 다 됐다! 어머니가 오시기 전에 어서 집으로 가자!" 일곱 형제는 부랴부랴 집으로 돌아와서는 자는 척하고 방에 누워 있었다.

으슥한 새벽이 되어 집으로 돌아오던 어머니는 시냇가에 놓인 징검다리를 보고 몹시 놀랐다. "아까 올 땐 아무것도 없었는데, 이게 웬 일이지. 누가 밤새 다리를 놓았을까. 고맙기도 해라." 아주 튼튼하게 만들어진 징검다리를 건너 어머니는 신발을 신은 채 편안하게 시냇물을 건넜다. 어머니는 이토록 춥고 깜깜한 밤에 징검다리를 놓아 준 사람이 고마워, 샛별이 반짝이는 하늘을 보며 기도를 했다. "하느님, 이 추운 밤에 다리를 놓아 준 고마운 사람이 하늘나라에 가거든 반짝반짝 빛나는 별이 되게 해 주세요."

그리하여 어머니의 외로운 마음을 알게 된 일곱 형제는 더욱 정성껏 어머니를 모셨다. 아들들은 어머니를 모시고 행복하게 살았지만, 세월이 흐르고 흘러 어머니도 세상을 떠나고, 또 많은 세월이 흘러 아들들도 세상을 떠났는데, 천상의 임금은 저 어머니의 기도대로 아들들을 별이 되게 해 주었다. 그 별들이 다름 아닌 일곱 개의 반짝반짝 빛나는 북두칠성인 것이다.

위의 동화에서 볼 수 있듯 유교에서와 같은 강요되고 지나친 효도나 희생이 아니라, 자발적이고 자연스런 바탕에서 아들들의 지극 정성에 의한 효를 엿볼 수 있다. 효는 규범으로 얽어매지 않아도 억지를 써 가며 강요하지 않더라도 - 만약 생득적이라고 할 수 있는 효에 대한 도(道)가 어떤 인위적이고 작위적인 요인에 의해 망가지지 않았다면 - 이토록 저절로 실현되는 것이다.

이 동화는 "지성이면 감천이라"는 고래(古來)의 속담이 그대로 적용되고 또 지상의 일이 하늘과 무관하지 않다는 것도 잘 대변해 주고 있다. 효성이 지극했던 일곱 형제는 마치 징검다리처럼 이어져 있는 북두칠성이 되어 하늘세계를 반짝거리며 밝히고 있는 것이다. 주지하다시피 북두칠성은 아주 오랜 상고시대부터 인격화되고 또 신격화되어서 인간의 운명을 주관하고 그 영혼을 돌보는 별로 받아들여진 것이다. 그래서 원시신앙에서부터 "칠성님께 비나이다."는 구호는 우리에게 잘 알려져 있다.

그런데 놀라운 것은 이 동화의 전승이 위와 다른 형태를 띠고 있는 것이 있다는 것이다. 만약 상고시대부터 전승된 경우라면 간혹 여러 갈래로 전해질 수 있다는 것을 우리는 충분히 짐작할 수 있다. 이를테면 최인학·엄용희 편저의 『옛날이야기 꾸러미3』(집문당, 2003)이나 이원수·손동인 엮음의 『한국전래동화집 1』(창작과비평사, 1993)에는 많은 부분이 우리가 서술한 앞의 내용과 같으나, 어머니가 차가운 시냇물을 건너 찾아간 곳은 아버지의 무덤이 아니라, "외딴집 오막살이 초가집 문 앞에까지 가서 누군가를 조용히 불렀다"는 내용이다. 짚신을 짜고 있는 늙은 영감이라는 것이다. 그래서 이 영감님과 "서로 등을 긁어 주면서 재미있게 이야기를 하였다"는 내용이다. 물론 이같이 어머니가 찾아간 곳이 아버지의 무덤이 아니라 짚신 짜는 늙은 영감이었다는 경우에도 아들들은 어머니의 외로움을 짐작하고서 징검다리를 놓았다는 얘기다.

물론 이 동화의 깊이라든가 지극정성으로 별이 된 효자들의 경우를 살피면, 우리가 제시한 전자(前者)의 예문이 더 맞는 것 같다. 옛날에는 무덤가에도 오두막 같은 것을 둔 경우가 있고, 거기에 가서 슬픈 한을 푼 경우가 있어, 잃은 남편에게 중얼거린 것을 마치 외간 남자와 이야기를 나눈 것으로 비화했을 가능성이 있기 때문이다. 또 늙은 홀아비를 찾아갔다면, 굳이 추운 밤에 찾아가지 않아도 되었을 것이다. 둘 다 늙은 데다 늙은 영감의 오두막이 외딴 집이었기 때문이다. 그래서 추운 밤을 피해서도 충분히 정담을 나눌 수 있었기 때문이다.

어쨌거나 후자의 전승도 큰 문제는 없다. 후자의 경우에도 자식들의 효는 여전히 성립되고 – 어머니의 외로움을 이해하고서 징검다리를 놓았을 뿐만 아니라 계속 어머니를 위해 따뜻한 군불을 때었기 때문이다. – 어머니에 대한 지극정성의 효심은 변함이 없었기 때문이다. 더욱이 우리는 후자의 경우 유교적 규범을 깨고 벗어나는 좋은 예를 찾았다고 할 수 있다.

유교가 지배하는 세상에서 여자들에게는 수없이 많은 제약이 따랐다. 여자가 정혼을 하고 첫날밤을 함께 보내지 못한 상태에서 남편 되는 사람이 죽는다거나, 아이를 낳기도 전에 남편이 죽는 경우에도, 다른 남자와 결혼할 수 없었을 뿐만 아니라 죽을 때까지 시댁에서 살아야 했었다. 더욱이 홀어머니가 외간 남자와 만난다는 것을 유교는 허락하지 않았다. 그러기에 이 동화가 유교적 틀을 깨고 그 규범의 틀을 초월하여 인간적 가치에 더 큰 비중을 두고 있다는 것은 그 시사하는 비중이 크다.

아이들도 총명하여 유교적 가르침에 따르지 않고 – 이를테면 외간 남자를 만나서는 안 된다고 "울면서" 간(諫)하거나 브레이크를 걸지 않고 – 인간적 가치에 더 큰 비중을 두어 어머니의 행동에 동의하고 있는 것이다. 그러기에 여기서는 **유교적 규범을 따르는 것이 진정한 효도가 아니라 – 이는 여기서 오히려 인간적 가치를 억압하는 역할을 하고 있다. – 이 규범을 깨고 뛰어넘음으로써 진정한 효에 이른 것이다.** 틀이 인간을 위해서 존재하는가, 아니면 인간이 틀을 위해서 존재하는가? 이 동화는 인간이 틀을 위해서 존재하는 것이 아니라는 것을 일깨워 주는 것이다. **인간의 인위적 작업에 의해 만들어진 틀을 인륜이나 천륜이라고 우겨서는 안 된다.**

5 바리공주의 경우

잘 알려진 "바리공주"131)의 신화는 독특한 양식의 효사상이 들어 있다. 바리공주의 신화는 아주 옛적부터 전승되어 온 이야기이기에 유교의 조선시대 이전에 형성되었을 가능성이 높다. 이 신화에는 불교나 도교의 성격이 들어 있고, 또 무당의 노래로 전승되어 온 것을 감안하면 전통무속도 들어 있음을 파악할 수 있다. 물론 효사상이 강하게 드러나지만, 유교의 교리적 가르침이라기보다는 유교 이전의 전통적인 효사상에 근거한다고 보는 것이 더 타당할 것으로 보인다.

바리공주의 신화에는 불나국의 오구대왕132)과 길대부인이 줄줄이 딸을 낳아 대를 이을 왕자를 얻지 못한 데서 심각한 사건이 일어난다. 대를 이을 왕자를 학수고대하던 오구대왕에게 또다시 딸이 태어났던 것이다. 화가 심하게 난 오구대왕은 신하들과 길대부인의 만류에도 불구하고 자기의 고집대로 이 막내딸을 버리기로 마음먹는다. 그리하여 부모(오구대왕과 길대부인)로부터 버림을 받은 일곱째 딸은 옥함에 넣어져 바다에 던져졌다. 만약 어떤 늙은 노부부에게 우연히 발각되고 건져지지 않았다면, 바리공주는 영영 세상의 빛을 보지 못했을 것이다.

아무런 자식도 없이 쓸쓸하게 살아가던 노부부는 이 딸아이를 하늘이 준 선물로 여기고, 그 이름을 바리데기(버린 여자아이라는 뜻이 들어 있음)로 지었다. 노부부는 바리데기를 애지중지하며 열다섯이 되는 나이까지 키웠다. 그런데 그때 나라에서 떠도는 소문이 있었는데, 왕이 버린 자식을 찾는다는 것이었고, 또 신하들을 방방곡곡에 보내 찾게 하였던 것이다. 바다에 떠도는 옥함을 건졌을 때, 그 옥함 속에 기록되어 있던 생년월일시가 같았기에, 노부부는 고민 끝에 이 모든 사실을 바리데기에게 털어놓았다. 바리데기는 자신을 키운 노부부에게 극진한 감사의 마음을 표하고서 집을 나와 왕궁으로 향했다.

그런데 이토록 오구대왕이 버린 자식을 찾게 된 원인은 중병에 걸려 죽게 되었을 때, 그리고 신통하다는 의원을 불러 치료를 해봐도 소용없었을 때, 마지막으로 점술가를 불러 이 질병의 원인을 물었을 때였다. 점술가에 의하면 그 중병의 원인은 막내딸을 버린 탓이었고, 오직 서천서역국의 약수를 먹는 것만이 치료를 할 수 있다는 것이었다. 왕은 딸들을 불러서 누가 서천서역국에 가서 약수를 떠 오겠느냐고 물었지만, 곱게만 자란 딸들은 아무도 그곳으로 가려 하지 않았다. 그곳은 너무나 멀고 험난하여 살아서 돌아오기 어려운 죽음의 땅이었기 때문이다.

한편 너무나 곱게 자란다면, 이 또한 큰 문제라는 것을 우리의 동화는 잘 드러낸다. 오늘날 왕자와 공주의 칭호로 온실에서 자란 아이들은 세상 험난하고 어려운 줄 모르고, 또 조금만 힘든 일이 닥칠 때 쉽게 절망하고 좌절해 버리는 것이다. 게다가 자존심만 강하여 이기주의가 되기 일쑤이고, 법과 질서를 지키는 일에도 소홀한 편이다. 그래서 우리의 "도덕불감증"의 세상은 점점 부도덕한 사회로 가속화되어 가고 있는 실정이다. 더욱이 이런 아이들일수록 나중에 부모 모시기를 꺼리며, 부모의 재산과 유산에만 관심을 갖는다는 경향을 우리 사회의 여러 연구관찰들이 지적하고 있다.

이토록 그 어떤 딸도 서천서역국으로 가려 하지 않자, 오구대왕과 길대부인은 차라리 죽기로 각오했다. 그렇지만 자신들의 실수로 막내딸을 버린 게 크게 죄스러워 참회의 눈물이 마구 쏟아져 나왔다. 이제 죽기 전에 마지막으로 버린 막내딸을 한 번 보는 게 소원이었다. 그런데 이때 버린 막내딸이 신하의 안내로 궁으로 들어왔다.

자식을 버린 반인륜적인 죄 때문에서인지 오구대왕과 길대부인은 반가움보다는 오히려 아무 말도 못 하고 눈물만 흘렸다. 먼저 바리데기가 울먹이면서 말문을 열었다. "아버님, 어머님, 소녀가 왔습니다." "애야, 너를 버리고 얼마나 마음이 아팠는지. 그래도 이렇게 어엿한 처녀로 자랐으니 이게 어찌된 셈이냐. 네 아비 어미가 참으로 몹쓸 짓을 했구나. 용서해 다오." 왕과 왕비는 바리데기의 손을 잡고 한사코 잘못을 빌었다.

바리데기는 그러나 궁에 머물면서 부모님의 병환이 깊은 것을 알았을 뿐만 아니라, 서천서역국의 약수를 먹어야만 낫는 질병임을 알았다. 이런 정황을 파악한 바리데기는 자기가 대뜸 약수를 구해 오겠다고 나섰다. 말할 것도 없이 오구대왕과 길대부인은 극구 말렸지만, 바리데기는 끝내 서천서역국의 약수를 구하러 떠났다.

그런데 말이 서천서역국의 약수이지, 그 길이 도무지 상상할 수 없을 정도로 멀고 험난했던 것이다. 바리데기는 산 넘고 물 건너 서쪽으로 계속 서쪽으로 발걸음을 옮겼다. "길을 알기 위해 검은 빨래를 희게 해 주고, 다리를 놓는 사람을 대신해 무쇠로 만든 아흔아홉 칸짜리 다리를 놓아 주고, 탑을 쌓는 노인을 위해 대신 탑을 쌓아 주고, 수건을 빠는 사람을 도와 검은 수건을 희게 빨아 주었다."133)

그런데 이런 고난은 보통 영웅신화에 등장하는 통과의례인 것이다. 그리스의 영웅신화에 등장하는 인물들, 이를테면 헤라클레스나 오디세우스며, 테세우스와 페르세우스, 이아손과 벨레로폰과 같은 영웅들에게 주어진 사명과 과제라든가, 에로스의 아내가 된 프시케가 질투심 많은 시어머니 아프로디테의 과제를 해결해 가는 여정, 나아가 콩쥐가 계모로부터 부여받은 과제를 풀어 가는 과정은 그야말로 보통 인간은 수행할 수 없는 엄청난 고난의 통과의례이다.

"지성이면 감천이라"고 했던가, 바리데기가 중간지점쯤에 갔을 때 장기를 두고 있는, 신선으로 보이는 두 사람을 만났다. 바리데기는 다짜고짜로 물었다. "소녀는 오구대왕의 막내딸입니다. 제 부모님의 병환이 깊어 약수를 구하기 위해 서천서역국으로 가는 길이온데, 부디 저를 불쌍히 여기시어 길을 좀 가르쳐 주십시오."

그들은 사실 부처와 아미타불이었다. "네가 어떻게 여기까지 왔느냐? 지금까지 온 길이 삼천 리나 되고, 또 앞으로 더욱 험한 길이 삼천 리나 남았네." 그러자 바리데기는 서슴없이 대답했다. "저는 죽기를 각오하고 있습니다. 부모님의 병을 고칠 약수를 얻을 수 있다면 삼천 리가 아니라 삼만 리라도 가겠습니다. 비록 도중에 죽는다고 해도 갈 것입니다. 부디 길을 알려 주십시오."134)

마음이 곧 세계라고 했던가, 죽기를 각오하고 부모의 병환 때문에 약수를 구하러 나선 어린 소녀의 각오에 부처는 크게 감동하여

길을 알려 주었을 뿐만 아니라 위험한 순간에 봉착하면 사용하라고 꽃 세 송이와 금으로 만든 지팡이 하나를 선물로 주었다. 바리데기는 큰 은혜에 감사드리고 다시 길을 나섰다.

그러나 이제 이어지는 길은 사람이 살기에는 도무지 어려운 기괴한 지옥들이었다. 더욱 바리데기로 하여금 어렵게 한 것은 이승에서 죄를 지은 영혼들이 갖가지 고통을 받고 있는 모습이었다. 눈알이 없는 사람, 팔다리가 없는 사람, 목이 없는 사람 등 괴이한 모습을 한 이들은 사람 같기도 하고 사람 같지 않기도 하여 보기만 해도 등골이 오싹하였는데, 이들은 바리데기의 옷자락을 붙잡고서 살려 달라고 울부짖었다. 그때마다 바리데기는 아미타불에게서 얻은 꽃송이를 던지며, 이들의 영혼을 달래었다.

별의별 지옥들을 지나자 이번에는 끝도 보이지 않는 강이 앞을 가로막고 있지 않는가! 그런데 이 강은 세상에서 보기 드물게 새의 깃털도 가라앉는 강이어서, 배를 타고도 건널 수 없는 노릇이었다. 암담함과 망설임으로 답답해하다가 바리데기는 부처가 선물로 준 황금 지팡이가 생각났다. 이 지팡이를 바리데기는 강물 위로 던져 보았다. 그런데 이게 웬 기적인가! 강물 위로 찬란하고 단단한 무지개다리가 만들어진 것이다.

이제 이토록 고약한 일이 없으리라고 생각하고서 바리데기가 강을 건너자 이번에는 키가 엄청 크고 험상궂게 생긴 남자가 길을 막았다. 이 무시시한 남자는 자기가 무장승이라고 하면서 무엇 때문에 서천서역국에 왔는지 따져 물었다. 바리데기가 약수를 구하러 왔다고 하자 무장승은 약수의 값을 요구했다.

바리데기는 서천서역국에만 오면 약수를 구할 수 있다고 생각했지, 그 값을 치러야 하는 것은 생각지 못해 - 물은 보통 우리에게서 공짜이기 때문이다. - 빈손으로 왔던 것이다. 무장승은 야릇한 기색을 띠며 말을 이었다. "삼 년 동안 나무를 하고 삼 년 동안 불을 때고 삼 년 동안 물을 길어 주면 약수를 주지."135)

약수를 구하는 데에 혼신을 쏟았기에, 바리데기는 아무 불평도 없이 세월과 싸우며 이 과제를 완성했다. 마침내 9년이 지났는데, 무장승은 약수를 주지 않고 엉큼하게도 또 다른 요구사항을 늘어놓았다. 그것은 아들 일곱을 낳아 주어야 한다는 것이었다.

현대인이라면 무장승의 얼굴에다 침을 뱉고 돌아서든가, 약속위반이라고 법정에 고소를 하든가, 아니면 긴 호흡을 들이마시며 체념하든가, 혹은 무술을 부려 대들든가 등등 대처방법이 있겠지만, 바리데기는 약수를 얻을 수 있다는 신념을 가졌던지 이 요구에 응했다. 물론 이러한 요구는 마치 심청에게서 공양미 삼백 석처럼 혹은 고대 그리스의 영웅들에게 있었던 불가해한 과제처럼 신화의 세계에서 등장하는 통과의례인 것이다.

참으로 길고 힘든 세월이 지난 어느 날 무장승은 느닷없이 "부인, 오늘은 꽃구경이나 갑시다."라고 제안을 하였다. 오직 약수를 구하여 돌아갈 날만 고대하던 바리데기는 한가롭게 꽃구경이나 갈 처지가 아니었다. 근심 어린 바리데기의 표정을 살피더니 무장승은 크게 웃음을 터뜨리며 놀라운 제안을 하였다.

"부인, 우리가 길어 먹던 그 물이 바로 약수요. 뒷동산에 피어 있는 꽃이 숨살이, 뼈살이, 살살이 꽃이요. 이것들을 모두 가지고 가야 부모님을 살릴 수가 있을 거요."136) 통과의례로 주어진 과제를 혼신의 힘으로 수행한 결과의 해답은 퍽 우스꽝스럽게 보인다.

또 죽음의 세계에 생명의 샘(약수)이 있다는 것도 역설 중의 역설로 보일 뿐만 아니라, 인간의 논리를 뛰어넘는, 어쩌면 불가사의한 진리로 여겨진다.

바리데기가 허둥대며 불나국의 궁전으로 돌아왔을 땐 통곡소리가 울려 퍼졌는데, 이는 바리데기의 부모님이 세상을 떠나 장례행렬이 지나가는 중이었다. 이 통곡소리에는 "불쌍한 오구대왕, 약수 구하러 간 바리데기도 못 만나고 세상을 떠났다네."라는 울음 섞인 통곡도 들려왔다. 바리데기는 장례행렬을 멈추게 하고 갖고 온 살살이꽃과 뼈살이꽃이며 숨살이꽃을 차례로 시체에 갖다 대었다. 그러자 오구대왕과 길대부인은 긴 한숨을 내뿜으며 자리에서 일어났으며, 마지막으로 바리데기가 가져온 약수를 마셨다.

되살아난 오구대왕과 길대부인은 크게 감격했으며, 공주가 된 바리데기에게 소원을 묻고 나라와 재산도 다 주겠다고 했다. 그러나 바리공주는 권력도 재산도 원치 않았으며, 서천서역국으로 가는 도중에 만났던 불쌍한 영혼들과 같은 영혼들을 돌보는 사람이 되겠다고 했다. 죽어서 고통을 받는 영혼들의 아픔과 슬픔을 덜어 주겠다는 바리공주의 새로운 인생 디자인은 이기주의로 점철된 오늘날의 현대인에게 큰 감동을 안겨준다.

바리데기의 신화는 죽음에서 삶을 발견하는, 말하자면 자신을 희생하면서 죽어 가는 사람을 살리고 또 새로운 삶을 여는 특이한 현상을 보여 주고 있다. 그야말로 "죽으면 살리라"는 것을 여지없이 보여 주고 있다. 그리고 보통 인간으로서는 상상하기 어려운, 자신을 죽이려고 버린 자들에게 초인간적 이타주의 사랑을 펼치고 있는 것이다. 그야말로 역설의 역설이고 초인간적이며 초합리적인 이타주의의 모습이 적나라하게 드러나고 있다.

그렇지만, 이런 상상을 초월하는 이타주의 사랑과 효도는 결코 강요도 또 규범에 의한 것도 아니다! 그것은- 평범한 우리로서는 이해하기 어려워도- 바리데기의 자발성과 자유의지에 의한 것이다. 그녀는 뚜렷한 주관성을 갖고 있으며, 부모를 살리고서 새로운 인생길을 걸어가겠다는 태도에도 그런 뚜렷한 주관성이 잘 드러난다. 만약 살인자에게 사랑을 베풀라고 강요하거나 규범으로 묶는다면 얼마나 끔찍한 일이 되겠는가.

반인륜적인, 그래서 도무지 용서할 수 없는 오구대왕과 길대부인도 자신들의 잘못을 뼈에 사무치도록 뉘우치고 있으며, 더욱이 자신들만 살겠다고 바리데기를 서천서역국으로 보내지 않았을 뿐만 아니라 바리데기의 여행을 극구 만류한 것이다. 이런 모습에서 그들은 자식의 효를 받을 자격이 없지만, 그러나 용서받을 수 있는 가능성을 조금 갖고 있는 것이다. 그러나 무엇보다도 자발적인 자유의지에서 기원한 바리데기의 아름다운 효는 그녀의 부모뿐만 아니라 온 세상 사람을 감동시키는 초인간적이고 초월적인 사랑이 자리 잡고 있다.

6 효녀 지은

『삼국사기』의 「열전」 말미(末尾)와 『삼국유사』의 하권 제일 마지막 장(章)("가난한 여인의 어머니 봉양")에 등장하는 효녀 지은은 우리로 하여금 심금을 울리는 효의 이야기를 들려주고 있다. 효를 주제로 한 우리 고전의 대표작이라고 할 수 있는 심청전은 분명 유교를 국교로 한 조선시대의 배경을 무시할 수 없다. 물론 여기엔 불교적 분위기도 지배적이지만, 강제로 효를 행하라는 유교의 교리적 효사상보다는 심청의 자발적인 결단을 도외시할 수 없는 것이다.

그런데 바로 『삼국사기』와 『삼국유사』가 전하는 효녀 지은의 경우는 유교가 들어오기 전의 신라시대라서, 효사상이 결코 중국으로부터 들어온 유교에만 의존하지 않음을 확실하게 보여 주는 증거라고 할 수 있다. 효사상은 결코 유교의 전유물도 아니고, 또 결코 전매특허도 아닌 것이다. 위의 두 역사서의 말미에 등장하는 효녀 지은의 경우는 유교의 조선시대 이전인 신라에 있었던 역사적 사실을 기록하고 있다. 효녀 지은의 감동스런 효심 때문에, 많은 주위의 사람들이 감격했으며, 이러한 효성의 덕망은 국가적으로도 귀감이 되었다는 것을 "효녀 지은"은 잘 드러내고 있다. 위의 역사서에서 전하는 줄거리는 대체로 다음과 같다.

효종랑(孝宗郎)이 포석정에서 그의 낭도들과 놀려고 이들을 불렀는데, 이들 중 두 낭도가 뒤늦었다. 효종랑이 늦은 까닭을 묻자 의외의 대답을 하였다. 그들은 포석정으로 오는 도중에 분황사 옆을 지나자 서로 부둥켜안고 크게 울고 있는 모녀를 발견하였다. 무슨 일이기에 이토록 목 놓아 우는지 그들은 주위 사람들에게 물어보았다. 효녀 지은은 일찍 아버지를 여의고서 눈먼 홀어머니를 봉양해 오고 있었다.

마을사람의 대답에 의하면 "그 처녀는 집이 가난하여 음식을 빌어다 그 어머니를 봉양해 온 지가 이미 여러 해째랍니다. 마침 흉년이라서 남의 문전만을 다녀선 밥을 빌기도 어려워 어느 대가(大

家)에 몸을 팔아 종으로 들어갔답니다. 몸값으로 곡식 三십 석을 받아선 그 대가(大家)댁에 맡겨 놓고서 노역을 해 주고 날이 저물면 쌀을 싸 가지고 집으로 돌아와 밥을 지어드리고, 그리고 그 어머니와 같이 자고는 새벽이 되면 대가(大家)댁으로 노역을 하러 가곤 하여, 이렇게 한 지가 수일이 지났답니다. 그 어머니의 말이, '전날에 거친 음식을 먹을 땐 마음이 편안하더니 요사이 좋은 음식은 속을 찌르는 것 같아서 마음이 편치 못하니 어찌 된 일이냐?'고 하더랍니다. 그 처녀가 사실대로 말씀드렸더니 어머니는 그만 통곡을 하고, 처녀도 자기가 단지 어머니의 구복(口腹)[137]만을 봉양할 줄 알고 그 마음을 즐겁게 해드리지 못했음을 한탄하고는 서로 부둥켜안고 그렇게 우는 중이었답니다."[138]는 것이었다.

낭도들은 마을사람으로부터 들은 내용을 "왜 늦었느냐"는 효종랑의 질문에 그대로 대답하였다. 이 말을 들은 효종랑은 크게 감동하여 곡식 일백 곡(斛)을 그 처녀의 집으로 보냈으며, 그의 일천이나 되는 낭도들도 벼 일천 석을 거두어서 보냈다. 효종랑은 집에 돌아와 이 이야기를 부모에게 전했는데, 그의 부모 또한 크게 감동하여 의복 일습(一襲)을 보냈다고 『삼국유사』는 전하고 있다. 급기야 효녀 지은에게 있었던 소식이 국왕의 귀에 들어갔는데, 국왕인 진성여왕은 곡식 오백 석과 아울러 집 한 채를 하사하였으며, 효녀 지은이 살고 있는 마을에 정문(旌門)을 세워 "효양리(孝養里)"라고 했다는 사실이 『삼국유사』에 기록되어 있다.

위의 사례에서 잘 드러나듯 효의 덕목은 유교의 전유물이 아니라, 우리에게도 오래전부터 내려오는 고유의 도덕이다. 신라뿐만 아니라 고구려와 백제에도, 또 이보다 훨씬 이전의 상고시대로부터

도 인간의 중요한 덕목으로 지켜지고 또 떠받들어지고 있음을 우리는 여러 가지 역사적 전승을 통하여 알고 있다.

⑦ 평강공주의 경우

평강공주의 이야기는 바보 온달과의 사이에 있었던 사건 - 기적의 인간학이라고 할 수 있는 - 이 중심테마이지만, 여기에는 바보 온달의 노모에 대한 평강공주의 효성스런 태도도 엿보게 한다. 따라서 제2장에서 이타주의를 논의하기 위해 다루었던 내용을 다시 언급해 보기로 한다.

우리에게 잘 알려진 "바보 온달과 평강공주"139)의 기사는 결코 허구한 이야기가 아니라, 고구려 평강왕의 통치시절에 있었던 역사적 사실이다.

온달은 "바보"라고 놀림을 당하였지만 마음씨는 고왔다. 집이 매우 가난하여 거지 옷차림에 노상 구걸하여서 늙은 홀어머니를 봉양했다.

한편 평강왕의 공주는 어려서부터 울보여서 그녀의 아비는 공주가 울 때마다 "너는 울보여서 나중에 바보 온달에게 시집보내고 말테야."라고 농담조로 말하곤 했다. 공주의 나이 16세가 되자 대왕은 걸출한 귀족인 고씨(高氏)에게 딸을 시집보내려 했다. 그러자 공주는 반색을 하며 "아버지께서는 저를 반드시 바보 온달에게 시집보낸다고 늘 말씀하셨는데, 이제 와서 말씀을 고치시어 딴 사람에게 시집을 가라고 하십니까. 필부도 식언(食言)을 하지 않는데 하물며 지존(至尊)이신 대왕께서 그런 말씀을 하시면 되겠습니까? 대왕의 명령은 타당치 않사오니 감히 받들지 못하겠습니다. 저는 온달에게 시집을 가겠습니다."고 하여 부왕을 노엽게 했다. 결국 공주는 아버지의 뜻을 따르지 않고 집을 나와 온달의 집을 찾아갔다.

사람들에게 온달의 거주지를 물어 도착하니 앞을 못 보는 노모(老母)만 집에 있었다. 공주는 노모의 가까이에 다가가 공손하게 큰절을 하고서 아들의 거처를 물었다. 온달의 노모는 그러나 이 낯선 손님을 반기기는커녕 크게 당황하고 놀라며 거절했다. "우리 아들이 가난하고 또 배운 것이 없어 귀인과 가까이할 자격이 못 되는데 지금 그대의 냄새를 맡아 보니 향취가 이상하고 그대의 손목을 잡아 보니 부드럽기가 솜과 같소. 반드시 천하의 귀인일 터인데 누구의 꼬임을 입어 여기에 왔소? 우리 아들은 주림을 참지 못하여 산으로 느티나무 껍질을 벗기러 가서 오래도록 돌아오지 아니하오."140)

이 말을 들은 공주는 온달을 만나기 위해 산 아래에서 기다리다가 나무껍질을 지게에 지고 내려오는 온달을 만났다. 공주는 인사를 하고 진실한 마음으로 자기의 속사정을 이야기했다. "저는 이 나라의 공주인데 온달 님의 아내가 되기 위해 찾아왔습니다. 부디 저를 배필로 맞아 주세요." 온달은 그러나 좋아하기는커녕 버럭 화를 내며 대꾸했다. "감히 나를 속이려 들다니! 너는 분명 사람이 아니고 여우나 귀신일 것이니, 나를 박해하지 말고 사라지거라!" 하고 호통을 치며 뒤돌아보지도 않고 집으로 향해 갔다.

공주는 자신의 진심을 헤아리지 않는 온달이 야속했지만, 그러나 실망하지 않고서 일정한 간격을 두고 터벅터벅 걸으며 온달의 뒤를 따라갔다. 이토록 무정하고 완고한 태도에 공주는 도무지 어쩔 방도가 없었지만, 일단 온달의 집 사립문 밖에서 밤을 보내고 다음 날 아침에 다시 온달의 오두막집으로 들어가 온달과 온달의 노모 (老母)에게 자세하게 자신의 처지와 찾아오게 된 정황을 진지하게 아뢰었다.

"제발 저의 말을 좀 들어 보세요. 저는 여우도 귀신도 아니고 사람이올시다. 저는 어려서부터 부왕으로부터 온달에게 시집보내겠다는 말을 자주 듣고 자랐습니다. 부왕께서 이제 와서 저를 딴 사람에게 시집보내려 하기에, 제가 아버지의 명령을 따르지 않자 저를 대궐에서 쫓아내었습니다. 그래서 저는 온달 님을 찾아왔습니다."

자신의 지독한 가난과 비천한 신분을 잘 알고 있는 온달로서는 어찌할 바를 몰라 그야말로 유구무언(有口無言)이었지만, 온달의 노모(老母)는 그러나 다시 한 번 마음을 가다듬고 침착하게 자신과 아들의 구차하고 형편없는 처지를 설명하고서 공주를 설득하여 발길을 돌려 볼 요량이었다. "우리 아들이 지극히 천하여 귀인의 배필이 될 수 없고, 우리 집은 또 너무 더럽고 구차해서 귀인이 살 만한 곳이 못 돼요. 귀인께서는 부디 대궐로 돌아가세요."

누추하고 찌든 가난에 온달과 온달의 노모는 도무지 정상적인 삶을 일굴 수조차 없었지만, 그러나 이들의 정신만큼은 지극히 정상적일 뿐만 아니라 겸손한 도덕까지 갖추고 있음을 우리는 목격한다. 서로 겸손의 미덕을 가운데 두고 다투고 있는 모습은 도덕에도 아름다움이 강하게 드러난다는 것을 보여 주고 있다.

공주 또한 이런 선택을 하기까지의 과정에는 대단한 마음가짐과 정신적 깊이를 이미 겸비하고 있은 데에다 마음의 각오까지 하고 나타났음을 우리는 읽을 수 있다. 공주는 자신의 진심을 받아 주지 못하는 온달과 온달의 노모가 답답했지만 다시 마음을 가다듬고 겸허하게 사정사정을 부탁했고, 나아가 "이 세상에 귀하고 천한 사람은 없을 뿐만 아니라 서로 마음만 맞으면 함께 살 수 있다"고 하면서 온달과 온달의 노모에게 두려워하거나 걱정하지 말 것을 부탁했다.

공주의 겸허하고 진심 어린 설득에 온달도 온달의 노모(老母)도 도무지 혼란스럽고 어처구니가 없었지만, 그러나 더 이상 거부만 하거나 꼬리를 뺄 수도 없었다. 이런 뒤숭숭한 실랑이와 난처한 싸움이 오랫동안 반복되다가 드디어 평강공주는 온달의 아내가 되고 또 온달 노모의 며느리가 되어 새로운 가정이 꾸려진 것이다. 그녀는 시어머니가 된 노모에게 훌륭하게 봉양했을 뿐만 아니라 온달로 하여금 옛날과는 전적으로 다른, 말하자면 고구려의 영웅으로 거듭나게 한 장본인임을 우리는 잘 알고 있다.

여기서 우리는 온달이 효자이고 또 평강공주는 효녀임을 잘 알수 있다. 온달은 세상으로부터 "바보 온달"이나 "거지 온달"로 놀림을 당했지만, 그러나 자신의 "어둠의 자식"에 대한 팔자타령이나 신세타령을 하지 않았을 뿐만 아니라 최선을 다해 어머니를 봉양한 것이다. 요즘 아이들 같아서는 당장 부모를 원망할 것이 아니겠는가. 평강공주 또한 마찬가지다. 자신의 신분을 다 뿌리치고 형편없이 비참한 신분의 온달 노모에게 큰절을 하며 다가가 가족이 되게 해 달라고 애걸복걸하는 것을 보면 평범한 인간들로서는 도무지 이해할 수 없을 것이다.

이런 공주가 온달의 노모를 시어머니로 잘 봉양했음은 말할 것도 없다. 물론 우리는 온달의 노모가 자신의 극빈과 비참한 신분이며 난처한 처지를 드러내면서 공주의 청을 받아들이기보다는 오히려 공주를 설득하여 궁으로 돌려보내려는 마음에서 한 치의 자기 중심주의나 이기심도 없음을 엿볼 수 있다. 온달의 노모와 공주 사이에 펼쳐지는 겸손의 미학은 퍽 아름답기만 하다.

8 효녀 심청

"효녀 심청"141)은 한국인이면 모를 사람이 거의 없을 정도로 유명한 효녀이야기이다. 효녀 심청의 이야기는 그림으로도 또 음악의 여러 형태, 즉 오페라나 타령, 뮤지컬 등으로도 널리 발표되고 있다. 옛날 뮌헨 올림픽 때 작곡가 윤이상 선생이 직접 작곡하고 지휘한 오페라 "심청"은 너무나 유명하여 청중들로부터 엄청난 갈채와 환영을 받았던 것이다. "효녀 심청"은 너무나 잘 알려졌기에, 우리가 여기서 구체적으로 다루지 않아도 될 정도이다. 그래서 중요한 사항이라고 여겨지는 것 몇 가지만 언급하고자 한다.

우선 이 "효녀 심청"에는 불교적인 요소가 다분히 드러나 있기에, 불교가 들어온 후에 쓰인 것으로 밝혀진다. 불교도 효를 – 비록 사람을 희생시키는 섬뜩한 내용이 들어 있지만 – 중요한 덕으로 삼고 있음을 목격할 수 있다. 우리가 한국의 전형적인 효사상의 사례로 든 얘기들은 삼국시대에 등장한 것도 있지만, 그보다 훨씬 이전에 지어져 전승된 것도 다분히 있다.

이토록 상고시대로부터 전승된 효사상은 중국과는 다른, 한국 효사상의 원형으로 볼 수 있는 것이다. 효사상은 결코 유교의 전매특

허가 아니라, 인간이 사는 곳이면 보편적인 현상이라고 할 만한 것이다. 물론 이 효사상을 어떻게 발전시키고 얼마나 강조하고 또 얼마나 많이 문화와 윤리의 근간으로 계승한 것에는 나라마다 차이를 드러낼 것이다.

또한 "효녀 심청"에는 비과학적이고 비실제적이며 신화적인 요소가 들어 있음을 목격한다. 공양미 삼백 석에 눈을 뜨게 된다거나 혹은 자신을 팔아 아버지의 눈을 뜨게 한다거나, 살아 있는 사람을 제물로 바치는 것, 바다 안에 용궁이 있다는 것, 심청이 인당수라는 바다에 빠져 용왕을 만난다거나, 심청이 바다에 연꽃으로 되고 또다시 왕비로 된다거나……등등 현대인으로서는 이해하기 어려운 부분도 다분히 있다. 그러나 그렇다고 터부시해서는 안 된다.

비록 오늘날 과학이 지배하는 시대에 비과학적이고 신화적이며 비실제적인 내용이 들어 있지만, 그것은 그러나 핵심적 관건이 아니다. 오늘날 전 세계적으로 유명해진 영화 "반지의 제왕"이나 "해리포터" 등은 그야말로 비과학적이고 비실제적인 신화를 바탕으로 하고 있다. 그뿐인가.

호메로스의 일리아스나 오디세이, 단테의 신곡에서의 지옥이나 연옥이며 천국여행, 괴테의 파우스트에 등장하는 무대, 섹스피어의 비극작품에 등장하는 귀신들 등등 도무지 실제세계와 과학적인 세계와는 거리가 먼 이야기가 엄청 많다. 그것은 이 문학작품들이 말하고자 하는 핵심적인 관건이 아니고, 이런 여러 비현실적인 자료들을 통해 뭔가 의미 있는 것을 말하고자 하기 때문이다.

이 모든 문학작품들을 만든 사람들이 - "효녀 심청"을 포함하여 - 나타내고자 하는 의도는 수없이 많은 신들이나 귀신들, 유령, 마법,

용궁, 제물, 공양미 삼백 석으로 소원이 이루어지는 것 등등과 같은 비핵심적이고 주변적인 것이 아니고 이들을 자료나 도구로 이용해 다른 어떤 핵심적인 것을 전하려는 것이다. 따라서 우리는 주변적이고 비핵심적인 것을 핵심적인 것과 혼동하여 문학작품이 던지는 핵심적인 관건을 놓쳐서는 안 된다.

또 현대인이 이해하기 어려운 문제는 과연 효도를 위해, 아버지의 눈을 뜨게 하기 위해 목숨을 버려야 하는가이다. 물론 심청은 결코 어떤 강요에 의해서가 아니라, 유교적 규범주의를 실현하기 위해서가 아니라, 자신의 자율적인 소신에 의해 감행한 것이다. 물론 제삼자이고 독자(讀者)인 우리는 심청의 자율적인 선택에도 불구하고 현실적인 세계에서 일어나는 일일 경우 극구 만류해야 할 것이며 방조해서도 안 될 것이다.

심청의 아버지도 결코 그런 희생을 바라지도 또 용납하지도 않으며, 결코 지나친 효도를 강요하지 않는다. 심청의 아버지는 말할 것도 없이 자신의 눈을 뜨게 하는 것보다 심청의 삶을 더 고귀하게 생각한 것이다. "청아, 내 딸 청아! 내가 어찌 너를 팔아 눈을 사리! 아니 된다. 우리 청이 못 데리고 간다!"는 피맺힌 절규는 결코 효의 미명 아래 딸의 목숨과 그 어떤 것과도 바꿀 수 없음을 천명하는 것이다.

만약 액면 그대로 부모를 위해 희생을 감수해야 한다는 식으로 규범을 만들거나 지배적인 이념을 만든다면, 그건 큰 잘못이다. 그것은 자식의 인생은 일종의 부모의 부속물로 전락하기 때문이다. "효녀 심청"이 전하는 메시지도 결코 부모님의 눈을 뜨게 하기 위해 액면 그대로 목숨을 버리라는 것은 아니다.

마치 앞의 신화적이고 종교적인 요소가 핵심적인 관건이 아니라, 오히려 핵심적인 관건을 드러내는 데 자료로 쓰인 것과 같이 공양미 삼백 석에 몸을 판다거나 인당수에 빠뜨려진다는 것은 핵심적인 관건을 드러내는 것이 아니라 그 도구이고 방편인 것이다. 이야기 문학으로서의 "효녀 심청"은 그 핵심적인 관건인 지극정성의 효를 드러낸 것이고, 이 지극정성의 감동적이고 아름다운 효를 전하는 메시지이지, 사람을 팔고 인당수에 빠뜨리는 것을 핵심적인 관건으로 삼지는 않는 것이다.

제6장 강님 도령 – 염라대왕 끌고 와 최후의 재판을 열다

1. 강님 도령 신화

제주도의 신화 『차사 본풀이』에는 강님 도령의 이야기가 전해진다. 이 "강님 도령"의 신화는 판소리로 전승된 독특한 구조와 심오한 철학을 내포하고 있다. 이 신화는 결코 어떤 단순한 지방의 신화가 아니고, 상당히 차원이 높고 심오한 철학적 문제를 다룬 신화이다.

우리는 이 신화를 크게 두 가지의 테마로 한정하여 논의하는데, 첫째는 정의의 문제가 단순히 지상적인 문제로 끝장나는 것이 아니라, 영원으로 이어지는 문제라는 것이다. 우리는 그러나 대부분 이 문제를 착각하고 있으며, 지상의 실정법적 차원에서 해결되면 그것으로 끝장이라든가, 혹은 정의나 불의가 은폐되어 발각되지 않으면 그만이라는 태도는 대단히 위험하다는 발상임을 감지할 수 있다.

이와 같은 심각한 문제를 다룬 것은 플라톤의 대화록 『소크라테스의 변명』에도 자상하게 드러나 있다. 부당한 재판으로 사형에 처해진 소크라테스의 경우에도 지상적인 문제로 끝장난 것이 아니라 저승에까지 이어짐을 우리는 목격한다. 강님 도령 신화에서 과양생이 부부가 감쪽같이 극악무도한 불의를 저지르고, 단지 사람들이 아무도 그런 현장을 목격하지 못했다고 해서 정의의 문제가 끝장나는 게 아니라는 것이다. 인간이 어쩔 수 없는 그런 정의의 재판은 이승과 저승을 넘나들며 지상으로 잡혀 온 염라대왕의 출현으로 해결된다.

둘째의 테마도 상상을 초월하리만큼 획기적이고 심오한 문제이다. 염라대왕을 사로잡는 데에서 오는 인간의 호탕한 기백의 문제와, 또 인간의 운명과 죽음에 절대적인 존재자를 제압하는 데서 오는 인간의 무한한 자유가 지평 위로 떠오른다. 인간은 염라대왕의 절대적 권력 앞에 아무런 대꾸도 못 하고 지극히 무력할 따름이다. 인간의 죽음이란 바로 염라대왕 앞에 끌려가는 것이 아닌가. 그러나 강님 도령의 신화는 이런 죽음이라는 운명의 족쇄에 갇혀 있는 인간을 해방시킨다. 거의 절대적으로 있을 수 없는 일로 굳어진 인간과 염라대왕과의 관계를 뒤집음으로써 말미암아 전혀 꿈도 꾸지 못한 자유가 우리 앞에 다가온다.

염라대왕은 일종의 절대적인 권력이고 인간의 운명을 좌지우지하는 것으로 우리의 의식세계에 오래전부터 굳어져 있지만, 이런 질서를 확 뒤집는 사건이 강님 도령의 신화 외에도 『서유기』에 나온다. 『서유기』에서 손오공이 여의봉으로 염라대왕을 포함한 시왕이 있는 저승세계를 쑥대밭으로 만들고, 그것도 부족하여 인간의 수명이 기록되어 있는 생사부(生死溥)를 마음대로 조작할 때, 저승의 시왕들은 한쪽 구석에서 두려움에 벌벌 떨고만 있었다.

인간의 운명을 관장하는 염라대왕을 이 지상으로 끌고 온다는 것은 그리스 신화에서 프로메테우스나 시지포스가 제우스에게 반항하는 것보다 그 농도가 훨씬 강하다. 물론 염라대왕을 지상으로 끌고 온 것은 강님 도령과 같은 유별난 인간이 자신의 기개를 자랑하거나 무술이 뛰어나다는 것을 보이기 위해서가 아니라, 인간으로서는 도무지 수행하기 어려운 최후의 심판을 하기 위해, 말하자면 절대적인 정의가 드러나게 하기 위한 재판을 위해서다.

그러면 『차사 본풀이』에 나오는 강님 도령의 신화를 짧게 요약해 보기로 하자.

먼 옛날 동경국이라는 나라가 있었다. 이 나라를 다스리는 버물왕은 그러나 자식 복이 지독히도 없어 아들 아홉 형제 가운데 위로 삼 형제와 아래로 삼 형제를 연달아 잃었다. 가운데 삼 형제가 남아 있는데, 이들마저 잃을 고약한 운명에 처한다. 이 아들들의 수명이 앞으로 삼 년을 못 넘기리라는 길 가던 고승의 예언이 있었기 때문이다. 연못가 너른 바위 위에서 놀고 있던 이 형제들을 지나가는 스님이 보고는 혀를 쯧쯧 찼다. 뭔가 이상하게 생각한 형제들이 뒤쫓아 가서 물었다. "스님, 어인 일이시기에 저희들을 보시고 혀를 차셨습니까?" "온몸에 복록이 있지만, 앞으로의 수명이 3년을 넘기기 어려우니 안타까워 혀를 찼지."

아이들은 깜짝 놀라 그 길로 궁궐로 뛰어 들어가 부모에게 스님의 말을 전했다. 얼굴빛이 누렇게 된 버물왕은 사람을 시켜 스님을 모셔 후하게 시주를 하고 자초지종을 물었다. 그러나 스님의 답변은 "그것이 운명이니 어쩌겠습니까?"였다. 버물왕은 통사정을 하며 다그쳤다. "사람이 죽을 길이 있다면 살길도 있지 않겠습니까? 그 방법을 알려 주시면 무슨 일이든 하겠습니다." "지금 이 아이들을 궁궐에서 내보내 삼 년 동안 세상을 떠돌며 장사를 하게 하면 혹시라도 운명을 벗어날지 모르겠습니다. 그러나 광양 땅 과양생이를 조심해야 합니다."

그리하여 버물왕은 은물 짐, 공단 짐, 유기 짐을 준비하여 세 아들에게 주면서 3년 안에 고향으로 돌아올 생각을 말라는 엄한 당부와 함께 길을 떠나도록 했다. 세 아들은 떨어지지 않는 발걸음을 옮기며 정든 궁전을 나섰다. 그리고 감당하기 어려운 나날들을 울면서 보냈다. 그러나 세월은 흘러 어느 듯 손꼽아 기다리던 3년이 다가왔다. 세상천지를 방황한 세 형제는 부모님을 뵈는 희망에 부풀어 고향으로 가고 있었다.

　　그러나 너무나 가슴이 설레고 벅찬 나머지 지금 지나고 있는 곳이 광양 땅이라는 것을 깡그리 잊고 있었다. 더구나 이곳에 이르자 배가 고파 더 이상 발걸음을 옮기기조차 어려워 주저앉고 말았다. 세 형제는 의논하여 갖고 있는 비단과 무명을 주고 밥을 얻어먹기로 했다. 삼 형제 중 첫째가 눈앞에 보이는 부잣집에 들어가 구걸을 했으나, 이 집의 여주인 과양각시는 몽둥이로 두들겨 패서 내쫓았다. 뒤이어 들어간 둘째도 몽둥이찜질만 당하고 쫓겨 나왔다. 그래도 포기하지 않고 셋째가 들어가 구걸을 하자, 과양각시는 연거푸 세 스님이 들어와 구걸하는 것이 예삿일이 아니라고 생각하여 개가 먹던 바가지에 식은 밥 세 숟가락을 물에 말아 주었다.

　　그것도 음식이었는지 형제들은 주린 배가 풀리고 감기던 눈이 뜨이면서 정신이 차려졌다. 공짜로 얻어먹은 것이 걸렸는지 형제들은 은물 공단을 끌러 내어 밥값으로 주자 과양각시의 눈빛이 싹 변하더니 삼 형제를 끌어들이고서 맛난 음식과 술을 잔뜩 가져왔다. "이 술 한 잔 들어 보오. 한 잔 마시면 천 년을 살고 두 잔 마시면 만 년을 살며 석 잔 마시면 구만 년을 살게 하는 술이라오."라고 과양각시는 아양을 떨었다. 이윽고 세 형제는 술에 취해 곯아떨어지고 말았다.

사람을 홀려 재물 뺏는 일을 과양생이 부부가 늘 해 왔기에, 깊은 잠에 빠진 세 형제를 보고서 귀한 재물 뺏을 것을 생각한 과양각시는 입가에 생글생글한 웃음을 띠었다. 곧 이어 과양각시는 삼 년 묵은 참기름을 펄펄 끓여서 세 형제의 귀에 부었다. 이리하여 세 형제는 아버지 어머니를 불러 보지도 못하고 죽고 말았다. 과양생이 부부는 밤에 세 형제의 시체를 뒤천당 연화못에 큰 돌을 매달아 던져 버렸다.

며칠이 지난 뒤 죽인 세 형제의 시체가 어떻게 되었는지 보려고 대바구니에 빨래를 담아 뒤천당 연화못에 갔는데, 영롱하게 핀 세 송이의 꽃이 물 위에 떠 있었다. 과양각시는 이 꽃들을 꺾어다가 붉은 꽃은 대문에 꽂고 노란 꽃은 샛문에 꽂고 푸른 꽃은 뒷문에 꽂았는데, 집안이 눈부시어 입이 저절로 벌어졌다. 그러나 이상하게도 이 꽃들은 과양각시가 꽃 앞을 지나갈 때마다 잡아끌었다. 화가 난 과양각시는 이 꽃 세 송이를 손바닥에 비벼 화로 속에 던져 버렸다.

그날 저녁 이웃집 청태할망이 불을 빌리러 찾아왔다. 과양각시는 고갯짓으로 청동화로를 가리켰다. 청태할망이 불씨를 건지려고 화로를 뒤지다가 삼색구슬이 있다고 소리쳤다. 그러자 과양각시는 쪼르르 달려가 구슬을 잽싸게 빼앗았다. 삼색이 영롱한 구슬을 과양각시가 햇빛에 비추니 방실방실 웃는 것 같았다. 구슬을 입에 넣어 놀리고 있는데, 그만 이 구슬이 목구멍으로 넘어가고 말았다. 그리고 이 일이 있은 후 석 달쯤 지나자 과양각시의 몸에 태기가 나타나고 배가 불러오기 시작했다. 열 달이 되어 이웃집의 청태할망을 불러 해산을 하는데 아들이 하나, 둘도 아닌 세 쌍둥이였다. 그때까지 자식이 없었던 과양생이 부부는 기쁜 나머지 입이 함박처럼 벌어졌다.

삼 형제의 재주는 당할 자가 없을 정도로 뛰어났다. 열다섯 살 되던 해에 삼 형제는 과거를 보았는데, 아니나 다를까 셋이 나란히 장원급제를 한 것이다. 이 소식은 곧장 과양생이의 집에 전해졌고, 과양생이 부부는 이웃사람들을 초대하고서 큰 잔치를 열고 자신들이 세상에서 가장 복이 많은 사람이라고 뽐내며 복 타령을 했다. 이윽고 삼 형제가 돌아와 부모에게 큰절을 올리기 시작했다. 그런데 이게 웬 일인가! 큰 절을 하면서 땅바닥에 손을 대고 엎드리더니 일어나지를 않는 것이다. "얘들아, 됐다. 이제 그만 일어나거라."고 아무리 재촉해도 대답도 없으며 움직이지도 못한다.

과양각시가 혼비백산하여 큰아들의 머리를 들어 보니 이미 눈동자가 저승으로 돌았고, 둘째 아들은 입에 거품을 물고 죽었으며, 막내도 이미 죽어 손톱 발톱에 검은 피가 서렸다. 이미 세 아들은 전부 이 세상 사람이 아니었다. 넋이 나간 과양각시가 발악을 하며 펄쩍펄쩍 뛰기 시작했지만, 죽어 버린 자식이야 어찌할 도리가 없었다. 과양생이 부부는 너무나 억울하여 견딜 수 없었다.

그래서 과양각시는 관가를 찾아가 광양땅을 다스리는 김치원님에게 세 아들을 살려 달라고 떼를 썼다. "내 아들 삼 형제가 한날한시에 태어나 과거에 급제하고 한날한시에 죽어 버리니 세상에 이런 법이 어디 있소. 이대로는 못 살겠으니 어찌 된 일인지 영문을 밝혀 주오." 원님은 이에 대해 사람의 죽고 사는 팔자소관의 문제는 원님이 관여할 문제가 아니라고 대꾸했다. 사람 죽은 영문을 원님인들 알 수 없는 일이기에 원님은 과양각시의 원성을 계속 무시하고 거들떠보지도 않았다. 하지만 과양각시는 분을 참지 못하고 날마다 관가로 찾아와 원님이 이런 일도 해결하지 못한다며 욕을 퍼붓고 발광을 하였다.

이리하여 과양각시의 생떼와 발광은 원님을 도탄에 빠뜨리고, 나아가 강님 도령과 염라대왕을 무대로 이끌어 내는 원인을 제공한다. 그녀는 물욕에 탐하여 무고한 인간의 목숨을 눈도 깜짝하지 않고 태연하게 빼앗고, 터무니없는 생떼로 권력 앞에서도 기세가 등등하다. 범행을 아무도 목격하지 못하도록 죽인 삼 형제를 야밤에 물속에다 생매장하고, 죄의식이란 하나도 없는 과양생이 부부에게 이승에서는 그 죄를 묻고 정의의 재판을 할 방도가 없다. 그러면 그것으로 이 사건은 끝장인가? 전혀 그럴 수 없다. 강님 도령의 신화에서 강님 도령과 염라대왕의 출현 및 이승과 저승을 오가며 최후의 법정이 열리고 종말적으로 다루어지는 정의의 문제는 다음 장(章)에서 계속하여 논의된다.

2. 영원의 지평에서 정의를 말하다

① 이승에서 끝나지 않은 정의의 문제 - 염라대왕 데려와 최후의 재판을 하다

무고한 사람의 피를 빨아서 행복감에 도취된 과양각시이지만, 자신에게 불운이 닥치자 이를 남의 탓으로 돌리려고 터무니없이 원님을 괴롭힌다. 그러나 이 불운으로 끝이 아니다. 남의 자식을 죽여 피눈물을 흘리게 했으니, 그녀 또한 그런 고통을 맛보아야 한다는 것이 강님 도령의 신화가 밝혀 주는 준엄한 교훈이고, 이는 또한 자연스런 인과응보의 원리이고 우주적인 정의라고 할 수 있다. 그러면 앞의 장에서 이어 그 줄거리를 계속하여 파악해 보자.

과양각시의 행패가 어찌나 고약스러운지 원님은 머리가 아프다 못해 터져 나갈 정도가 되고 말았다. 그가 원님이라고 한들, 이토록 괴팍스럽게 발광하는 인간으로부터는 골머리를 앓지 않을 수 없었던 것이다. 이 모습을 곁에서 지켜보던 원님의 아내가 답답하다는 듯이 말했다. "당신한데는 변변한 아랫사람이 하나도 없단 말입니까? 듣자니 강님 도령이란 자가 쓸 만하다던데 이럴 때 안 쓰고 무얼 합니까?" "강님 도령 솜씨야 내가 잘 알고 있지만 그가 이 일을 어찌 해결한단 말이오?" "저승에 보내서 염라대왕을 불러오면 되지요." "산 사람이 못 가는 저승인데 무슨 명목으로 강님이를 거기에 보낸단 말이오?" "듣자니 강님 도령의 각시 첩이 열여덟이랍디다. 새벽에 갑자기 사령들을 소집하면 강님이가 늦을 테니 짐짓 그 죄를 물어서 보내면 될 일입니다."

믿기지 않지만 그럴싸한 면도 보이고, 게다가 과양각시의 생떼를 일단 강님에게 떠넘길 요량으로 원님은 사령들에게 급한 연락을 보내 새벽 일찍 관가로 모이라고 명령을 내렸다. 그날이 마침 열여덟째 첩의 장모 생일인지라 늦게까지 술판을 벌였으니 관가에 늦지 않을 수 없었다. 원님이 큼직한 작두를 꺼내 놓고 죄를 물으려 하자, 강님은 펄쩍 뛰며 "시키는 대로 일을 다 할 테니 목숨만은 살려 주십사"고 통사정을 했다. 원님은 호통을 치며 다그쳤다. "네가 살 길은 하나뿐이다. 저승에 가서 염라대왕을 잡아 와라. 못 하겠거든 당장 목숨을 내놔라."

당장 목숨이 급한지라 염라대왕을 잡아 오겠노라고 다짐은 했지만, 황당한 명령에 강님의 고민은 쌓여만 갔다. 도대체 염라대왕을 잡는 것은 고사하고 저승을 어떻게 가는지 아무런 엄두도 낼 수 없었다. 이리저리 떠돌다 강님은 본처 큰 각시의 집으로 돌아가 울면서 하소연을 하였다. 그러나 본처는 태연하게 그 묘책을 가르쳐 주지 않는가! 이리하여 현명한 아내와 조상신, 문전신(門前神) 조왕신의 도움으로 강님은 저승으로 갔다.[142]

강님 도령이 저승으로 가는 과정은 그리스 신화에서 인간 프시케가 시어머니인 아프로디테의 명령(페르세포네의 단장료(丹粧料)를 얻어 오는 것)을 지키기 위해 하데스의 여왕 페르세포네를 찾아가는 과정과 유사하다. 프시케는 절망하고 포기한 나머지 차라리 천 길 낭떠러지 위에 있는 첨탑으로 올라가, 거기에서 뛰어내려 죽든지 혹은 그렇게 하는 것이 죽어서 저승으로 가는 가장 빠른 길이라고 생각하였다. 프시케가 막 뛰어내리려고 할 때 그녀에게 어떤 알려지지 않은 여신이 나타나 하데스로 가는 길, 하데스의 문을 지키는 케르베로스의 곁을 무사하게 지나는 방법, 그리고 페르세포네가 주는 단장료를 절대로 열어 보지 말 것과 하데스의 세계를 무사하게 빠져나오는 방법을 소상히 알려 주었다.

저승으로 간 강님 도령은 잠복하고 있다가 때마침 세상으로 나오는 염라대왕을 습격해서 밧줄로 꽁꽁 묶었다. 강님 도령의 기개와 호탕함, 영웅기질은 그 어떤 영웅담도 추적을 불허한다. 『차사 본풀이』의 한 토막을 열거해 보자. "강님이 봉황 눈을 부릅뜨고 삼각수를 거느리고 청동 같은 팔뚝을 걷어 동곳 같은 팔 주먹을 내어 놓고 우레 같은 소리를 벽력같이 지르면서 한 번을 펄쩍 뛰며 메어치니 삼만 관속이 간데없고 두 번을 메어치니 육방 하인이 간데없고 가마채를 잡아 흔들며 가마 문을 열어 보니 염라왕이 양 주먹 쥐고 박박 떨고 있다."

염라대왕은 강님 도령이 이끄는 대로 원님 앞으로 나아갔고, 곧 동헌에서 재판이 열렸다. 맑던 하늘에 갑자기 뭉게구름이 피어오르고 동헌 마당에 무지개가 서는 가운데 염라대왕이 벼락 치듯 들이닥쳤다. 이 광경에 놀라 원님은 발발 떨었다. 염라대왕은 원님에게 호령하듯 쏘아붙인다. "여봐라! 그대가 어찌 감히 나를 청했단 말이냐!" 불손한 태도로 언성을 높이자 강님 도령이 나서 꾸짖는다. "염라대왕, 말씀이 과하십니다. 저승 왕도 왕이고 이승 왕도 왕인데 못 청할 게 어디 있단 말이오!"

그러자 염라대왕의 태도가 바뀌어 원님에게 공손하게 여쭙는다. "이승 왕이여, 어떤 일로 나를 청하셨단 말이오?" 원님은 떨리는 목소리로 염라대왕을 청한 내막을 밝혔다. "다름이 아니오라 이 나라 광양 땅 과양생이 부부의 아들 삼 형제가 한날한시에 태어나 한날한시에 과거에 급제하고 한날한시에 죽은 연유를 여쭙고자 대왕님을 청했습니다." 때마침 과양생이와 과양각시가 동헌 마당에 불려 오자 염라대왕이 말했다. "너희 아들 삼 형제가 죽었다고 하니 어디에 묻었는지 고하거라."

과양생이는 벌벌 떨기만 하였고, 과양각시가 나서서 앞밭에 묻었다고 고했다. 염라대왕이 이들을 이끌고 가서 아이들 묻은 곳을 파보라 하니 시체는 보이지 않고 칠성판만 묻혀 있었다. 아들들의 운명을 훤히 알고 있는 염라대왕은 이들을 데리고 뒤천당 연화못으로 가 금부채로 연못을 세 번 때렸는데, 물이 순식간에 말라 바닥이 드러나면서 삼 형제의 시체가 고스란히 드러났다. 염라대왕이 다시 금부채로 삼 형제의 시체를 때리자 살이 붙은 삼 형제는 눈을 부스스 뜨고 오랜 잠에서 깨어나듯 자리에서 일어났다. 염라대왕이 광양생이 부부에게 물었다. "이 아이들이 너희 아들들이냐?" 과양생이 부부는 그렇다고 대답했다. 이번엔 염라대왕이 삼 형제에게 물었다. "이 사람들이 너희 부모냐?" 그러자 삼 형제는 "이 사람들은 저희 부모가 아니라 저희를 죽인 원수입니다."고 하면서 죽일 듯이 과양생이 부부에게 달려들었다.

이때 염라대왕은 아이들에게 타이르며 "원수는 내가 갚아 줄 테니 너희들은 부모를 찾아가거라. 너희를 기다린 지 오래되었느니라." 삼 형제는 삼 년간 방황하며 부모님을 만나러 돌아가다가 과양각시에게 억울한 죽음을 당한 아이들이었다. 삼 형제는 죽은 후 꽃송이가 되었다가 다시 구슬이 되어 과양각시의 몸속으로 들어가 다시 태어났던 것이다.

염라대왕은 삼 형제를 고향으로 보낸 다음, 저승에서 데리고 온 시종들에게 소 아홉 마리를 끌고 오라고 했다. 그리고는 과양생이 부부의 팔다리 하나하나에 소 한 마리씩을 묶어 사방으로 끌게 하였다. 갈가리 찢어진 과양생이 부부의 몸을 방아에 찧어 바람에 날려 버리니, 살아서 남의 피를 빨아먹던 버릇이 죽어서도 그대로 남아 모기와 각다귀로 변하여 사람들의 피를 빠는 곤충이 되고 말았다.

처참한 종말로 끝난 위의 재판과정에서 우리는 어렵지 않게 정의와 불의가 이승적이고 지상적인 것만으로 엮어져 있지 않다는 사실을 간파할 수 있다. 위의 줄거리를 통해 정의와 불의의 문제가 단순한 순간적이고 지상적인 사건에 그치는 것이 아니라, 영원의 상하에서 문제가 된다는 것을 목격할 수 있다.

인간으로서는 궁극적이고 절대적인 정의와 진리를 판단할 수 없기에 저승의 염라대왕이 인간의 법정에 나타난다(재판을 하기 위해 강님 도령에 의해 지상의 법정으로 끌려온다). 세상의 법정에서 부당하게 처리된 사건이라거나 혹은 법정에서조차 온당하게 재판되기는커녕 그저 우연한 사건처럼 덮인 경우라도 철두철미하게 최후의 정의에 대한 심판이 따른다는 것이 대철학자들(플라톤, 칸트 기타)에게서와 고등종교에서 드러난다.

만약 지상의 가혹하고 불의한 사건이 공소시효가 끝났다는 이유로, 혹은 부당한 재판으로 더 이상 정의의 문제가 물어지지 않는다면, 혹은 소위 "유전무죄이고 무전유죄"라면, 세상의 원리는 그것으로 끝이라고 선언할지 모르나, 그러나 영원의 상하에서는 전혀 그렇지 않다는 것이다. 그렇다면 그것은 코스모스 자체가 모순이고 인간과 세상을 만든 조물주의 실수일 것이고, 나아가 온 세상이 카오스이며 개판이라고 할 수밖에 없다.

그래서 과양생이 부부가 종말적으로 염라대왕 앞에서 이러저러한 구체적인 형벌(사지가 갈기갈기 찢겨 나가고 모기와 각다귀로 환생하는 것)을 받는 것에는 우리가 알 수 없으나, 그러나 죄의 값이 벌이 된다는 것과 영원의 상하에서 정의가 물어진다는 것만큼은 우리가 보편적으로 공감하는 바이다. 고등종교에서의 천국과 지옥의 개념은 바로 이러한 정의와 불의, 진리와 비진리에 대한 문제와 직결되어 있다.

② 『소크라테스의 변명』에서 유린된 정의와 사후의 법정

오늘날 그 누구도 소크라테스에게 내려진 사형선고가 옳다고 생각할 사람은 거의 없을 것이다. 전혀 터무니없는 죄를 뒤집어씌워서는 정치 패거리들로 구성된 다수결로 끝장을 낸 것이다. 소크라테스를 법정에 세운 죄목은 — 멜레토스와 아니토스의 고소장에 의하면 — 그가 그리스의 젊은이들을 타락시키고, 나라에서 인정하는 신들을 믿지 않으며, 그 대신 '다이몬'143)이라고 하는 다른 신령을 믿고 있다는 것이다.

그러나 이러한 죄목은 말도 안 되는 것으로 소크라테스는 법정에서 자신의 무고함을 자상하게 밝혔다. 그는 그리스의 청년들을 결코 타락시키지 않았으며, 또 실제로 소크라테스의 가르침 때문에 타락되었다는 고백을 한 청년은 없었다. 또 소크라테스가 불신자라고 고발한 멜레토스의 고소장과는 달리, 논증을 통해 불신자가 결코 아님을 드러내 보였다. 그뿐만 아니라 솔직한 고백을 통해서 그는 자신이 불신자가 아님을 밝히고 있다. "아테네 시민 여러분, 저는 저의 고발인들 중의 어느 누구보다도 신들을 굳게 믿고 있습니다. 또한 저는 저 자신에게도 여러분께도 어떻게든 가장 적합하도록 저를 심판해 주기를 여러분과 신께 맡기는 바입니다."

멜레토스는 소크라테스가 자신의 무고함에 관한 변론을 펼치는 과정에서 던져진 질문에 제대로 대답조차 하지 못한 처지였고, 고

소내용 자체가 모순투성이이었음이 드러났다. 멜레토스는 그러나 소크라테스가 불신자이고 또한 그리스의 청년들을 타락시켰다고 무조건 고집으로 응수했다. 소크라테스를 어쨌든 처치하려는 셈으로 법정에 세웠기에, 소크라테스 또한 배심원들의 동정을 추호도 구걸하려 하지 않았기에, 엄청난 비극의 결과를 가져오고 말았다.

그렇다면 소크라테스가 독약을 마시고 사형에 처한 것은 정의인가? 또한 실정법상으로 정의라고 판결되면 그것은 정의인가? 물론 소크라테스를 법정에 세워 처치하려는 사람의 입장에서는 양심의 가책을 거부하면서까지 정의라고 우길 것이다. 실제로 인류의 역사에는 수없이 많은 선량한 사람들이 불의한 재판으로 옥살이를 당하거나 형장의 이슬로 사라진 경우가 허다하다. 더욱이 주류의 정치적인 세력에 맞섰을 때는 더욱 그러했다.

소크라테스는 그러나 어떠한 경우에도 죽음이 두렵다고 정의를 어기면서까지 굽히지는 않을 것이며, 굽히지 않으면 죽게 될 것임을 알면서도 굽히지 않았다.[144] 그는 구속이나 죽음이 두려워서 그릇된 결정을 내리는 배심원들과 한패거리가 되기보다는, 오히려 법과 정의의 편에 서서 모든 위험을 무릅쓰기를 원했던 것이다. 그는 그의 생애에서 정의를 어기면서까지 굽힌 일은 전혀 없음을 몇 번이고 밝힌다.

그는 사람들이 법정에 서게 되었을 때 숱한 눈물을 흘리면서 재판관들에게 애걸복걸하는 것이나 그들의 아이들이나 친척, 친구들을 많이 끌어들이는 경우를 언급하고 - 사실 이러한 것은 엄밀히 말하면 죄와 벌 내지는 정의와는 별개의 것이다. - 자신은 그러나 지금 크나큰 위험 앞에서도 그런 비굴한 짓을 하지 않음을 주지시킨다.[145] 아울러 그는 이러한 자신의 태도가 고집이 세어서도 아니고 또 배심원들을 업신여기는 것도 아니기에, 홧김에 유죄투표를 해서는 안 된다는 것을 당부했다.

그러나 배심원들은 소크라테스의 무죄 주장과 당부에도 불구하고 전혀 엉뚱한 투표를 하고 만다. 물론 앞에서도 언급했듯이 그들은 소크라테스를 미리부터 처치하려는 저의를 갖고 있었기에, 그들의 완고한 마음은 변할 수 없었던 것이다. 이미 그들은 정의나 진리 따위에 귀를 기울이는 자들이 아니었으며, 정치적인 목적을 성취하는 것만 염두에 두고 있었다. 더욱이 소크라테스가 이들에게 동정을 사기 위해 결코 비굴한 짓은 하지 않았다는 점을 고려하면 어떤 결과가 주어지는지 뻔하다.

사형선고를 받고 법정을 나서려는 소크라테스는 그러나 살기등등하고 독기 서린 몇 마디를 그들에게 던진다. "이제 저는 여러분으로부터 사형선고를 받고 물러나지만, 여러분은 그러나 진리로부터 사악함과 불의의 선고를 받고 물러나는 것입니다."[146] 그리고 여기에 덧붙여 그들의 부당한 선고가 결코 책임을 면하는 것이 아니라는 사실을 소크라테스는 주지시킨다. 소크라테스는 그들로부터의 사형선고를 순순히 받아들이지만, 그러나 그들의 부당하고 불의한 선고를 사후의 법정으로 옮겨 그 법정에 서게 한다. "저에게 사형판결을 내린 여러분께 말씀드립니다만, 나를 죽인 바로 다음에 여러분은 제게 내린 사형보다 훨씬 더 엄한 벌을 받게 될 것입니다."[147]

소크라테스는 불의의 재판을 일삼는 지상의 재판관들("이승에서 스스로 재판관이라고 자처하는 사람들")과 대비해서 저승에서의 참다운 재판관들 - 미노스(Minos), 라다만티스(Rhadamanthys), 아이아

코스(Aiakos), 트립톨레모스(Triptolemos) - 을 피력하고 이들을 만난다는 것에 대한 큰 희망을 표명한다. 그리고 이러한 최후의 재판관들에게서는 이승의 재판에서 볼 수 있는 불의하고 부당한 재판을 볼 수 없을 뿐만 아니라, 지상에서 정의를 어기고 불의한 짓을 한 경우 저승에서의 법망을 피할 수 없다는 사실을 표명한다.

『소크라테스의 변명』에서 소크라테스는 마지막으로 자신의 변호와 진술 및 증언에 대해 확신을 갖고서 의미심장한 여운을 남긴 채 끝을 맺는다. "하지만 우리는 모두 떠날 때가 되었군요. 저는 죽기 위해서이고 여러분은 살기 위해서 떠납니다. 그러나 우리들 중에서 어느 편이 더욱 좋은 일을 만나게 될는지는 오직 신(神)만이 아실 겁니다."148) 이리하여 소크라테스는 사형선고대로 독약을 마시고서 세상을 떠나고 만다.

그때나 지금이나 대부분의 사람들은 실정법의 차원에서 어떤 판결과 재판에 대한 정의의 문제가 다 해결되고 매듭짓는다고 생각한다. 그래서 불의한 재판을 하고서도 양심의 가책을 갖지 않으며, 정의의 문제는 더 이상 문제가 없다고 생각한다. 더욱이 사후의 세계나 이 사후의 세계에서의 재판과 같은 것은 아예 의미를 두지 않기 때문에, 사람들은 불의에 대해서 두려워하지도 않는 편이다. 그러나 과연 정의의 문제가 지상에서 유린되는 것으로 끝장이 나게 되는 것일까? 대부분의 종교들도, 또 플라톤과 소크라테스도 정의의 문제가 절대로 그리 쉽게 끝장나는 것이 아니라고 한다.

3. 죽음과 운명을 관장하는 신들 - 하데스와 모이라

저승의 왕 하데스는 죽은 자들의 영혼을 다스린다. 인간이 죽으면 예외 없이 이곳에 오게 되고, 이곳의 형편은 영혼들이 온갖 형벌을 받는 처참한 곳이다. 만약 이곳에 오는 영혼들이 줄어들면 그는 자신의 권세영역이 줄어든다고 생각해 제우스에게 강력한 항의를 했다. 이를테면 의술의 신 아스클레피오스는 죽은 사람도 살릴 수 있는 뛰어난 의술을 갖고 있었다. 그가 뛰어난 의사라는 사실이 알려지자 환자들은 그에게서 치료를 받기 위해 먼 길을 마다하지 않고 몰려들었다.

그는 인간을 사랑하여 죽어가는(심지어 죽은) 사람도 살려 내었는데, 이러한 의술은 그러나 죽어야 하는 인간의 운명을 바꾸는 일로 여겨져 신들로부터 질투를 받게 되고, 삶과 죽음을 주관하는 신의 영역에 도전하는 일로 여겨졌다. 이러한 아스클레피오스의 뛰어난 의술이 만방에 알려지면서 지하 세계의 신 하데스로부터 분노를 사게 되었다. 계속 죽은(죽어야 할) 사람이 살아나면 지하 세계는 엉망이 될 것이고, 이 세계를 다스리는 하데스는 자신의 입지와 권세가 약화될 것으로 여겨졌다.

그래서 하데스는 이러한 사실을 제우스에게 강력하게 항의했던 것이다. 그리하여 제우스는 자신의 형 하데스의 항의를 받아들여 아스클레피오스에게 벼락을 던져 죽여 버렸다. 이리하여 인간을 사랑한 의술의 신 아스클레피오스는 하데스의 증오로 생을 마감하고 만다.

위의 하데스와 아스클레피오스의 경우에 잘 드러나듯 인간의 운

명을 좌지우지하는 하데스의 영역은 절대적이라는 것이다. 거기에
는 인간의 어떠한 힘도 애걸복걸도 통하지 않는다는 특징이 있다.
누가 감히 이 절대영역에 영향을 미칠 것이며 그들의 인간에 대한
판단에 브레이크를 걸 수 있단 말인가.

그런데 비극의 시인 오르페우스의 하데스 여행은 약간 색다른
모습을 보여 준다. 그는 지극히 슬픈 노래를 불러 온 세상에 알려
진 가수이고 시인이었다. 그는 자기의 아내 오이리디케(Euridike)가
불의의 사고로 세상을 떠나게 되자 밤낮주야로 구슬픈 노래를 불
렀다. 이 노래에 무생물까지도 감동을 받았으며, 강물을 멈추게 하
고 숲을 뛰어가게 했다. 사슴도 사자를 두려워하지 않게 되었고,
토끼도 개에게 다가갔다.

그러나 오르페우스는 자신의 노래로 위안을 얻지 못하고, 자기
아내를 일찍 데려간 무심한 하데스 왕을 원망하면서 황천나라로
길을 떠났다. 가는 곳마다 칠현금을 켜고 감미로운 노래로 황천나
라를 감동시켰다. 황천나라 문지기 케르베로스는 그만 그 노래에
매혹되어 눈물로 뺨을 적시고, 갖가지 가혹한 형벌로 영혼들을 괴
롭히는 일을 맡은 이들도 오르페우스의 노래에 감동되어 하던 일
을 잊어버렸다.

급기야는 하데스 왕도 감동되어 측은히 여기는 마음이 생겨나
"저 사람에게 자기 아내를 돌려주어라."고 하였다. 그러나 그는 황
천나라를 다 빠져나갈 때까지 뒤로 돌아보지 말라는 엄명도 함께
내렸다. 황천나라를 거의 다 빠져나갈 때에 오르페우스는 그러나
오이리디케밖에는 아무것도 생각하지 못하였기에, 자기도 모르게
뒤로 돌아보고 말았다. 이리하여 오이리디케는 또다시 하데스의 나

라로 끌려가고 말았다.

결국 하데스의 절대권력 앞에 인간은 무력할 따름이다. 하데스는 오르페우스의 노래를 듣는 순간에야 마음의 감동을 받아 측은한 마음이 생기기도 하였으나, 그리하여 동정을 베푸는 듯한 시늉이 벌어지기도 하였으나, 결국 인간은 그가 내린 엄명의 덫에 걸려 더욱 비탄의 결과를 초래하고 말았다. 이렇듯 그리스 신화에서 하데스와 운명의 여신 모이라의 절대권에 예외가 있을 수 없다. 인간은 이들 앞에 지극히 무력하게 끌려갈 따름이다.

운명의 여신 모이라(Moiren)는 제우스와 계율의 여신 테미스(Themis)의 딸들로서 셋인데,[149] 클로토(Klotho), 라케시스(Lachesis), 아트로포스(Atropos)라고 칭하는 세 여신들이다. 이 운명의 여신들이 하는 일은, 첫째인 클로토가 인간의 운명의 실을 짜고, 둘째 여신은 이 실의 길이를 정하며, 셋째 여신은 큰 가위를 갖고 있다가 어느 때라도 마음이 내키는 대로 이 운명의 실을 잘라 버린다. 인간의 운명을 베틀에 짜는 운명의 여신은 늘 부지런히 일을 할 것이고, 또 실수를 하지 않고 운명의 실타래를 뽑아 낼 것이다. 그녀들의 베틀은 결코 고장을 일으키지 않을 것이기에, 우리의 운명도 그 베틀에 예외 없이 세밀하게 짜일 것이다.

호메로스의 『일리아스』와 『오디세이아』에는 운명의 여신에 대한 이러한 인격적인 이름 외에도 운명과 숙명 및 죽음을 뜻하는 추상적 개념으로도 쓰이고 있다. 이들 운명의 여신이 엄한 계율의 여신 테미스의 딸임을 고려해 보드라도 인간의 운명을 냉정하게 엮을 것이다. 인간은 아무 불평도 못 하고(불평을 하더라도 아무 소용이 없는) 그 엮인 운명을 고스란히 짊어지는 일만 남아 있다.

인간은 죽음을 끌어안고 사는 존재이다. 만약 하데스의 사자(使者)나 운명의 여신 클로토가 "이젠 항해가 끝나서 항구에 도착했으니 내릴 준비를 하라"거나, 혹은 좀 더 냉정하게 "이번에는 네 차례다."라고 한다면 우리는 아무런 발버둥을 칠 수 없고 또 그래 봐야 아무런 소용이 없을 것이다. 여기에 순응하지 않고 사자처럼 으르렁거려 봐야 가혹한 운명의 깊이만 더해 갈 것이다.

4. 염라대왕과 인간의 운명

염라대왕은 참으로 인간이 무서워하는 저승의 왕이다. 동양의 염라대왕은 그리스 신화에서 하데스 왕과 운명의 여신 모이라와도 비교되는 무시무시한 저승임금인 것이다. 하데스 왕과 모이라 앞에 인간이 마냥 무력한 것과 같이 염라대왕 앞에서도 어쩔 수 없는 것이 인간의 운명인 것이다. 인간의 죽음은 보통 염라대왕의 부름으로 통하고, 그 부름엔 찍소리도 못 하고 끌려가는 것이 인간의 운명인 것이다.

염라대왕은 원래 저승세계를 다스리는 열 명으로 이뤄진 시왕(十王) 가운데 한 분이지만, 마치 저승세계를 대표하는 대왕처럼 받아들여진다. 저승을 다스리는 시왕은 곧 진광대왕, 초강대왕, 송제대왕, 오관대왕, 염라대왕, 변성대왕, 태산대왕, 평등대왕, 도시대왕, 전륜대왕을 칭한다. 절의 명부전이나 지장전에 가 보면 시왕의 모습을 볼 수 있다. 사람이 죽으면 시왕 앞으로 가서 죄질에 따라 재판을 받는데, 그 형벌이 너무나 무시(가혹)하게 그려져 있다. 시왕이 다스리는 특정한 지옥은 다음과 같다.

1. 진광대왕: 칼이 꽂힌 산을 지나가게 하는 칼산(刀山)지옥을 다스린다.
2. 초강대왕: 부글부글 끓는 물에 담그는 화탕(火蕩)지옥을 다스린다.
3. 송제대왕: 꽁꽁 언 얼음 속에 사람을 묻는 한빙(寒氷)지옥을 다스린다.
4. 오관대왕: 칼로 몸을 베는 검수(劍樹)지옥을 다스린다.
5. 염라대왕: 집게로 혀를 뽑는 발설(拔舌)지옥을 다스린다.
6. 변성대왕: 독사가 몸을 감는 독사(毒蛇)지옥을 다스린다.
7. 태산대왕: 톱으로 뼈를 자르는 거해(鉅骸)지옥을 다스린다.
8. 평등대왕: 쇠침을 박은 철판에 사람을 올려놓는 철상(鐵床)지옥을 다스린다.
9. 도시대왕: 바람이 사람의 온몸을 휘감는 풍도(風塗)지옥을 다스린다.
10. 전륜대왕: 깜깜한 암흑 속에 사람을 가두는 흑암(黑闇)지옥을 다스린다.

인간의 수명이 다했거나 죄를 지은 인간을 붙잡아 와 심판하는 저승신이 시왕이다. 이들 시왕들 중에 다섯째인 한복판에 거처하는 이가 염라대왕이다. 근엄한 모습에 눈을 치켜뜨고 있어 그 위엄이 다른 왕들보다도 한층 더하다. 그런데 끔찍한 형벌만 가하는 시왕들은 무시무시하다. 죄질에 따른 형벌이라고 하니, 살아 있는 우리로서는 죄질이 어떨지 막막하고 알 길이 만무하다. 그러나 과양생이 부부처럼 극악무도한 죄를 저지르면 그만한 가혹한 벌을 받아야 마땅한 도리가 아니겠는가.

그러나 시왕은 형벌만 가하는 일만을 도맡고 있어, 모든 인간들에게는 공포의 대상이 아닐 수 없다. 어찌 인간이 이들 앞에 고개를 들겠으며, 어떤 변명을 늘어놓을 수 있을까. 또 소름 끼치는 형벌에 발버둥을 쳐 본들 무슨 소용이 있겠는가. 인간의 운명은 이들 앞에서 지극히 무기력할 따름이다. 어쩌면 이들은 인간의 죽음뿐만 아니라 삶도 불안과 공포로 지배하는 저승임금들이 아닌가.

그런데 이승의 한 인간이 시왕이 거처하는 저승세계에 침투하여 이 세계를 확 뒤집어 버리고 염라대왕을 벌벌 떨게 한다면, 그건 도대체 뭐라고 해명될 수 있는가. 그것은 천지개벽보다 더 끔찍한 사건이 아니겠는가. 저승을 호령하고 염라대왕을 제압해 버린 강님도령의 모습은 어떠할까. 저들 시왕의 위엄과 험상궂은 모습을 까무러뜨린 그의 호탕한 기백은 가히 상상하기조차 어렵다. 신들을 제압한 영웅의 기백을 넘어 우리는 무언가 끔찍한 사건을 목격한다. 아래에서 그 끔찍한 사건의 내용을 터득해 보자.

5. 인간 강님이 저승을 호령하고 염라대왕을 사로잡다

강님 도령 신화는 단순한 영웅신화의 차원을 훨씬 뛰어넘는다. 이승과 저승을 넘나들며 저승을 호령하고 염라대왕을 벌벌 떨게 했다면, 그것은 영웅신화의 차원을 넘어 인간의 운명 및 인간과 염라대왕 사이의 질서를 확 뒤집는 상상을 초월하는 거대한 사건이다. 그리스 신화에서 누가 도대체 하데스 왕을 사로잡아 본 적이 있던가, 혹은 운명의 여신 모이라의 고집을 꺾어 보기라도 했던가.

물론 우리에겐 오래전부터 운명에 대해 어쩔 수 없는 무력한 인간의 모습이 흔히 드러난다. "팔자가 더럽다"라거나 "팔자소관", "개 팔자", "팔자타령"과 같은 용어들은 운명 앞에 무력한 인간의 모습을 그대로 노출하는 것이다. 하물며 "염라대왕의 부름"이라고 한다면, 그 누구도 대항할 수 없는 종말적인 사건인 것이다.

강님 도령의 신화에서도 한편으로 운명에 나약한 인간의 모습이 확실하게 드러난다. 즉 버물왕의 아들 삼 형제의 측면에서는 타고난 가혹한 운명과 그 운명을 극복하기 위한 오랜 세월 동안의 사투(死鬪)가 역력하게 드러나는 것이다. 그 가혹한 운명을 벗어나기 위해 스님의 예언대로 부모님의 슬하를 억지로 떠나 삼 년 동안 방랑하는 것이다.

그러나 그렇다고 운명의 그늘막에서 벗어난 것은 아니다. 정든 부모님의 곁을 떠나 수년이나 세상을 방랑했음에도 불구하고 결국 극악무도한 과양각시에 의해 죽음을 맞이하고 만 이 아들들의 운명은 도대체 뭐란 말인가! 이 험한 행로와 가혹한 운명이 우리 인생사의 단면인 경우는 부정할 수 없는 일이 아니던가. 버물왕의 세 아들들은 운명의 굴레에서 벗어나기 위해 발버둥을 쳐 보지만 자신들도 모르게 새로운 운명을 향해 나아가게 되고 그리고는 자신들도 모르게 이 새로운 운명의 덫에 걸리고 만다.

이 새로운 운명의 덫에서 그들은 더 이상 도피하지 못하고 생생하게 몸으로 부딪친다. 악독한 과양각시가 베푼 식은 밥에 대한 보답으로 내민 귀한 답례품이 오히려 가혹한 운명의 덫으로 빠져들게 하는 원인이 되고 만다. 그들은 부모님을 불러 보지도 못한 채 죽고 만다. 그러나 이것으로 그들의 운명이 끝난 것이 아님을 저 강님 도령의 신화는 자상하게 보여 준다.

영원의 상하에서 물어지는 정의의 이름으로 그들은 꽃으로, 구슬로, 원수의 자식으로 거듭 환생하면서 운명과 사투(死鬪)를 벌이고, 결국 가혹한 운명의 굴레에서 벗어나는 것이다. 그러기에 강님 도령의 신화도 결국 운명론의 승리가 아니라 운명에 대한 인간의 승리인 셈이다. 단지 이 운명을 극복하는 과정이 험난한 것임은 부인할 수 없다. 그러나 우리는 강님 도령의 신화에서 저 버물왕의 세 아들의 처지와는 다른, 이를테면 강님 도령의 입장에서 생각하면, 운명의 사슬을 부수고 정복하며 그 어떤 제약이나 억압을 허용하지 않는 장면을 목격한다.

상상을 초월하는 이 거대한 사건은 고대 그리스와 다른 고대문명의 신화에서도 보기 어려운 통쾌하고 심오한 철학을 안고 있다. 저승으로 간 강님 도령은 결코 떨지 않고, 지상에서 갖고 간 포승줄로 염라대왕을 포박하기 위해 늠름한 태도로 기회를 노린다. 그는 한 치의 긴장도 없이 잠복하고 있다가 때마침 세상으로 나오는 염라대왕을 습격해서 포승줄로 꽁꽁 묶었다. 염라대왕의 군졸들조차 꼼짝 못하게 처치하고 그를 지상의 법정(동헌)으로 끌고 온다.

염라대왕을 제압한다는 것은 저승 왕과 인간 사이에 존재하는 질서나 계율을 확 뒤집는 일이고, 인간이 그의 운명에 채워진 족쇄를 끊어 버리는 일과도 같으며, 저 염라대왕보다 더 큰 자유를 획득하는 끔찍한 사건이다. 그러기에 신들을 제압한 이 끔찍한 사건에는 단순히 강님의 기백이나 영웅신화의 모습을 넘어 운명의 족쇄를 끊고서 무한한 자유의 세계로 날아가는 인간의 모습이 그려져 있다. 이런 자유는 인간이 추구하는 궁극적인 것이고 모든 종교가 갈구하는 궁극적인 목적일 것이다.

참고서적

김부식(신호열 역해), 『삼국사기』 I, II, 동서문화사 1978.

김열규, 『왜 사냐면, ……웃지요』, 궁리 2003.

김종상, 『새로 찾은 우리 신화』, 예림당 2002.

남경태, 『상식 밖의 한국사』, 새길 1995.

노자(남만성 역), 『노자도덕경』, 을유문화사 1970.

대한성서공회, 『성경전서』(표준새번역), 대한기독교서회 2002.

류짜이푸 · 린강 지음(오윤숙 옮김), 『전통과 중국인』, 플래닛 2007.

리하르트 샤에플러(김영필 옮김), 『종교철학』, 이론과 실천 1994.

멀치아 엘리아데(이동하 옮김), 『聖과 俗』, 학민사 1983.

명륜교감편집위원회, 『명륜교감』, 성균관 1979.

미카엘 란트만(진교훈 역), 『철학적 인간학』, 경문사 1977.

박현, 『한국고대지성사산책』, 백산서당 1995.

백남철, 『효의 연구』, 계명사 1977.

소흥렬, 『논리와 사고』, 이화여자대학교출판부 2003.

송명호, 『한국 속담동화』, 남광문화사 1985.

송명호, 『재미있는 고전여행』, 기획출판 남광 1994.

신동훈, 『살아있는 우리 신화』, 한겨레신문사 2005.

신현배, 『한국 전래동화 걸작선』(상 · 하), 번양사 1995.

엘리아데, M., 『聖과 俗』, 학민사 1983.

알빈 디머(조주환/김영필 옮김), 『에드문트 후설』, 이문출판사 1990.

에마누엘 레비나스(양명수 역), 『윤리와 무한』, 다산글방 2000.

월시, W. H.(이한우 역), 『형이상학』, 문예출판사 1996.

오병탁, 『지성인의 해학』, 청해문화사 1992.

우리기획 엮음, 『2학년 동화읽기』, 깊은책속옹달샘 2005.

우리기획 엮음, 『전래동화』(학년별 학습동화, 2학년), 계림 2003.

월터 페이터(민동선 역), 『페이터의 산문』, 청목사.

유한준, 『신화의 마을』, 대림출판사 1991.

윤병렬, 『철학의 센세이션』, 철학과 현실 2002.

윤태림, 「충효사상」, 『효』, 범우사 1993.

이경덕, 『우리 곁에서 만나는 동서양 신화』, 사계절 2006.

이민수 역, 『孝敬 (外)』, 을유문화사 1988.

이용곤, 『동양철학개설』, 홍학출판사 1993.

이와나미 요오조오(岩波洋造) 지음(심상칠 옮김), 『광합성의 세계』, 전
　　　파과학사 1978.

이원수·손동인 엮음, 『한국전래동화집 1』, 창작과 비평사 1993.

일연(권상로 역해), 『삼국유사』, 동서문화사 1978.

임지숙 엮음, 『전래동화 71가지』, 세상 모든 책 출판사 1997.

정진홍, 『종교학 서설』, 전망 1980.

조명기 외, 『한국사상의 심층』, 도서출판 우석 1994.

진경환·우응순 외, 『고전문학 이야기 주머니』, 녹두 1994.

토머스 불핀치(한백우 옮김), 『그리스 로마 신화』, 홍신문화사 1993.

최선희·김지연 엮음, 『논술과 함께하는 우리 옛이야기 99가지』, 늘푸
　　　른 아이들 2002.

최인학·엄용희 편저, 『옛날이야기 꾸러미 3』, 집문당 2003.

추적·박세목 지음, 『명심보감과 동몽선습』, 일신서적공사 1987.

한국철학사상연구회, 『이야기 한국철학 1』, 풀빛 1996.

한상남, 『한국 전래동화』, 민서출판사 1991.

한전숙, 『현상학』, 민음사 1996.

헨드릭 빌렘 반 룬(박성규 옮김), 『인류 이야기 1』, 아이필드 2002.

Adorno, Theodor und Horkheimer, Max: *Dialektik* der *Aufklaerung*,
　　　Fischer Verlag, Frankfurt a. M. 1969.

Aristoteles: Aristoteles' Metaphysik, hrg. von Horst Seidel, Felix Meiner
　　　Verlag: Hamburg 1989.

Aristoteles: *Organon*, übersetzt von Eugen Rolfes, Felix Meiner: Leipzig
　　　1925.

H. Diels: *Die Fragmente der Vorsokratiker*, Rowohlt: Hamburg 1957.

Fink, G.: *Who's Who in der antiken Mythologie,* dtv, München 1993.

Heidegger, Martin: *Sein und Zeit,* Max Niemeyer: Tuebingen 1984.

＿＿＿＿＿＿＿: *Über den Humanismus*, Klostermann: Frankfurt a.M.

1949.

J. Ritter(Hrg.): *Historisches Woerterbuch der Philosophie*, Schwabe Verlag: Basel/Stuttgart 1972.

Husserl, Edmund: 후설총서로부터(Hua., Martinus Nijhoff: Den Haag, 1950ff).

_____: *Gesammelte Schriften*, Meiner: Hamburg 1992.

_____: *Erfahrung und Urteil*, Classen Verlag: Hamburg 1964.

_____: *Ideen zu einer reinen Phaenomenologie und phaenomenologische Philosophie*, Erstes Buch, Den Haag 1976.

K. Jaspers: *Die Sprache/Über das Tragische*, Piper: München 1990.

K. Kerenyi: *Umgang mit Göttlichem*, Vandenhoeck & Ruprecht: Göttingen 1955.

H. D. F. Kitto: *Die Griechen*, Deutsche Buch – Gemeinschaft: Berlin/ Darmstadt/Wien 1967.

Levinas, Emmanuel: *Ethik und Unendliches*, Hrg. von Peter Engelmann, Edition Passagen: Graz/Wien 1986.

B. Malinowski: *Magic, Sience and Religion*, Doubleday Anchor Books, 1954.

Otto, Rudolf: *Das Heilige*, C. H. Beck: Muenchen 1979.

Platon: *Sämtliche Werke*(전집), Insel verlag: Frankfurt a.M. und Leipzig 1991.

Rueegg, Walter: Antike *Geisteswelt*, Suhrkamp Taschenbuch 1980.

1) 김부식(신호열 역해), 『삼국사기』 II, 동서문화사 1978, "열전"(754 – 756쪽) 참조.

2) 김부식, 『삼국사기』 "열전" 편 참조.

3) 윤병렬, 『철학의 센세이션』, 157쪽, 철학과 현실, 2002.

4) 헨드릭 빌렘 반 룬(박성규 옮김), 『인류 이야기 1』, 47 – 53쪽 참조, 아이필드 2002.

5) 오병탁, 『지성인의 해학』, 360 – 361쪽 참조, 청해문화사 1992.

6) 서거정[徐居正, 1420(세종 2)~1488(성종 19)]은 조선 전기의 문신이며 학자이다.

7) 여기선 오병탁, 『지성인의 해학』, 120쪽 참조, 청해문화사 1992.

8) 앞의 곳 참조.

9) 소피스트인 트라지마코스(Thrasymachos)는 플라톤의 대화록 『국가』에서 소크라테스에게 "정의란 강자의 이익"이라고 주장한다.

10) 영국은 "해가 지지 않는 나라이다."는 것은 그만큼 식민지 약탈을 많이 했다는 증거이다.

11) 이를테면 쿠푸(Khufu)왕의 피라미드는 150m나 되며(그리스인들은 이 피라미드를 가장 높다고 하여 케오프(Cheops)라고 불렀다.) 이를 위해 약 20년간 10만 명의 인력이 동원되었다면, 이 한 사람의 무덤을 위해 수많은 인간들(노예)의 생명을 탈취하였다면, 이 얼마나 가혹한 전체주의이고 전제주의인가.

12) 헨드릭 빌렘 반 룬 지음(박성규 옮김), 『인류이야기 1』, 74쪽, 아이필드 2002.

13) 월터 페이터(민동선 역), 『페이터의 산문』, 199쪽, 청목사.

14) 동아일보 제26554호 참조.

15) 폴로늄의 독성은 청산가리의 2억 오천만 배라고 한다(앞의 신문 참조).

16) 동아일보 2006년 12월 8일자 신문 참조.

17) 엠마누엘 레비나스 지음(양명수 역), 『윤리와 무한』, 15쪽 참조, 다산글방 2000년.

18) 약자의 대명사로 쓰이는 "고아와 과부"는 『구약성서』의 예언자 및 선지자의 문헌에 가끔 등장한다. 이를테면 「출애굽기」 22장 21절, 「신명기」 10장 18절, 「이사야」 1장 17절 및 9장 16절, 「예레미아」 7장 6절 및 22장 3절 등.

19) 엠마누엘 레비나스(양명수 옮김), 『윤리와 무한』, 127쪽, 다산글방 2000.

20) Emmanuel Levinas: Ethik und Unendliches, 75 – 78쪽 참조, Hrg. von Peter Engelmann, Edition Passagen: Graz/Wien 1986.

21) 엠마누엘 레비나스(양명수 옮김), 『윤리와 무한』, 129쪽, 다산글방 2000.

22) 앞의 책, 114쪽, 129쪽 참조.

23) 앞의 책, 115쪽.

24) Emmanuel Levinas, Ethik und Unendliches, 앞의 책, 84쪽.

25) 엠마누엘 레비나스 지음(양명수 역), 『윤리와 무한』, 99쪽, 다산글방 2000년.

26) 앞의 책, 99쪽 참조.

27) 앞의 책, 70 - 71쪽 참조.

28) 앞의 책, 75쪽.

29) 앞의 책, 74 - 75쪽 참조.

30) 앞의 책, 141쪽.

31) 엠마누엘 레비나스 지음(양명수 역), 『윤리와 무한』, 126쪽 참조, 다산글방 2000년.

32) 앞의 책, 154쪽 참조.

33) 물론 "석탈해와 유리왕의 이사금"에 관한 이야기는 전래동화의 양식으로, 혹은 우리 신화의 양식으로도 전해진다. 이를테면 유한준의 『신화의 마을』(대림출판사, 1991)에는 역사서에 나오는 "석탈해와 유리왕의 이사금"에 관한 이야기가 동화형식으로 실려 있다.

34) 최선희 · 김지연 엮음, 『논술과 함께하는 우리 옛이야기 99가지』, 늘푸른 아이들 2002 참조.

35) 이를테면 플라톤의 『국가』, T. 모어의 『유토피아』, 캄파넬라의 『태양의 도시』, 프란시스 베이컨의 『신 아틀란티스』 등이 있고, 또 이 외에도 생시몽과 푸리에의 공상적 내지는 사회주의적 유토피아도 있다. 그러나 그들은 한결같이 유토피아의 이타주의가 가장 근원적이거나 필수적임을 간파진 못했다.

36) 一然 著 · 이동환 역, 『삼국유사』〈上〉, 삼중당 1978, 28 - 36쪽 참조.

37) 『삼국유사』에는 유리왕을 유례왕이라고도 하며 노례왕, 혹은 박노례잇금, 박노례니질금이라고도 칭한다.

38) 『삼국유사』의 저자 일연은 〈신라 남해왕〉 편에서 탈해가 한 이 말을 "제가 듣기로는 성스럽고 지혜로운 이는 이(齒)가 많다 합니다(吾聞聖智人多齒)."로도 해석한다.

39) 여기서의 "도솔가"는 불교가요의 도솔가가 아니다. 조지훈 교수에 의하면 이 도솔가는 나라에서 제정한 가락으로서 치리가(治理歌) 혹은 안민가(安民歌)의 뜻으로 해석된다는 것이다 (一然 著 · 이동환 역, 『삼국유사』〈上〉, 30쪽 참조, 삼중당 1978).

40) 유한준, 『신화의 마을』, 대림출판사 1991, 54 - 67쪽 참조.

41) 신화에는 아이덴티티(동일성)를 확인하기 위해 테세우스의 신화나 주몽신화에도 잘 드러나듯 부러진 칼이나 신발 한 짝 혹은 부러진 거울 등이 등장한다. 그러나 여기 바리공주의 신화엔 피가 아이덴티티의 확인을 위해 등장한다. 칼이나 신발 등에 비해 생물학적(유전적)이고 고차원적 요인으로 여겨지기에 놀라움을 금치 못하게 하며, 이를 통해 바리공주의 신화가 아주 치밀하게 구성된 이야기임을 짐작케 한다.

42) 동아일보 2006년 12월 9일자에 자세하게 소개되어 있다.

43) 동아일보 2006년 12월 9일자 신문 참조.

44) 위의 신문 참조.

45) 여기서 필자는 레비나스에게서 폄하된 주체의 개념을 더 이상 외면하지 말고, 오히려 되살리고자 한다.

46) 한상남 엮음, 『한국전래동화』, 민서출판사, 1991, 260 - 269쪽 참조.

47) 이를테면 실증주의자 콩트에 의하면 신화는 원시의 후진적인 형태로서 그의 '발전단계설'에서 가장 낮은 곳에 위치해 있다. 그에 의하면 인간의 심성(心性)의 발전은 필연적으로 신화적인 데서 형이상학적인 데로, 다시 거기서 과학적인 단계로 발전된다고 하는 '발전단계설'에 입각해 있다.

48) 말리노프스키(B. Malinowski)는 그의 *Magic, Sience and Religion*(Doubleday Anchor Books, 1954, p.108 참조)에서 신화를 민담이나 경험담과 구분하고 후자들이 재미나 사실에 대한 진술에 역점을 두는 데 비해 전자(신화)는 거룩한 것의 전달에 중점을 둔다고 한다. 그에 의하면 신화는 일상적인 것을 규정해 주고 그것의 존재근거를 제시해 주며, 또 이 모든 것들이 초월적인 사실들과 연결되어 있거나 구제론적인 동기와 결부되면서 거룩한 것으로 기능한다는 것이다.

49) 이와나미 요오조오(岩波洋造) 지음(심상칠 옮김), 『광합성의 세계』, 223쪽, 전파과학사, 서울 1978.

50) 특히 엘리아데는 성스러운 것과 연결된 참말로서의 신화를 종교적인 것과 결부시킨다. 그런 신화는 엘리아데에 의하면 애초부터 종교적인 것이다(M. Eliade: *Myth and Reality*, Harper & Row, Puplishers, 1963, pp.1 - 38 참조). 그는 "신화의 실용적 기능 배후에, 혹은 그것을 초월하여, '순전한 종교적 경험의 깊은 속에서부터 솟아난' 신화의 개념, 신화의 회임(懷妊), 신화의 탄생이 깔려 있다."고 한다(정진홍, 『종교학 서설』, 285쪽에서 인용, 전망 1980). 정진홍 교수도 이런 맥락에서 신화의 본래적인 속성을 종교적인 것으로 파악한다(정진홍, 앞의 책, 137쪽, 160쪽 참조).

51) 플라톤, *Theaitetos*, 176b 참조. "어떻게 해서든 될 수 있는 대로 신을 닮는 것, 즉 통찰과 지혜를 바탕으로 해서 거룩해지고 의로워지는 것"이 플라톤에게서의 인간이 추구하고 목표로 하는 것이다.

52) M. Heidegger, *Über den Humanismus*, 36 - 37, Klostermann: Frankfurt a. M. 1949.

53) Johannes Hessen은 그의 저서 *Max Scheler*(59쪽 이하 참조)에서 종교를 철학과 형이상학에서 날카롭게 분리하고 있다. 신앙으로 이루는 종교와 이성의 활동으로 펼치는 철학과 형이상학은 물론 학문의 전개방식이나 특징에서 다르다고 할 수 있다. 그러나 종교든 신화든 여타의 학문이든 철학적 사유의 대상이 되지 않는 것이 없음을 고려하면 이들의 분야도 철학적 사유의 장으로 들어오며 또한 철학과 서로 만나고 겹치는 부분이 있음에 틀림없다. 엘리아데도(『聖과 俗』, 15쪽) 종교적 인간의 행위는 철학적 인류학과 현상학, 심리학 등에도 관련을 맺는다고 피력한다.

54) 플라톤, *Kratylos* 408b, *Theaitetos* 155d 참조.

55) 플라톤, *Theaitetos* 155d.

56) 아리스토텔레스, *Metaphysik, I*, 982b.

57) "Grenzsituation", K. 야스퍼스의 용어.

58) *Historisches Wörterbuch der Philosophie*에서 "Religionsphaenomenologie" 참조.

59) 위의 곳을 참조.

60) E. Husserl, *Erfahrung und Urteil*, 24, 26.

61) 후설에게서의 '세계'는 '보편지평(Universalhorizont)'으로 파악된다.

62) M. Heidegger, *Sein und Zeit*, 29 참조. 또한 G. Schmidt, *Vom Wesen der Aussage*, 31 참조.

63) E. Husserl, *Ideen Ⅰ*, 6쪽 참조.

64) M. Heidegger, *Sein und Zeit*, 28 – 29쪽 참조.

65) E. Husserl, *Hua*, Ⅲ, 216.

66) E. Husserl, *Ideen Ⅰ*, 137 참조.

67) E. Husserl, *Ideen Ⅰ*, 225.

68) 이러한 '능력'은 물론 "내가 이 최고의 초월자를 고안하고 만들어 낸다는 것을 의미하지는 않는다."(E. Husserl, *Formale und transzendentale Logik*, 258).

69) R. Schaeffler(김영필 옮김), 『종교철학』, 96.

70) 위의 책 99쪽 이하 참조. 노에시스(noesis)는 '의미구성 작용' 혹은 '의미부여 작용'이라고 번역할 수 있다. 이러한 작용에 의하여 어떤 사물이 어떤 사물로서 관찰자에게 생생하게 존재하는 것이다. 즉 관찰하는 자에게 아무런 관련 없이(그러니까 존재하는지도 모르는) 존재하는 어떤 사물이 관찰자의 노에시스에 의해(이렇게 혹은 저렇게) 의미를 가진 사물로, 현존하는 사물로 되는 것이다. 노에마(noema)는 그렇게 노에시스에 의해 의미가 구성된 '의미구성체'인 것이다.

71) 위의 책, 92쪽 이하, 95쪽 이하 참조. 또한 최신한 교수도 여기서는 "포괄적이고 느슨한 방식으로" 적용된다고 지적한다(최신한, "후설과 헤겔: 종교현상학의 두 가능성", 169 참조).

72) 본질직관에 관한 자세한 논의는 한전숙 교수, 『현상학』, 110~124쪽 참조.

73) E. Husserl, *Hua*, Ⅲ, 232.

74) R. Schaeffler(김영필 역), 『종교철학』, 108.

75) 노에시스와 노에마에 관한 자세한 논의는 한전숙 교수의 『현상학』, 164 – 171 참조. Husserl의 *Ideen Ⅰ*, 3. Kap. 참조.

76) Ideen I의 "Nachwort"에서 후설은 이 시원적인 것이 현상학의 주요 지반임을 강조한다.

77) E. Husserl, *Hua* XV, 551.

78) M. 엘리아데, 『聖과 俗』, 17쪽, 58, 81 – 82, 145 이하 참조.

79) 앞의 책, 58 – 59 참조.

80) 앞의 책, 81 – 82 참조.

81) M. 엘리아데, 『聖과 俗』, 58 – 59 참조.

82) 토머스 불핀치(한백우 옮김), 『그리스 로마 신화』, 홍신문화사 1993 참조.

83) Walter F. Otto는 그의 *Theophania*(81쪽 이하 참조)에서 제우스와 신들의 이러한 무자비하고 잔인한 면은 드러내지 않고, 제우스의 사랑스러운 아버지상과 이들 신들의 가족들의 화목한 부분만 언급한다. Hesiodos는 제우스의 전능을 노래하고, Homeros는 신들에 비해 인간의 비참한 무력함을 읊고 있다(Walter Rueegg, *Antike Geistes Welt*, 362쪽 이하 참조).

84) 정진홍, 『종교학 서설』, 39쪽, 전망 1980.

85) 그리스의 신화에도 천마(페가수스)가 등장한다.

86) E. 레비나스는 타자성이 인정되지 않는, '다름'의 신비를 망각한 근세철학을 비판한다. 근세에서의 앎이란 사귐과 달라서 타자를 타자로 두지 않고 자기 속에 동일화하며 해소해 버리기 때문이다. 그런 앎의 추구는 "아주 멀리 떨어진 별까지도 손에 넣기를 좋아한다."(에마누엘 레비나스, 『윤리와 무한』, 76쪽).

87) 부버는 인격적 관계의 세계를 세 영역으로 나눈다. 첫째는 '자연과 더불어 사는 삶'인데, 이 관계는 아직 어둠 속에 있다. 둘째는 '사람들과 더불어 사는 삶'이다. 여기서는 인격적 관계가 위의 경우보다 명백해지고, 언어의 형태가 취해진다. 셋째는 '정신적인 존재들과 더불어 사는 삶'이다. 여기서의 정신적인 존재란 부버에 의하면 정신적인 창조행위의 모든 소산을 말한다. 이 인격적 관계엔 '영원한 너'와의 관계도 포함된다. 그러나 이 관계는 부버에게서 더 이상 진척이 되지 않고 묘연한 관계로 진술된다. "이 모든 영역에 있어서 우리 앞에 현전하며 생성되는 자를 통하여 우리는 영원한 '너'의 옷자락을 바라본다. 모든 것에서 우리는 영원한 '너'의 나부낌을 들으며, 각 영역에서 그 나름의 방법을 따라 우리는 모든 '너'에게 영원한 '너'를 부른다."(마르틴 부버, 『나와 너』, 10~11쪽).

88) 『나무꾼과 선녀』엔 사슴이 등장하지만, 이 사슴은 결코 숭배의 대상이 아니라(심지어 사냥꾼의 표적이 되었다.) 하나의 매개자의 역할을, 즉 하늘의 신비를 알리어 인간과 신적인 존재자 사이에 거대한 사건이 일어나게 하는 헤르메스의 역할을 담당하고 있는 것이다.

89) R. Otto, *Das Heilige*, 13쪽 이하 참조.

90) 한상남 엮음, 『한국 전래동화』, 267쪽.

91) 『구약성서』의 「창세기」 참조.

92) "죄 없는 생성의 세계(Unschuld des Werdens)", 니체.

93) 「창세기」 5장 22절, 24절 참조.

94) 소흥렬, 『논리와 사고』, 24쪽, 이화여자대학교출판부 2003.

95) 우리기획, 『2학년 동화읽기』, 깊은 책 속 옹달샘 2005, 138–146쪽 참조. 임지숙 엮음, 『전래동화 71가지』, 세상 모든 책 출판사 1997, 268–271쪽 참조.

96) 노자(남만성 역), 『노자도덕경』, 을유문화사 1970, 제37장.

97) 필자에 의해 보완되고 강조된 것임.

98) 앞의 책, 제18장.

99) 윤태림, 「충효사상」, 속 『효』, 범우사 1993, 32–33쪽. 윤태림 교수는 고대 중국에서 발원한 유교의 효도가 애정을 중심으로 한 것이 아님을 지적하고 "구약성경의 『출애굽기』에 나

오는 '네 부모를 공경하라. 그리하면 너의 하느님 나 여호와가 네게 준 땅에서 오래 살리라.'
고 한 것과는 다르다."는 것을 언급한다(앞의 책, 33쪽 참조).

100) 명륜교감편집위원회, 『명륜교감』, 성균관 1979, 45쪽. 위와 같은 내용을 이민수, 『孝經
(外)』, 을유문화사 1988, 76 - 77쪽 참조. 또한 추적 · 박세무, 『명심보감과 동몽선습』, 일
신서적공사 1987, 120쪽 참조.

101) 아내를 내쫓을 수 있다는 칠거란 다음과 같다. 1. 불순부모거(不順父母去)로서 부모에게
불순함. 2. 무자거(無子去), 즉 자식이 없음. 3. 음거(淫去)로서 음행(淫行)을 말한다. 4. 투
거(妬去)로서 투기(妬忌)를 말한다. 5. 유악질거(有惡疾去)로서 나쁜 병을 말한다. 6. 다언
거(多言去)로서 말썽이 많다는 것이다. 7. 절도거(竊盜去)로서 도둑질을 말한다.

102) 이민수 역, 『孝敬 (外)』, 을유문화사 1988, 21쪽.

103) 앞의 책, 60쪽.

104) 앞의 책, 61쪽, 100쪽 참조.

105) 백남철, 『효의 연구』, 계명사 1977, 67쪽 참조.

106) 이민수 역, 『孝敬(外)』, 을유문화사 1988, 21쪽.

107) 백남철, 『효의 연구』, 계명사 1977, 58쪽.

108) 앞의 책, 40쪽.

109) 앞의 책, 56쪽.

110) 앞의 책, 67쪽.

111) 류짜이푸 · 린강 지음(오윤숙 옮김), 『전통과 중국인』, 플래닛 2007 참조.

112) 이민수 역, 『孝敬(外)』, 을유문화사 1988, 124쪽 이하 참조.

113) 이 곽거의 이야기는 『삼국유사』에 신라의 손순이 행한 효도 이야기와 거의 같다. "손순매
아설화(孫順埋兒說話)"라고 하여 신라의 손순이라는 사람이 자기의 아이를 어머니 봉양을
이유로 아이를 땅에 묻으려는 이야기다. 그런데 이 손순의 이야기는 중국 곽거의 이야기와
거의 똑같다. 단지 중국 곽거의 경우 자식을 묻기 위해 땅을 팠을 때 누런 황금 솥이 나왔
다는 것이고, 신라 손순의 경우에는 황금의 종이 나왔다는 것만 차이가 난다. 손순의 이야
기는 『삼국유사』의 저자 일연이가 『효경』(孝經)의 내용을 그대로 수용했는지, 아니면 손순
이가 곽거의 경우를 모방했는지 모를 일이다.

114) 이민수 역, 『孝敬(外)』, 을유문화사 1988, 152쪽 이하 참조.

115) 신헌배, 『한국 전래동화 걸작선』(상), 번양사 1993, 192 - 202 참조.

116) 노자(남만성 역), 『노자도덕경』, 을유문화사 1970, 제36장, 제55장 참조.

117) 신약성서 『누가복음』, 18장 15절. 이 외에도 『마태복음』, 19장 13절, 『마가복음』, 10장
13절 참조.

118) 추적 · 박세목 지음, 『명심보감과 동몽선습』, 일신서적공사 1987, 87쪽.

119) 앞의 책, 131쪽.

120) 이민수 역. 『孝敬(外)』, 을유문화사 1988. 137 – 150쪽 참조.

121) 앞의 책. 119쪽.

122) 명륜교감편집위원회. 『명륜교감』. 성균관 1979. 73쪽. 또한 이민수 역. 『孝敬(外)』, 을유문화사 1988. 27쪽도 참조할 것.

123) 추적・박세목 지음. 『명심보감과 동몽선습』, 일신서적공사 1987. 82쪽.

124) 명륜교감편집위원회. 『명륜교감』. 성균관 1979. 68쪽.

125) 추적・박세목 지음. 『명심보감과 동몽선습』, 일신서적공사 1987. 63쪽.

126) 앞의 책. 83쪽.

127) 이와 유사한 구절이 『신약성서』의 『골로새서』 3장 20 – 21절에도 나온다. 또 『디모데전서』 5장 3 – 4절과 5장 1절(기독교의 경로사상), 『로마서』 1장 30절, 『히브리서』 12장 9 – 10절에도 부모와 노인을 공경할 것을 권고하고 있다.

128) 일연 지음(이동환). 『三國遺事』(上). 삼중당 1978. 5쪽 참조.

129) 한상남. 『한국 전래동화』, 민서출판사 1991. 73 – 80쪽 참조.

130) 우리기획 엮음. 『전래동화』(학년별 학습동화, 2학년). 계림 2003. 184 – 193쪽 참조.

131) 이경덕. 『우리 곁에서 만나는 동서양 신화』, 사계절 2006. 96 – 102쪽 참조.

132) 우리는 앞의 제2장에서 다룬 "바리공주의 경우……"에서 공주의 아버지를 '어비대왕'이라고 했는데, 여기선 '오구대왕'이라고 한다. 그것은 출처가 서로 다르기 때문인데, 우리의 경우 명칭이 그리 중요하지 않기 때문에 출처에 따르기로 한다.

133) 이경덕. 『우리 곁에서 만나는 동서양 신화』, 98쪽, 사계절 2006.

134) 이경덕. 앞의 책. 98쪽.

135) 앞의 책. 100쪽.

136) 앞의 책. 101쪽.

137) 입과 배의 한자말이다.

138) 일연 지음(이동환). 『三國遺事』(下). 삼중당 1978. 260 – 261쪽 참조. 『삼국사기』의 열전엔 어머니가 "나 때문에 네가 종이 되었으니 내가 빨리 죽는 것만 못하다."고 하면서 통곡한 사실이 기록되어 있다.

139) 이 텍스트는 『삼국사기』의 "열전" 편에 실려 있다.

140) 김부식(신호열 역해): 『三國史記』, 동서문화사 1978. 755쪽.

141) 최인학・엄용희 편저. 『옛날이야기 꾸러미 3』, 집문당 2003. 266 – 267쪽 참조.

142) 강님 도령이 저승으로 가서 염라대왕을 잡아 오는 과정은 그리 단순하지가 않다. 좀 더 자세한 내용은 제주도의 신화 『차사 본풀이』를 참조하고, 또 신동훈 님의 『살아있는 우리 신화』, 147 – 156쪽 참조. 한겨레신문사 2005 참조.

143) '다이몬'이라는 것은 어떤 믿음의 대상이 아니고, 일종의 양심의 명령과도 같은 것으로서

소크라테스로 하여금 부당하거나 나쁜 일에 가담하지 않도록 하는 양심의 목소리였다. 그도 법정에서 이를 소상히 밝히고 있다. "내게서 이 다이몬의 현상은 어려서부터 일어난 일인 데, 어떤 목소리의 형태로 나타납니다. 이 목소리는 늘 무엇이건 내가 하려는 것을 거부하는 때이며, 그때엔 결코 무엇이건 내가 하려는 것을 허락하지 않았습니다. 바로 이 목소리가 나로 하여금 정치에 관여하지 말도록 명하며, 이 명령은 제게 아주 온당한 것으로 여겨집니다."(*Apologie*, 31d)

144) Platon, *Apologie*, 32a 이하 참조.

145) Platon, *Apologie*, 34c 이하 참조.

146) Platon, *Apologie*, 39b.

147) Platon, *Apologie*, 39c.

148) Platon, *Apologie*, 42a.

149) Hesiodos, 『신통기』(*Theogonie*), 904-906 참조.

윤병렬 ——————————————————————————————

약력

독일의 본(Bonn)대학교 졸업(철학박사)
한국하이데거학회 회장
연세대 철학연구소 전문연구원
현) 중앙대학교, 강남대학교, 경원대학교 강사
　　안양대학교 겸임교수

주요 논문 및 저서

Der Wandel des Wahrheitsverständnisses im Denken Heideggers-
Untersuchung seiner Wahrheitsauffassung im Lichte des husserlschen und griechischen
Denkens
『철학의 센세이션』
『정보해석학의 전망』
『고구려 고분벽화에 그려진 한국의 고대철학』
「문화의 위기 및 상호문화성과 반 - 상호문화성」
「후설 현상학에서의 세계이해 - 보편지평으로서의 세계」
「노자와 하이데거의 '피지스 - 사유'」
「존재에서 존재자로? - E. 레비나스의 존재이해와 존재오해」
「플라톤 철학과 형이상학 논쟁」
「가다머에게서 하이데거 해석학의 유산과 "철학적 해석학"」
「하이데거의 존재사유에서 고향상실과 귀향의 의미」
외 다수

감동철학
우리 이야기
속에 숨다

초판인쇄 | 2009년 10월 30일
초판발행 | 2009년 10월 30일

지은이 | 윤병렬
펴낸이 | 채종준
펴낸곳 | 한국학술정보㈜
주 소 | 경기도 파주시 교하읍 문발리 파주출판문화정보산업단지 513-5
전 화 | 031) 908-3181(대표)
팩 스 | 031) 908-3189
홈페이지 | http://www.kstudy.com
E-mail | 출판사업부 publish@kstudy.com
등 록 | 제일산-115호(2000. 6. 19)

ISBN   978-89-268-0459-9 03150 (Paper Book)
        978-89-268-0460-5 08150 (e-Book)

이담
books 는 한국학술정보(주)의 지식실용서 브랜드입니다.